ALPENÜBERGÄNGE VOR 1850

LANDKARTEN – STRASSEN – VERKEHR

SYMPOSIUM AM 14. UND 15. FEBRUAR 1986 IN MÜNCHEN

HERAUSGEGEBEN VON

UTA LINDGREN

MIT 26 ABBILDUNGEN

FRANZ STEINER VERLAG WIESBADEN GMBH
STUTTGART 1987

CIP-Kurztitelaufnahme der Deutschen Bibliothek
Alpenübergänge vor 1850 [achtzehnhundertfünfzig] :
Landkt. – Strassen – Verkehr ; Symposium am 14. u. 15.
Februar 1986 in München / hrsg. von Uta Lindgren. –
Stuttgart : Steiner-Verlag-Wiesbaden-GmbH, 1987.
  (Vierteljahrschrift für Sozial- und Wirtschaftsge-
  schichte : Beihefte ; Nr. 83)
  ISBN 3-515-04847-2
NE: Lindgren, Uta [Hrsg.]; Vierteljahrschrift für
Sozial- und Wirtschaftsgeschichte / Beihefte

Jede Verwertung des Werkes außerhalb der Grenzen des Urheberrechtsgesetzes ist unzulässig und strafbar. Dies gilt insbesondere für Übersetzung, Nachdruck, Mikroverfilmung oder vergleichbare Verfahren sowie für die Speicherung in Datenverarbeitungsanlagen. Gedruckt mit Unterstützung der Deutschen Forschungsgemeinschaft. © 1987 by Franz Steiner Verlag Wiesbaden GmbH, Sitz Stuttgart.
Printed in the Fed. Rep. of Germany

ALPENÜBERGÄNGE VOR 1850

VIERTELJAHRSCHRIFT FÜR
SOZIAL- UND WIRTSCHAFTSGESCHICHTE

BEIHEFTE

HERAUSGEGEBEN VON
WERNER CONZE †, HERMANN KELLENBENZ,
HANS POHL UND WOLFGANG ZORN

Nr. 83

FRANZ STEINER VERLAG WIESBADEN GMBH
STUTTGART 1987

INHALT

Vorwort 7

Jakob Seibert:
Die Alpenüberquerung Hannibals 9

Martin Dallmeier:
Die Alpenrouten im Postverkehr Italiens mit dem Reich 17

Hermann Kellenbenz:
Die Graubündner Pässe im Rahmen der Verkehrsbeziehungen
zwischen Oberdeutschland und Italien (Ende Mittelalter – frühe
Neuzeit) 27

Helmut Gritsch:
Schiffahrt auf Etsch und Inn 47

Leo Feist:
Der Bau der Stilfserjoch- und der Hochfinstermünzstraße. An der
Zeitwende von der alten Handwerkskunst (Alte Schule) zur neuen,
wissenschaftlich fundierten Technik (Neue Schule) zu Beginn des
19. Jahrhunderts 64

Fritz Steinegger:
Quellenlage zur Forschungsgeschichte des Straßenbaues
und Verkehrs 73

Otto Stochdorph:
Das Imhofsche Verzerrungsgitter als Hilfsmittel bei
der Kartographiegeschichte der Alpenländer 87

Ivan Kupčík:
Die Entwicklung der kartographischen Darstellung der Alpenübergänge von Bayern nach Italien bis 1850 91

Meinrad Pizzinini:
Tirol im Kartenbild bis 1850 101

Hans Wolff:
Geologische Alpenreisen zur Goethe-Zeit. Die „ersten" Geologen
Bayerns und der österreichisch-ungarischen Monarchie 110

Jean-François Bergier:
Die Auswirkungen des Verkehrs auf die Bergbevölkerung
im Mittelalter 119

Chantal Fournier:
Warenverkehr am Großen Sankt Bernhard am Ende des XIII. Jahrhunderts: ein offenes Problem 123

Frank Hieronymus:
Die Alpenübergänge aus der Sicht des frühen Basler Buchdrucks 127

Marie-Louise Schaller:
Alpenübergänge im Bild (Kurzfassung) 142

Franz-Heinz Hye:
Grundzüge der alten Tiroler Verkehrsgeschichte – dargestellt anhand
von Relikten in Sammlungen und im Gelände 147

Wilhelm Störmer:
Die Brennerroute und deren Sicherung im Kalkül der mittelalterlichen Kaiserpolitik 156

Erwin Riedenauer:
Die Brenner-Region im territorialpolitischen Spannungsfeld der
frühen Neuzeit 163

Heinrich Wanderwitz:
Salz auf den Pässen der Alpen 173

Bernd Roeck:
Reisende und Reisewege von Augsburg nach Venedig in der zweiten
Hälfte des 16. und der ersten des 17. Jahrhunderts 179

Anschriften der Autoren 188

VORWORT

Die Alpen — Europas ausgedehntestes Hochgebirge — sind von Historikern nicht häufig als Forschungsgegenstand gewählt worden. Wohl haben Heimatforscher sich hier wie überall der lokalen Überlieferung angenommen. Aber eine breitere wissenschaftliche Basis durch Quellenpublikationen gibt es nur für Tirol in der Auswahl, die Otto Stolz 1955 vorgelegt hat. In der Geschichtsschreibung, die über den lokalen Rahmen hinausgeht, blieben die Alpen weitgehend unbeachtet.

Damit hat das Hochgebirge, das heute eine Touristenattraktion ersten Ranges bietet, in der historischen Forschung noch immer dieselbe Stelle inne wie bis weit ins 19. Jahrhundert im allgemeinen Bewußtsein. Es wird nicht in seiner Eigenart oder gar um seiner selbst willen beachtet. Man mußte hindurch, wenn man von Deutschland nach Italien (oder umgekehrt) reisen wollte, aber es war ein eher lästiges Hindernis. Mit den Bergbewohnern hatte man auf der Reise kaum Kontakt, und diese wiederum traten nicht ins Licht der europäischen Politik. In den Bergen wurden keine entscheidenden Schlachten geschlagen, dort entstanden keine neuen Wirtschafts- und Gesellschaftsformen, sie boten keine exotischen Reize und keine märchenhaften Schätze.

Das hat seine Auswirkungen auf das Material gehabt, welches dem Historiker heute als Quelle dient. In der Kartographie, die der Ausgangspunkt für das Symposium und die gleichzeitige Ausstellung im Deutschen Museum war, dauerte es bis zum Ende des 18. Jahrhunderts, bis Methoden gefunden waren, die Höhenunterschiede in reiner Draufsicht darzustellen, so wie die gesamte kartierte Fläche. Seit der Spätantike hatte man die Berge in der Maulwurfshügelmanier gesehen, d.h. in Schrägperspektive, ganz abgesehen davon, daß die falsche Kartierung der Alpen deren geringer Bekanntheit entsprach. In den Reiseberichten des Mittelalters wird über die Bergstrecken nur in Ausnahmefällen, in der Neuzeit selten und knapp berichtet. In der Literatur kommen sie praktisch nicht vor.

Der moderne Leser erwartet oft, früher hätten die Leute die Berge nur mit Schrecken und Schaudern durchquert, und meint, sich an entsprechende Sagen und Märchen zu erinnern. Dies kann eine Ursache dafür sein, daß die Berge als unwirtlich galten, wenn auch bislang niemand einen Zusammenhang zwischen dem sagenhaften und dem historischen Erleben des Hochgebirges nachgewiesen hat. Mit Sicherheit bedeutete die Strecke Weges durch die Berge, auch wenn man über den mit gut 1300 Metern Höhe bequemen Brenner Paß reiste, eine größere Strapaze als die Reise in Oberbayern oder Oberitalien oder im Rheintal. Bei anderen Pässen, besonders den Schweizer Pässen, waren die Gefahren und die Anstrengungen noch größer und im Winter und Frühjahr konnte die Alpenüberquerung auch lebensgefährlich werden.

Vor allem waren einige Schluchten nicht nur unheimlich zu durchqueren, sondern wirklich gefährlich, wie — um nur zwei bekannte Beispiele zu erwähnen – die Schöllenen Schlucht am Gotthard Weg und die Eisack Schlucht oberhalb Bozens, durch die der Kuntersweg führte. Neben der akuten Gefahr war aber vielleicht die gewaltige Bergwelt, in der der Mensch sich klein, hilflos und verloren fühlte, Grund für Angst und Schrecken, die auf die Spitze getrieben würde, wenn diese Felsmassen in Bewegung gerieten. Einen solchen ungeheuren Bergsturz hat es im Etschtal bei Rovereto im Jahr 883 gegeben – für Dante der passende Eindruck, mit dem er den Einstieg in die Hölle beschreibt (12. Gesang).

Aber die uns bekannte Unglückschronik ist schmal. Der normale Verkehr, der wohl vergleichsweise reibungslos verlief, ist uns leider auch weitgehend unbekannt. Welche Warenmengen wurden auf den verschiedenen Wegen transportiert? Welche Warenarten gingen von Norden nach Süden und welche kamen die umgekehrte Richtung? Wie sah die technische Seite des Transportes aus, die Straßen und Wasserwege, die Gefährte, die Herbergen, wer stellte die Zugtiere zur Verfügung? In welchem Zustand befanden sich die Straßen unter dem Gesichtspunkt der Sicherheit?

Die mit dem Symposium gleichzeitig veranstaltete Ausstellung, von einem Buch gleichen Titels begleitet*, war zeitlich auf Spätmittelalter und Neuzeit und geographisch auf Bayern und Tirol beschränkt. Das Symposium bietet dazu eine Ergänzung, indem durch die einzelnen Beiträge das ganze Gebiet der Alpen und auch historisch eine größere Zeitspanne, die mit dem Übergang Hannibals beginnt, beachtet werden konnten. Das Besondere an den Beiträgen ist, daß sich historisch interessierte Geographen, Kartographen, Geologen und Ingenieure mit Historikern begegneten, die die spezifischen Schwierigkeiten der Berge aus eigener Erfahrung kannten.

Dies ist sicher nur ein Anfang bei der historischen Erforschung der Alpen, der jedoch wegen seiner Vielseitigkeit spontan Anklang fand und sofort von viel Idealismus getragen wurde. Zu danken ist daher den Rednern und Autoren, die mitzumachen bereit waren, aber auch dem Deutschen Museum, insbesondere Herrn Generaldirektor Dr. Otto Mayr und Herrn Ltd. Museumsdirektor Dr. Klaus Maurice und dem Institut für Geschichte der Naturwissenschaften der Ludwig-Maximilians-Universität, insbesondere Herrn Prof. Dr. Menso Folkerts, weil sie den Rahmen zur Verfügung stellten. Ein besonderer Dank gilt auch dem Entgegenkommen der Herausgeber der VSWG-Beihefte sowie Herrn Vincent Sieveking und dem Franz Steiner Verlag.

München, im Sommer 1986   Uta Lindgren

---

* Uta Lindgren, Alpenübergänge von Bayern nach Italien 1500–1850. Landkarten – Straßen – Verkehr. Mit einem Beitrag von Ludwig Pauli, München 1986.

Jakob Seibert

DIE ALPENÜBERQUERUNG HANNIBALS [1]

Auf welcher Route und über welchen Paß führte Hannibal sein Heer im Jahr 218 vom Rhone-Tal in die Poebene? Diese Frage war bereits in der Antike umstritten und beschäftigte seit dem 17. Jahrhundert immer wieder die Forschung. Altertumswissenschaftler, Militärs und Lokalhistoriker trugen ihre stark divergierenden Ansichten mit großem Eifer vor, wobei die Vertreter jeder Gruppe in ihren Spezialkenntnissen das entscheidende Kriterium sahen, die leidige Streitfrage endlich entscheiden zu können. Die Militärs beriefen sich auf das nur ihnen eigene fachspezifische Verständnis für die Bedürfnisse eines Heeres, die Althistoriker betonten die Quellenanalyse. Lokalkenntnisse sind in jedem Fall unerläßlich. Doch verschiedentlich wurde auch versucht, die Probleme vom Schreibtisch aus zu lösen. Dabei sind die Voraussetzungen für die Rekonstruktion des Marsches gar nicht so ungünstig. Der Hannibalzug ist nämlich die erste und die einzige Überquerung der Alpen, die in den antiken Quellen ausführlich beschrieben wird:

Polybios aus Megalopolis schilderte im 3. Buch seiner Historien, Kap. 47–60 den Verlauf des Marsches vom Rhoneübergang bis zur Ankunft in der Poebene. Er war zwar kein Zeitgenosse und Teilnehmer des Marsches – er lebte von ca. 200–120 v.Chr. –, aber er hatte noch Zeitgenossen befragt und selbst die Alpen überquert (III 48,12). Trotzdem bezog er sein Wissen aus literarischen Quellen.

Livius, ein Zeitgenosse des Augustus, beschrieb in seiner Geschichte Roms ab urbe condita im 21. Buch Kap. 31–38 dieses Ereignis. Obgleich er aus

---

[1] Die folgenden Ausführungen können nur einen knappen, kursorischen Überblick über einige Probleme der Alpenüberquerung Hannibals geben. Für ausführlichere Informationen vergleiche man meinen Aufsatz „Die Alpenüberquerung Hannibals", Die Antike Welt 1986, H. 4, 44–54 und „Die Alpenüberquerung Hannibals. Ein gelöstes Problem?" Gymnasium (im Druck). Bibliographie in Auswahl: E. de Saint Denis, Encore l'itinéraire transalpin d'Hannibal, Revue des Etudes Latines 51,1973, 122ff. (Pas de Lavis-Trafford); A. Guillaume, Annibal franchit les Alpes, 218 ac. J.C., 1967 (Col. de la Traversette); G. Devos, D'Espagne en Italie avec Hannibal, 1966 (Col du Mont Genèvre); Ernst Meyer, Hannibals Alpenübergang, Museum Helveticum 15, 1958, 227ff. (Col du Clapier); ders., Nochmals zu Hannibals Alpenübergang, MH 21,1964, 99ff. (Pas de Lavis-Trafford). Beide Aufsätze sind abgedruckt in dem Sammelband „Hannibal", Wege der Forschung Bd. 371, Darmstadt 1974, 195ff. M. de Lavis-Trafford, Le col franchi par Hannibal, Travaux de la Société d'histoire et d'archéologie de Maurienne 13,1956, 109ff. (Col de Savine-Coche, später umbenannt in Pas de Lavis-Trafford); G. de Beer, Alps and Elephants, 1955 (Col de la Traversette); K. Lehmann, Der Angriff der drei Barkiden auf Italien, 1905 (Kleiner Sankt Bernhard); J. Colin, Annibal en Gaule, 1904 (Col du Clapier); P. Azan, Annibal dans les Alpes, 1902 (Col du Clapier); W. Osiander, Der Hannibalweg, 1900 (Großer Mont Cenis); J. Fuchs, Hannibals Alpenübergang, 1897 (Col du Mont Genèvre).

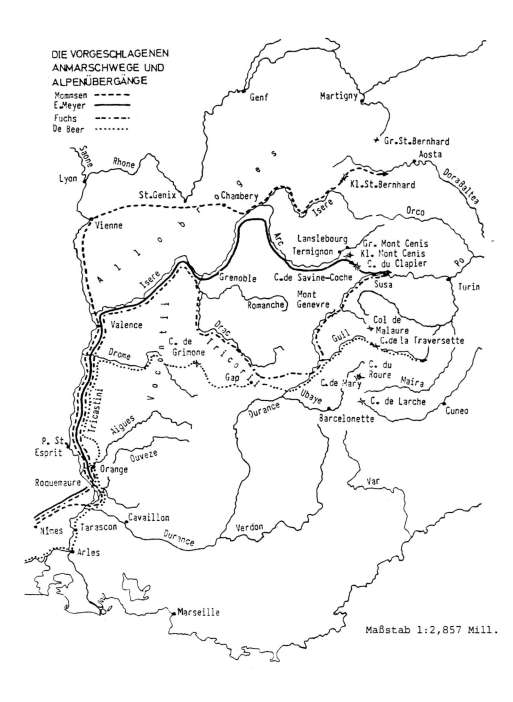

Oberitalien (Padua) stammte, fehlten ihm eigene geographische Kenntnisse der Alpen. Natürlich hatte er auch keine Zeitgenossen mehr befragen können, trennten ihn doch fast zwei Jahrhunderte von den Ereignissen. Er mußte sich ausschließlich auf die umfangreiche Literatur stützen.

Es zeigt sich nun, daß beide Quellen in weiten Bereichen übereinstimmen, so daß wohl anzunehmen ist, daß beide Historiker eine gemeinsame Vorlage benutzten. Allerdings weicht Livius in einigen topographischen Angaben ab und vermittelt weitere Details, so daß er zusätzlich eine weitere, von Polybios nicht verwertete Quelle in sein Werk eingearbeitet haben muß.

Folgende verwertbare topographische Angaben enthalten die Quellen:
1. Der Übergang über die Rhone erfolgte 4 Tagesmärsche vom Meer entfernt.
2. Nach dem Flußübergang marschierten die Karthager an der Rhone entlang ins Landesinnere, 4 Tage lang, insgesamt 600 Stadien (= 106,5 km).
3. Nach 4 Tagesmärschen kamen sie an die Isere. Das von Rhone und Isere eingeschlossene Land wird als die „Insel" bezeichnet. Von dort marschierten sie 10 Tage lang, 800 Stadien = 142 km am Fluß entlang bis der Alpenanstieg begann.
4. Die Alpenüberquerung erfolgte in 15 Tagen (bei drei Ruhetagen). Eine Strecke von 1200 Stadien = 213 km wurde zurückgelegt.
5. Am 8. Tag der Überquerung mußte man eine schwierige Schlucht passieren. Von dort aus erreichte man am 9. Tag die Paßhöhe.
6. Die Paßhöhe bot ausreichend Platz für das Lager eines großen Heeres (mindestens 30.000 Mann, 6000 Pferde und weitere Zugtiere sowie Transporttiere. Auch soll man von hier aus bereits die Poebene gesehen haben.
7. Von der Paßhöhe gelangte das Heer in 3 Tagen in die Ebene.
8. Im Gebiet der Taurini kamen die Truppen an.

Zusätzliche Informationen liefert Livius durch die Angabe, das Heer sei von der Isere ins Gebiet der Tricastini marschiert, dann weiter an der Grenze des Vocontierlandes entlang ins Gebiet der Tricorier bis zur Durance, die überschritten wurde.

Trotz dieser scheinbar genauen topographischen Hinweise konnte sich die Forschung nicht auf einen Paß einigen. Die Schwierigkeiten beginnen bei der genauen Festlegung der Strecke und des Paßüberganges. Denn nach dem 10-tägigen Marsch an der Isere entlang bis zum Alpenanstieg berichtet Polybios nicht, ob auch der Weitermarsch an diesem Fluß entlang erfolgte oder ob die Karthager in ein Seitental der Isere einbogen (Drac oder Arc). Livius bietet mit der Angabe der Durance eine völlig andere Route, die mit den Nebentälern (Ubaye, Guil) weitere Möglichkeiten eröffnete. Die Lösung des topographischen Problems ist also zunächst ein philologisch-kritisches Problem: Welcher Historiker verdient mehr Glaubwürdigkeit? Polybios oder Livius? Denn wer Polybios den Vorzug gab, für den kam nur in Frage: Ein Marsch entlang
1. Isère zum Kleinen Sankt Bernhard (2188 m). Bekannteste Vertreter dieser Theorie waren in Deutschland Niebuhr und Mommsen.
2. Arc zu den Mont Cenis Pässen:
    a) Großer Mont Cenis (2083 m)
    b) Kleiner Mont Cenis (2182 m)

c) Col du Clapier (2482 m)
d) Col de Savine-Coche (Pas de Lavis-Trafford 2520 m).

Wer dagegen Livius als glaubwürdigen Historiker bewertete und seinen topographischen Angaben Gewicht zuschrieb, dem bot sich die Möglichkeit, beide Quellen miteinander zu kombinieren. Vom Isère-Tal bogen die Karthager ins Tal des Drac ab und gelangten ins Durance-Tal, das seinerseits verschiedene Übergänge ermöglichte:
   a) Mont Genèvre (1850 m)
   b) durch das Ubaye-Tal zum Col de Larche (auch Col de l'Argentière genannt 1997 m) oder Col de Mary (2637 m)
   c) durch das Guil-Tal zum Col de Malaure (2522 m) oder vor allem zum Col de la Traversette (2915 m).

Doch damit waren die Variationsmöglichkeiten noch lange nicht erschöpft. Da die ganze Rekonstruktion des Marsches vom Ausgangspunkt, dem Rhoneübergang, abhängt, der nicht sicher festzulegen ist (vier Tagesmärsche vom Meer — in Luftlinie gemessen oder als praktische Angabe vom Marsch Hannibals entlang der Küste von den Pyrenäen her?), kam bei einem südlicheren Ansatz des Überganges auch ein anderer Nebenfluß der Rhone für den Anmarschweg zu den Alpen in Frage:
   a) Drôme, weiter zur Buech und zur Durance
   b) Aigues-Buech-Durance
   c) Ouvèze-Durance.

Natürlich glaubte jeder Autor, daß er allein den richtigen Paß entdeckt habe. Immer wieder wird in der Forschung konstatiert: Jetzt ist das Problem gelöst. Im Sommersemester 1985 untersuchte ich in einem Seminar die Probleme, diskutierte sie ausführlich mit meinen Studenten und erörterte das Für und Wider der verschiedenen Vorschläge. Anschließend besuchten wir die wichtigsten vorgeschlagenen Pässe (Col de Larche, Col de Malaure [zu Fuß], Col de la Traversette [zu Fuß], Mont Genèvre, Großer Mont Cenis, Col du Clapier [zu Fuß], Kleiner Mont Cenis [zu Fuß], Pas de Lavis-Trafford [zu Fuß], Kleiner Sankt Bernhard). Eine Lösung konnten wir aber nicht finden. Soviel läßt sich indessen festhalten, daß die südlich des Mont Genèvre gelegenen Übergänge wohl ausscheiden, da der Anmarsch durch die Guil-Schlucht erfolgen mußte, die m.E. in der Antike unpassierbar war. Auch ist der Col de la Traversette viel zu hoch (2915 m!) und bietet keinen Platz für ein Lager. Bedenken habe ich auch gegen den heute allgemein angenommenen Col du Clapier, da die Schlucht von Avrieux mehr als ein Tagesmarsch vom Gipfel entfernt liegt. Hier bietet sich m.E. der wesentlich leichtere Zugang über den Mont Cenis (2083 m) an. Persönlich neige ich zu der Ansicht, daß Livius durchaus glaubwürdige Nachrichten vermittelt, und deshalb ein Anmarsch durch das Durance-Tal zum Mont Genèvre in Erwägung gezogen werden sollte. Die Schlucht bei Briançon liegt in der „richtigen" Entfernung. Der Paß war nicht zu hoch (1850 m), er bot ausreichend Lagerplatz für ein großes Heer.

Doch die Alpenüberquerung Hannibals bietet noch andere interessante Probleme, die bei der ausschließlichen Suche nach der Route und dem Paßübergang in der Forschung vernachlässigt worden sind, so etwa die Frage, ob der Marsch der Karthager eine „Ersterquerung" war oder ob Hannibal dafür ein Vorbild hatte.

Das Vorbild für Hannibals Alpenübergang

Als Hannibal seine Kriegsvorbereitungen 219/18 traf, besaßen die Karthager keine große Flotte, mit der eine Invasion in Italien möglich gewesen wäre. War deshalb der Plan Hannibals, mit seinem Heer auf dem Landweg von Spanien durch Südfrankreich zur Rhone zu marschieren, von dort in einem Gewaltmarsch die Alpen zu überwinden und in Oberitalien einzufallen, ein genialer Einfall, der der Nachwelt zwar logisch und konsequent erscheint, auf den aber bis zu diesem Zeitpunkt noch niemand gekommen war?

Der Biograph Hannibals, Cornelius Nepos, schreibt Hannibal das Verdienst zu, als erster Mensch ein Heer nach Italien über die Alpen geführt zu haben[2]. Der kaiserzeitliche Historiker Appian[3] läßt Hannibal im Gespräch mit Scipio — als Hannibal am Hof des Antiochos III. im Exil weilte — für sich die Priorität beanspruchen. Auch im Epos des Silius Italicus[4] wird Hannibal die Ehre der „Ersterquerung" zugesprochen[5].

Es ist doch überraschend, daß römische Geschichtsschreiber ihrem größten Feind, Hannibal, dem sie viele Opfer und Niederlagen verdankten, dem sie auch ohne große Scheu manche üble Nachrede anhängten, das Verdienst zusprachen, als erster Mensch nach dem sagenhaften Alpenübergang des Herakles diese Tat vollbracht zu haben, obgleich doch jeder Römer aus der Geschichte seiner Heimatstadt eigentlich wissen mußte, daß dies keineswegs der Fall gewesen ist. Livius beschrieb im 5. Buch, Kap. 34 die Einwanderung der Kelten über die Alpen nach Oberitalien im 4. Jh. Nun lag das schon lange Zeit zurück. Aber die Invasionen der Kelten waren den Römern in schmerzlicher Erinnerung geblieben, so daß sie diese Vorgänge keineswegs vergessen haben dürften. Gerade in den Jahren unmittelbar vor dem 2. Punischen Krieg hatten die Römer in Oberitalien einen Krieg gegen die Kelten geführt, in dessen Verlauf zweimal keltische Heere aus dem Rhonetal über die Alpen gezogen sind, um ihre Stammesgenossen im Kampf gegen die Römer zu unterstützen (225 und 222 v.Chr.)[6].

Warum hat man Hannibal ein Verdienst zugesprochen, das ihm gar nicht gebührte? Wir wissen, daß die römische Geschichtsschreibung, besonders die

---

2 Nepos, Hannibal 3,4: ad Alpes posteaquam venit, quae Italiam ab Gallia seiungunt, quas nemo umquam cum exercitu ante eum praeter Herculem Graium transierat...
3 Syriake 10,40.
4 Punica III 516.
5 Vgl. außerdem Aurelius Victor, de viris illustribus 42,2, Valerius Maximus III 7 ext. 6, Ammianus Marc. 15,10,11.
6 Polybios II 23; 34.

jüngere Annalistik vor Erfindungen römischer Siege und römischer Heldentaten ad maiorem gloriam nicht zurückschreckte. Wenn sie nun dem verhaßten Gegner einen Erfolg zusprach, den er nicht verdiente, dann mußte dies doch einen besonderen Grund haben. Die Ursache für diese „Ente" der römischen Geschichtsschreibung wird bei der Betrachtung der militärischen Vorbereitungen und der römischen Strategie im Jahr 218 verständlich. Die Senatoren hatten angeordnet, daß ein Konsul als Amtsbereich (provincia) Spanien, der andere Afrika erhalten sollte[7]. P. Cornelius Scipio sollte mit zwei Legionen, mit Bundesgenossen und einer Flotte von 60 Kriegsschiffen nach Spanien fahren und dort Krieg gegen Hannibal führen. Tiberius Sempronius Longus erhielt ebenfalls zwei Legionen, dazu Bundesgenossen, aber eine Flotte von 160 Schiffen, dazu 12 Schnellsegler mit dem Auftrag, nach Afrika überzusetzen.

Die Römer beeilten sich nicht mit ihren Vorbereitungen. Zuerst mußten die Heere ausgehoben werden. Als dann in Oberitalien ein Aufstand der Kelten ausbrach, befahlen die Senatoren Scipio, seine beiden Legionen (so Polyb. III 40,14) oder nur eine Legion (so Livius XXI 26,2) abzugeben, die in Oberitalien zum Einsatz kamen. Scipio mußte nun von neuem seine Vorbereitungen beginnen, erst Truppen ausheben und sein Heer zusammenstellen. Diese Anordnung des Senats läßt klar erkennen, wo die Römer die Prioritäten sahen. Der afrikanische Kriegsschauplatz war wichtiger, der spanische Kriegsschauplatz konnte noch warten. Tiberius Sempronius fuhr in seinen Amtsbereich ab, während Scipio erst ein neues Heer aufstellen mußte, was eine erhebliche Verzögerung bedeutete. Offenbar erwartete man von Spanien keine Gefahr.

Als schließlich Scipio zu seinem Amtsbereich aufbrach, hatte er es immer noch nicht sehr eilig. Nach der Landung an der massaliotischen Rhonemündung[8] machte er sich nicht sofort auf, um Hannibal entgegenzuziehen. Er war vielmehr überzeugt, daß Hannibal, der die Pyrenäen bereits überschritten hatte, noch weit entfernt sei wegen des schwierigen Geländes und der dort wohnenden Kelten. Hier wird offensichtlich das Verhalten Scipios durch eine irrige Darstellung entschuldigt. Denn das Gebiet zwischen den Pyrenäen und der Rhone bietet dem Fortkommen eines Heeres keine Schwierigkeiten. Mit den einheimischen Völkern hatte sich Hannibal friedlich geeinigt. Man kann mit ziemlicher Sicherheit sogar annehmen, daß die Ankunft Hannibals an der Rhone bereits bekannt war. Denn die „Spione" der Römer, die Massalioten, dürften die Truppenkonzentration der Gallier am linken Rhoneufer zur Abwehr der Karthager[9] sicher erfahren haben. Die Kelten jedenfalls waren rechtzeitig über den Anmarsch informiert. Der römische Konsul soll dagegen davon nichts gewußt haben! Diese Darstellung verdient keinen Glauben.

Wenn man die Truppenstärken beider Heere vergleicht, so wird es verständlich, daß sich Scipio dem weit überlegenen Hannibal nicht entgegenstellte. Dieses Gebot der Klugheit konnte die römische Tradition natürlich nicht zugeben. Sie läßt Scipio ein Opfer seines schlechten „Nachrichtendienstes" wer-

---

[7] Polybios III 40; Livius XXI 17.
[8] Polybios III 41,4ff.
[9] Polybios III 42,4ff,

den. Als er schließlich Genaues durch einen Aufklärungstrupp erfahren hat und mit dem gesamten Heer Hannibal entgegenzieht, kommt er drei Tage zu spät. Hannibal ist längst weitergezogen. Diese Feststellung soll ihn tief getroffen haben, da er überzeugt gewesen sei, die Karthager würden niemals dort den Marsch nach Italien wagen[10] wegen der Menge und der feindlichen Haltung der diese Gegenden bewohnenden Barbaren. Soll hier angedeutet werden, daß man in Rom diese Möglichkeit erörtert, aber als ausgeschlossen verworfen hatte? Hier tritt eine Ansicht zu Tage, die Cato ganz deutlich ausgesprochen hat: Die Alpen sind die Mauern Roms. Offensichtlich erblickte man in dem Gebirge und seinen feindlichen Bewohnern einen heimlichen Schutz des eigenen Landes. Trotzdem bleibt diese Haltung für Politiker, die alle Möglichkeiten in Erwägung ziehen sollten, unverständlich. Denn es war doch naheliegend, daß sich die Karthager mit den Kelten verständigten. Weshalb hatte Rom mit Hasdrubal den Ebrovertrag im Jahr 226 abgeschlossen? Auch ist es sonderbar, daß die karthagisch-keltischen Kontakte zur Vorbereitung (219/18) in Rom nicht bekannt geworden sind.

Die Römer hatten in Oberitalien zur Abwehr eines Angriffes Hannibals keine Truppen stationiert. Die dort vorhandenen Legionen, mit denen Scipio dann Hannibal in der Schlacht am Ticinus entgegentrat, waren „zufällig" vorhanden, da sie durch den Aufstand der Kelten von Scipio hierher entsandt worden waren. Da diese Truppen nicht genügten, mußten die Legionen des Tiberius vom südlichen Kriegsschauplatz abgezogen werden. Das römische Konzept der Kriegführung war damit völlig gescheitert.

Diese Maßnahmen wurden aber nur notwendig, weil die römischen Senatoren und die Konsuln nicht mit der Möglichkeit gerechnet hatten, daß Hannibal auf dem Landweg über die Alpen in Italien einmarschieren könnte. Man hatte einfach den jungen Mann in Spanien unterschätzt. Ihre Lässigkeit in den Vorbereitungen für den spanischen Kriegsschauplatz und ihre bewußte Zurückstellung hinter die Invasion in Afrika dokumentiert das Versagen der römischen Senatoren. Dies konnte natürlich die römische Geschichtsschreibung der Nachwelt nicht vermitteln, zumal die römischen Geschichtsschreiber seit den Anfängen, seit Fabius Pictor, Senatoren gewesen sind. Das Versagen der römischen Senatoren wurde aber verdeckt, wenn man den Alpenübergang als etwas völlig Unerwartetes, als ein Novum in der Geschichte hinstellte. Plinius, n.h. XXXVII 2 steigerte sich sogar zu der Feststellung, daß die Vorfahren den Alpenübergang Hannibals fast für ein Wunder hielten. Deshalb schrieb die römische Tradition ihrem Feind den Ruhm der Alpenüberquerung zu. Die Kelten gerieten unverdient in Vergessenheit, nur weil auf die Rom beherrschende Schicht der Senatoren kein Schatten fallen durfte.

Diese Alpenübergänge der Kelten unmittelbar vor Ausbruch des 2. Punischen Krieges sind aber noch in einer anderen Hinsicht wichtig. Hannibal lebte zur Zeit der Keltenkriege als Befehlshaber der Reiterei im Lager seines Schwagers Hasdrubal in Spanien. Mit Sicherheit darf man annehmen, daß er alle Vorgänge in dieser Auseinandersetzung genauestens beobachtete. Hier

---

10 Polybios III 49,1.

dürfte er die Anregung für seinen späteren Einmarsch in Oberitalien erhalten haben, denn diese Überquerungen bewiesen, daß man ein Heer über das Gebirge führen konnte. Der Anmarsch auf dem Landweg war sicherer als eine Invasion zur See. Außerdem besaß Karthago keine Flotte, mit der ein Heer nach Italien gebracht werden konnte. Gleichzeitig konnte Hannibal auf dem Landweg die Kelten und Ligurer, die bereits häufig als Söldner in karthagischen Heeren gedient hatten, zur Mitarbeit gewinnen.

Die moderne Forschung hat die Keltenübergänge in den Jahren 225 und 222 als Vorbild für Hannibal bisher nicht berücksichtigt. Natürlich verliert der Vorgang damit viel an Reiz, wenn ihm der Glorienschein der „Ersttat" genommen ist. Dies schmälert aber nicht die Gesamtleistung des Karthagers.

Martin Dallmeier

DIE ALPENROUTEN IM POSTVERKEHR ITALIENS MIT DEM REICH

Im oberdeutschen-tirolischen Alpengebiet mit dem Mittelpunkt Innsbruck treten im ausgehenden 15. Jahrhundert neben den mittelalterlichen Botenanstalten neue Nachrichtenbeförderungssysteme in Erscheinung. Zuvor, seit der Verlagerung des oberdeutschen Levantehandels zu den italienischen Häfen Venedig und Genua stellten die *Compagnia del Corrieri della Illustrissima Signoria*, d.h. die staatlich geschützte Botenanstalt der Republik Venedig[1] und die Augsburger Venedigerboten[2] weitgehend die kommunikativen Verbindungen über die Alpen her. Ihnen kam auch die weitere Korrespondenzvermittlung nach Rom[3] und Süditalien sowie nach Nürnberg bzw. über Köln in die wirtschaftlich dominanten niederländisch-burgundischen Provinzen zu.

Mit diesen herrschaftlichen und privaten Botenanstalten konkurrierte ab 1489/90 das tirolische Innsbruck. Durch die Regierungsübernahme in der Grafschaft nach der Abdankung seines Vetters Sigmund (1490) konnte Maximilian I. bei der politisch notwendigen Neuorganisation des landesherrlichen Kammerbotenwesens neue Formen der Nachrichtenübermittlung, nämlich die Technik des *Postieren* anwenden.

Als Organisatoren für diese neuen Kurse in Stafettentechnik holte Maximilian die im Bergamasker Gebiet beheimateten Tassis an den Innsbrucker Hof, die als päpstliche und venezianische Kuriere einschlägige Erfahrungen einbringen konnten.[4]

Primäres Kennzeichen des neuen Instituts *Post* (posita statio) war die Errichtung von Postleger in regelmäßigen Abständen von drei bis vier Meilen, wo Pferde und Reiter wechselten. Dadurch ließen sich die bisher durch die physischen Grenzen der Transportmedien Mensch und Tier bestimmten Beförderungszeiten entscheidend verkürzen. Die ersten habsburgisch-taxisschen Posten nach diesem Organisationsschema liefen zur schnellen und kontinuierlichen Anbindung der burgundisch-niederländischen Provinzen an die Innsbrucker Zentralverwaltung 1489/90 zwischen Tirol und dem flandrischen Mechelen.[5]

---

1 Zur venezianischen Kurieranstalt vgl. B. Foppolo, La Compagnia dei Corrieri Veneti, in: Le Poste dei Tasso, un'impresa in Europa, Bergamo 1984, 51ff.
2 P. Krinner, Die Venediger Botenordnung der Reichsstadt Augsburg. Archiv f. Postgeschichte in Bayern 1 (1925) 15ff.
3 A. Serra, Corrieri et postieri sull'itinerario Venezia-Roma nel cinquecento e dopo, in: Le Poste dei Tasso, un'impresa in Europa, Bergamo 1984, 33ff.
4 F. Ohmann, Die Anfänge des Postwesens und die Taxis, Leipzig 1909, 65ff.
5 Die einschlägigen Belege bei A. Schulte, Geschichte des mittelalterlichen Handels und Verkehrs zwischen Westdeutschland und Italien mit Ausschluß von Venedig, Bd. I,

Die Zentralalpen im habsburgischen Machtbereich erhielten erst ein halbes Jahrzehnt später engere Berührung mit den neuen Posten. Auslösendes Moment war die politische Machtkonstellation auf dem italienischen Kriegsschauplatz zwischen Habsburg und Frankreich. Zu seinem seit der Liga von Venedig (1495) engsten Verbündeten in Oberitalien, Herzog Ludovico Sforza von Mailand, errichtete Maximilian eine Stafettenkette für den militärpolitischen Informationsaustausch. Nachdem schon im Vermählungsjahr Maximilians mit Bianca Sforza, Juni 1494, das Projekt einer direkten *postalischen* Verbindung zwischen beiden Höfen erwogen worden war, etablierte sich nach einigen Routenvarianten auf Mailänder Initiative ein *Postkurs* von der lombardischen Metropole über den Comersee durch das Veltlin bis Bormio, dem Grenzort des Herzogtums, über das Wormserjoch (heute Umbrailpaß) mit 2503 m in den oberen Vintschgau und über den Reschenpaß und das Oberinntal nach Innsbruck – oder nördlich über den Fernpaß in das bayerisch-schwäbische Gebiet.[6] In Nassereith wurde der ältere tirolisch-niederländische Postkurs berührt.

Durch die Poststundenpässe läßt sich der Betrieb dieses politisch-militärischen Postkurses für die Jahre 1495 bis gegen 1500 belegen. Nur ausnahmsweise während der Anwesenheit des jungen Königs am Wormser Reichstag (1496) wurde dieser Stafettenkurs auf eine direktere Route Mailand-Chiavenna-Bündnerpässe-Chur-Feldkirch-Lindau umgelegt.[7]

Dieser erste, zunächst fast ausschließlich für dynastische, politisch-strategische Bedürfnisse angelegte Alpenpostkurs Mailand-Innsbruck verlor um 1500 mit der strategischen auch seine geringe wirtschaftliche Bedeutung. Für den nun allmählich aufkommenden privaten Briefverkehr mit Italien wird zumindest für das deutsche Reichsgebiet wie im Mittelalter die Brennerroute zur Hauptverkehrsader. Ausschlaggebend dürfte neben der geographischen Lage Innsbrucks die geringe Paßhöhe und die gute Begehbarkeit des oberen Eisacktales, die Nähe Venedigs und die Integration des Zentralalpenpasses in die Grafschaft Tirol gewesen sein.

Mit dem Eintritt des Franz von Taxis 1501 in die Dienste der spanischen Habsburger und der damit verbundenen Verlagerung der postpolitischen Aktivitäten nach Brüssel und Mechelen entwickelte sich im Habsburgerreich ein zweites Postzentrum.[8] Während dort die Geldressourcen der wirtschaftlich potenten Niederlande den Postausbau beschleunigten, litten die habsburgischen Posten in Tirol zunehmend unter den Liquiditätsschwierigkeiten der Innsbrucker Raitkammer. Doch bis 1509 wies nach Inhalt der Tiroler Raitbücher die Innsbrucker Kammer die Zahlungen für diese tirolisch-taxisschen

---

Leipzig 1900, 503f. bes. Anm. 5, und A. Korzendorfer, Die Anfänge des Postwesens in Deutschland. Eine Zusammenfassung der bisherigen Forschungsergebnisse. Archiv f. Postgeschichte in Bayern 17 (1941) 117ff.; (1942) 205ff.

6 Ohmann (wie Anm. 4) 124ff. und Beilagen Nr. 5–7 (S. 319ff.).

7 O. Redlich, Vier Poststundenpässe aus den Jahren 1496 bis 1500. MIÖG 12 (1891) 494–504.

8 Quellen zur Europäischen Postgeschichte, hrsg. v. M. Dallmeier. Thurn und Taxis-Studien 9/II, Kallmünz 1977, 3 Nr. 1 u. 2.

Posten nach Italien an. Als Postsold quittierte z.B. 1507 Leonhard von Taxis für seine Post gegen Ravenna 72 Gulden. Diese Summe wurde auch Gabriel von Taxis für den Unterhalt der Posten gegen Venedig vergütet. Als Postleger auf diesen Kurs werden in den Rechnungen namentlich Steinach, Gossensaß, Trient, Rovereto und Avio angeführt.[9]

Mit dem Postvertrag zwischen König Karl I. von Spanien und seinen Hauptpostmeistern Franz und Johann Baptista von Taxis vom 12. November 1516[10] trat eine organisatorische Änderung ein. Italien — Verona, Rom, Neapel — wurde formal in das habsburgische Postkurssystem integriert, der Kurs Brüssel-Innsbruck erfuhr eine Verlängerung über die *deutsche Poststraße* zu den genannten Städten, die Posten bis Innsbruck bzw. Trient erhielten nun ihre Jahresbesoldung aus den Einkünften der Brüsseler Rechnungskammer. Die finanzielle Last des Kurses lag völlig bei Spanien. Den taxisschen Postmeistern wurden für die Beförderung der staatlichen Depeschen auf diesen Kursen vertraglich Maximalbeförderungszeiten abverlangt. Je nach Jahreszeit lagen diese zwischen Brüssel und Innsbruck bei fünf bis sechs Tagen, nach Rom bei $10^{1}/_{2}$ bis 12 und nach Neapel bei 14 Tagen. Dies würde einer durchschnittlichen Tagesleistung von 130 bis 150 Kilometern entsprechen.[11]

Im ersten und zweiten Dezennium des 16. Jahrhunderts läßt sich eine Stabilisierung des alpinen Postverkehrs auf der Brennerroute mit einem zunehmenden Anteil der privaten oder halbamtlichen Sendungen verfolgen. Innsbruck und das postalisch wichtige Augsburg bleiben die Zentren der habsburgisch-taxisschen Posten auf Reichsboden.[12]

Deutlich sichtbar wird dies für das hier interessierende Alpengebiet an der Postpolitik der *Compagnia e societá* der Taxis im 16. Jahrhundert. Der Schlüssel dazu liegt in der Gruppierung der taxisschen Postamtsbezirke um den zentralen Alpenraum.

Nördlich von Innsbruck mit dem tirolisch-vorderösterreichischem Postbezirk lagen die von den Augsburger Taxis verwalteten Postämter von Füssen bis Rheinhausen gegenüber Speyer. Südlich des Brennerpasses an der italienisch-venezianischen Route schufen andere Mitglieder der Familie eigenständige Postbereiche, so zu Venedig, Mailand, Rom sowie um Bozen/Brixen und zu Trient. Alle aber vereint unter dem habsburgischen Postgeneralat der Brüsseler Linie.

Die Beziehungen der Bergamasker Taxis aus Cornello zur Republik Venedig reichen weit in das 15. Jahrhundert zurück. Im Botenwesen der Signoria

---

9 „Leonhardten de Tässis geben am xxi Tag may auf post gehn Ravenna zu legen laut seiner quittung lxxii gulden." Auszug aus den oberösterreichischen Kammermeisterrechnungen der Jahre 1507 bis 1509, beglaubigt 1661 v. B. Sutor, im FZA (= Fürst Thurn und Taxis Zentralarchiv), Posturkunden 159.
10 Quellen zur Europäischen Postgeschichte (wie Anm. 4) 4f. Nr. 3. — Zu den modifizierten Postverträgen von 1517 vgl. ebenda 6ff. Nr. 7 u. 8.
11 Vgl. Ohmann (wie Anm. 4) 252f.
12 Von Innsbruck aus lief ab dem ausgehenden 15. Jahrhundert der Kurs über Schwaz, Kundl, Ellmau, Waidring, Salzburg, Marchtrenck und Linz nach Wien, von Augsburg über Regensburg jener nach Prag.

begegnen sie in führender Stellung.[13] Auch nach dem Eintritt in den Dienstadel am habsburgischen Hofe war die Verbundenheit zur politischen Macht ihrer Heimat ausgeprägt. Mit David von Taxis, dem jüngeren Bruder des Generalpostmeisters Johann Baptista, ist 1509 ein taxisscher Postmeister im habsburgisch-venezianischen Grenzsaum tätig. Die Innsbrucker Raitkammer entrichtet ihm für die Anlage eines Postkurses durch das Pustertal nach Krain 82 Gulden.[14] Im Kontext seines Schreibens zur Papstwahl Leos X. (1513)[15] wird er als kaiserlicher Postmeister zu Verona bezeugt, 1522 in dieser Amtswürde zu Trient.[16]

Nach der Aussöhnung zwischen Kaiser und der Republik organisierte er als Vorstand eines kaiserlichen Postamtes zu Venedig in Konkurrenz zu den Augsburger Venedigerboten und der Venezianischen Kurieranstalt den Briefverkehr mit dem Reich über die Trientiner Route. Mit kaiserlicher Unterstützung und dem aufgezwungenen Schutz der Republik errichtete er dazu einen Postkurs von Mestre über Bassano und Borgo di Val Sugana bis zur Republikgrenze gegen Trient, der 1559 im Einklang mit den tirolischen Hofpostmeistern zu einem wöchentlichen Kurs Augsburg-Trient-Venedig erweitert wurde.[17]

An diesem Kurs liegen im 16. Jahrhundert zwischen dem Brennerpaß und dem venezianischen Staatsgebiet zwei weitere taxissche Postamtsbezirke, nämlich zu Trient und um das Zoll- und Posthaus zu Kollmann bei Waidbruck.

Ludwig von Taxis, engster Vertrauter Erzherzogs Ferdinand von Tirol (1563–1595), nannte um die Mitte des Jahrhunderts die Postämter Brixen und Bozen mit der dazwischenliegenden Poststation Kollmann sein Eigen[18]; letztere lag am Beginn des Kuntersweges durch die Eisackschlucht nach Bozen. Mit dem Tode seines Sohnes Wilhelm (1591) erlosch diese taxissche Linie im Mannesstamm, doch war der Postbezirk bereits mit dessen Amtsenthebung wegen mangelnder Qualifikation und Defraudation 1575 der Aufteilung verfallen. Brixen und Kollmann gerieten wieder in direkte Abhängigkeit zum Innsbrucker Hofpostmeisteramt, während Bozen dem expansiven Erbpostmeisteramt an der Etsch zu Trient zugeschlagen wurde.[19]

In der Stadt Trient hatte sich unter Bonus I. Bordogna eine weitere Bergamasker Kurierfamilie im Postdienst etabliert. Durch seine Ehe mit Elisabeth,

---

13 E. Mangili, I Tasso e le Poste, Bergamo 1942, 49ff.
14 „Davit de Tässis postmaister geben an den anndern tag juny auf quittung dy posht aus der Au in Chrain geen Leybach ze legen laut seiner quittung lxxxii gulden" (wie Anm. 9) 1509 fol. 92.
15 Abgedruckt bei Ohmann (wie Anm. 4) 331f. Beilage Nr. 13.
16 Vgl. J. Rübsam, Allgemeine Deutsche Biographie 37 (1894) 484.
17 L. Kalmus, Weltgeschichte der Post, Wien 1937, 105f.
18 Zu Ludwig v. Taxis und das Postmeisteramt zu Kollmann vgl. G. Rennert, 400 Jahre Taxis in Tirol und den Vorderösterreichischen Landen. L'Union Postale 59 (1934) 351. – L. Taxis-Bordogna – E. Riedel, Zur Geschichte der Freiherrn und Grafen Taxis-Bordogna-Valnigra und ihrer Erbpostämter zu Bozen, Trient und an der Etsch. Schlern-Schriften 136 (1955) 35f.
19 Taxis-Bordogna – Riedel (wie Anm. 18) 57f.

einer Schwester des Generalpostmeisters Johann Baptista von Taxis, wurde die Affinität zu den Taxis begründet. Von seinem Schwager David dürfte Bonus seinen Trienter Postbezirk transferiert erhalten haben. Lorenzo I. Bordogna de Tassis, der Sproß aus dieser bordogna-taxisschen Verbindung, löste sich durch einen kaiserlichen Investiturbrief und ein Patent seines Mailänder Onkels Simon von Taxis organisatorisch und postalisch völlig von anderen Posthoheitsansprüchen.[20]

Während des Trienter Konzils festigte Lorenzo I. seine postalische Schlüsselfunktion im Postverkehr zwischen dem Reich und Oberitalien, zwischen Papst und Kaiser. Zur Bewältigung des gesteigerten Korrespondenzaufkommens der päpstlichen Legaten, Konzilsteilnehmer und weltlichen Diplomaten legte er auf eigene Kosten einen doppelten Ritt zum päpstlichen Kuriermeister in Bologna an und errichtete dafür 1555 zwei neue Relaisstationen zu Roverbella und Volargne, die — obwohl auf venezianischem Staatsgebiet — seiner obersten Leitung unterstellt blieben.[21] Nach Norden verlief die Expansion des Trienter Postbezirks in zwei Stufen: Mit der Absetzung Wilhelms von Taxis (1575) kam das Postamt Bozen in bordognische Hände; das dazwischenliegende Postamt Neumarkt (Egna) überließ ihm einige Jahre später ein Vetter, so daß bis zur Inkammerierung der Postämter an der Etsch unter Kaiserin Maria Theresia 1752/1759 die Bordogna de Tassis den Postbetrieb zwischen Bozen und Verona bzw. bis Borgo in Richtung Venedig ausübten.[22]

Den taxisschen Anspruch auf den Betrieb des niederländisch-tirolischen Ordinaripostkurses im zentralen Alpenraum und in Oberitalien sicherte zusätzlich das kaiserliche Postmeisteramt im Herzogtum Mailand ab. Seit dem Anfall des Reichslehen Mailand an den Kaiser verwaltete Simon von Taxis das dortige Postamt zusammen mit dem kgl. span. bzw. kaiserlichen Postamt zu Rom.[23] Nach der frühesten Mailänder Postordnung (1545)[24] reichte der Mailänder Postsprengel von Cremona und Mantua bis Piacenza und Alessandria; Como war im Norden Grenzpostamt. Das Herzogtum durchzogen die drei Hauptpostkurse, der sog. deutsch-niederländische Kurs über Mantua nach Trient, der römische über Piacenza nach Bologna im Kirchenstaat und jener westlich über Pavia nach Spanien. Privatsendungen wurden auf diesen Kursen nur einmal monatlich befördert. Zwischen diesen Zeiten ist jedoch eine häufige Abfertigung von Stafetten und Cavalcaten für die offizielle staatspolitische Korrespondenz belegt.

20 Investiturbrief Kaiser Ferdinands I. v. 1537 X 11 und das Patent des Simon von Taxis v. 1548 V 30 abgedr. bei Taxis-Bordogna – Riedel (wie Anm. 18) 177f.
21 W. Mummenhoff, Der Nachrichtendienst zwischen Deutschland und Italien im 16. Jahrhundert, Diss. Berlin 1911, 31. – Vgl. Taxis-Bordogna – Riedel (wie Anm. 18) 50ff. u. 90: Um 1650 fielen beide Poststationen wieder an Venedig.
22 Einzelheiten bei Taxis-Bordogna – Riedel (wie Anm. 18) 121ff.
23 Zu Simon v. Taxis und das kaiserliche Postamt Mailand vgl. J. Rübsam, Das kaiserliche Postamt zu Mailand in der ersten Hälfte des 16. Jahrhunderts unter Simon von Taxis. Archiv f. Post und Telegraphie 29 (1901) 443ff.
24 Mailänder Postordnung von 1545 abgedr. in Anales de la Ordenanzas de Correos de España, Bd. I (1283–1879), Madrid 1879, 10f.

Eine nähere Untersuchung des Mittelabschnittes dieses Postkurses zwischen Augsburg und Trient bzw. Verona und Venedig über einen längeren Zeitraum läßt die Feststellung zu, daß diese Poststraße als kürzeste Verbindung des Reiches nach Oberitalien, Venetien und Rom äußerst stabil war. Das auf weite Streckenabschnitte vorherrschende alpine Gelände ließ für Kursvarianten, Kursumlegungen oder Verkürzungen kaum Möglichkeiten offen.

Über 300 Jahre verlief der Reichspostkurs westlich des Lechs über Füssen zum Alpennordrand, wo er über die Poststationen Heiterwang und Lermoos den Fernpaß (1209 m) mit dem südlich davon gelegenen Nassereith erreichte. Über Parwies und Dirstenbach entlang des Mieminger Plateaus wurde Innsbruck im Inntal angeritten. Nördlich des Brennerpasses im Wipptal waren Schönberg und Steinach die Pferdewechsel- oder Poststationen, dann die Paßhöhe selbst, Sterzing, Mittewald (Mezzasilva), Brixen, Kollmann und Deitschen bis Bozen. Die Strecke Bozen-Trient war durch die Stationen Branzoll, Neumarkt und St. Michael untergliedert. Von Trient lief bis 1559 ein vierzehntägiger Seitenkurs nach Venedig, während der italienische Hauptkurs über die Relaisstationen Rovereto, Ala, Peri, Volargne bei Castelnuovo die Nähe Veronas und den kreuzenden Botenkurs Venedig-Bergamo-Mailand erreichte. In Richtung Süden lag die nächste Station vor Mantua und dem Po-Übergang in Roverbella.

Nicht Schritt halten konnte mit den anfangs genannten technischen Neuerungen im Nachrichtenwesen, der Einführung des regelmäßigen Stafettenkurses zur individuellen Beförderung der Staatskorrespondenzen, die kontinuierliche Öffnung der Postkurse für den privaten Ordinaripostverkehr. Regelmäßige Ankunfts- und Abgangszeiten, feste Tarife und die uneingeschränkte Benützung durch Privatpersonen (Öffentlichkeit) nahmen noch Jahrzehnte in Anspruch. Zunächst — nachweisbar seit 1506 — öffnete sich der habsburgische Postkurs den Augsburger Handelshäusern[25] für ihre Geschäftskorrespondenz und Nachrichtenübermittlung ihrer Agenten.[26]

Hingegen beklagten noch in den dreißiger Jahren des 16. Jahrhunderts die päpstlichen Legaten am Wiener Kaiserhof Unzulänglichkeiten bei der Abfertigung ihrer Korrespondenz an die Kurie. Die monierten Verzögerungen lagen aber hauptsächlich südlich der Alpen, an der Nahtstelle zwischen dem taxisschen Postbereich und den Posten des Kirchenstaates, also zwischen Trient und Bologna. So beanspruchte etwa 1538 die Korrespondenz von Wien nach Rom, die im allgemeinen über Innsbruck lief, zwischen 14 und 32 Tage. Durch die 1539 vom Trienter Postmeister angelegte doppelte Stafette zwischen Trient und Bologna reduzierte sich die Beförderungsdauer auf 12 bis 14 Tage.[27] Die zeitliche Staffelung der Abfertigungszeiten der Posten auf den Kursen Rom-Flandern und Venedig-Flandern ermöglichten ab Trient nach Norden für den allgemeinen Briefverkehr eine vierzehntägige Beförderungsmöglichkeit.

---

25 Über die Beförderung eines Päckchens auf der Post für Anton Welser zu Augsburg im Poststundenpaß Mechelen-Wien vgl. Ohmann (wie Anm. 4) Beilage 10 (S. 328).
26 A. Schulte, Die Fugger in Rom, Bd. I, Leipzig 1904, 17.
27 Mummenhoff (wie Anm. 21) 24f.

Der spanische Staatsbankrott und der konfessionelle Aufstand in den Niederlanden erschütterten aber dann gegen Mitte des Jahrhunderts wegen der ausschließlichen Besoldung der Posthalter im Reich, Tirol und Oberitalien aus den Brüsseler Finanzen den gesamten Postbetrieb auf der *deutschen Poststraße* nach Italien. Das Ausbleiben der Subventionszahlungen führten zum raschen und nachhaltigen Verfall des Postkurses, da die Posten auf dem Höhepunkt der Krise (1579–1587)[28] zur Befriedigung ihrer nötigsten materiellen Bedürfnisse dazu übergingen, Briefpakete nur noch gegen sofortige Bezahlung weiter zu befördern.

Erst langwierige Unterhandlungen des Kölner Reichspostmeisters Jakob Henot mit den tirolischen Posten und den oberitalienischen Postmeistern zu Mantua, Cremona, Mailand und Venedig über die Begleichung ihrer Besoldungs- und Portoausstände ließen 1586 den Wiederaufbau des Kurses zu.[29] Zugleich sollten zur Zurückdrängung der konkurrierenden Boten die Beförderungszeiten revidiert werden: Für den Kursabschnitt Innsbruck-Venedig sah die neue Ordnung 75 Stunden vor, weitere 27 Stunden für die Post zwischen Augsburg und Innsbruck.

Der unsicherste Bereich auf dem Reichspostkurs über die Alpen war jener des Herzogtums Mantua. Im Jahre 1622 spielte man daher beim Brüsseler Postgeneralat mit dem Gedanken, wegen der Unzuverlässigkeit der mantuanischen Posten den italienischen Kurs ab Trient vollständig über Venedig zu verlegen.[30] Als aber 1623 die Venetianer ihrerseits die versiegelten Mailänder und Mantuaner Briefpakete aufbrachen, ließ man den Plan fallen. Erstmals erwog man nun innerhalb der Reichspost als weitere Alternative zum italienischen Postkurs eine neue Briefpostlinie von Augsburg über Lindau und die Bündner Pässe nach Mailand.[31] Obwohl während des Mantuanischen Erbfolgekriegs (1626–1631) durch Kriegshandlungen der allgemeine Postbetrieb laufend behindert wurde, blieb dennoch der alte Reichspostkurs nach Italien unverändert bestehen.

Im Spanischen Erbfolgekrieg (1701–1714) besetzten 1704 französische Truppen Augsburg und unterbrachen diesmal schon nördlich der Alpen den tirolischen Postkurs. Die italienischen Reichspostpakete mußten zunächst über Lindau nach Innsbruck deroutiert werden, später sogar über Zürich; von dort stellten die Corrieri Veneti über Graubünden eine provisorische Verbindung nach Italien her.[32]

Selbst die Verstaatlichung der Mantuanischen Postgerechtsame[33] unter

---

28 Postkrise und Postreformation zuletzt ausführlich bei Kalmus (wie Anm. 17) 93–148.
29 Zum Kölner Postmeister Henot vgl. E. Goller, Johann Jakob Henot, Postmeister von Köln, Diss. Bonn 1910. – Die einzelnen Verträge über Portoausstände und Beförderungszeiten inhaltlich wiedergegeben in Quellen zur Europäischen Postgeschichte (wie Anm. 8) Bd. II, Nr. 78 (Tirol), Nr. 79 (Mantua), Nr. 94 (Venedig), Nr. 95 u. 96 (Mailand), Nr. 97 (Cremona) u. Nr. 98 (Mantua).
30 FZA, Postakten 1214.
31 FZA, Postakten 1214.
32 FZA, Postakten 1219.
33 FZA, Postakten 5091.

Kaiser Karl VI. 1722 änderte nichts am dortigen Postamt als Unsicherheitsfaktor im internationalen Postverkehr. Die neue Postverwaltung forderte vertragswidrig ein Extraporto für die weitere Beförderung der Reichsbriefe, sozusagen eine Transitgebühr. Die Reichskorrespondenzen nach Italien waren nämlich in diesen Jahren überproportional angestiegen, zum einen durch die neuen habsburgischen Staaten in Italien seit dem Rastatter Frieden (1714), zum anderen, da die umfangreichen Postpakete aus Wien mit über 50 Pfund pro Ordinari immer noch in Innsbruck auf das nicht minder gewichtige niederländische Ordinaripaket trafen.[34] Wartezeiten aus Kapazitätsgründen zu Mantua, Trient, Bozen waren keine Seltenheit, zumal sich die Reichspost bei der Festlegung der Posttage nach den Wiener Kanzleigepflogenheiten zu richten hatte. Die mittwochs durch die Steiermark von Wien nach Venedig abgehenden Ordinarien mit durchschnittlich 15 bis 20 Pfund entlasteten den Tiroler Hauptpostkurs nur unwesentlich.

Um den mantuanischen Portoforderungen die Spitze zu nehmen, stellte man eine Verdoppelung des Kurses in Aussicht, wodurch der Postverwaltung ein höherer Briefdurchfluß und somit größerer Portogewinn verschafft worden wäre.[35]

Im Verlauf des Polnischen Erbfolgekrieges 1734 wurde dieses Mal der Postkurs in der Toskana zwischen Mailand und Rom unterbrochen. In einer raschen Entscheidung etablierte sich im Zusammenspiel mit dem Postmeister Graf Leopold von Thurn und Taxis zu Venedig ein kriegsbedingter Kurs Venedig-Rom. Das Reichspostamt Augsburg spedierte jeden Dienstag und Freitag die Briefe für Venetien, Mittel- und Süditalien an das Flandrische Postamt in der Lagunenstadt, von wo die Kuriere der *Compagnia* den Weitertransport besorgten.

Am 28. September 1734 schlossen das Reichspostgeneralat und die Republik Genua einen Vertrag über den Korrespondenzaustausch unter Einbeziehung der englischen und holländischen Briefe.[36] Die Reichspost bot vertraglich zwei Beförderungsvarianten, nämlich über Venedig und durch die Schweiz an. Für die Briefe aus Holland war der Kurs durch die Schweiz mit 29 bis 30 Tagen bis Genua kürzer als über Venedig (33 Tage); dafür war das Briefporto mit 32 Soldi pro Unze um ein Viertel höher als über Venedig (24 Soldi).

Trotz der Portomoderationen war für die Reichspost die längere Beförderungsdauer ein entscheidender Nachteil zu den alternativen Routen durch die Schweiz oder über Frankreich, besonders in die Lombardei, nach Ligurien und Piemont. Im Postabkommen mit der Toskana sollte zunächst die Laufzeit der Briefpakete zwischen Amsterdam und Livorno um eine Woche auf 33 Tage reduziert werden. Für die deswegen notwendige Stafette zwischen Ferrara,

---

34 FZA, Postakten 1219.
35 FZA, Postakten 1219: Durch das Postamt Mantua liefen vom 7. Januar bis zum 24. Juni 1730 bei insgesamt 49 Ordinarien Briefe im Gesamtgewicht von 10 649 Briefunzen (ungefähr 670 Pfund).
36 FZA, Posturkunden 871 (vgl. Quellen zur Europäischen Postgeschichte (wie Anm. 8) Bd. II, Nr. 660).

wohin die toskanischen Corrieri Procacci liefen, und Venedig übernahm die Reichspost alle Kosten.

Die interne Prüfung der Laufzeiten zeigte aber auf, daß die gravierenden Probleme bei den italienischen Retourpaketen lagen. Briefpakete aus Amsterdam über Augsburg, Venedig und Ferrara nach Bologna benötigten um 1740 meist 16 Tage, retour aber 31, über das Reich und Mantua ebenfalls 16 (zurück 34) – oder Amsterdam-Mailand über Bern 13 (retour 27) und über Lindau und Graubünden 17 (retour 34) Tage.[37] Ausschlaggebend für diese enormen Zeitdifferenzen war, daß die Kursinfluenzen zwischen den einzelnen italienischen Postanstalten äußerst schlecht auf die internationalen Transitkurse abgestimmt waren, so daß die Felleisen häufig mehrere Tage auf den Postämtern liegen blieben.

Mit dem Wunsch des Wiener Hofes, mittels einer eigenen Stafette zwischen Mantua und Rom den italienischen Kurs faktisch zu duplizieren, kehrte Mantua nochmals in seine dominante Stellung beim Transit zurück. Dies wohl auch deshalb, da über Mantua die Influenz der römischen und neapolitanischen Briefe besser auf den Reichspostkurs abzustimmen war. Der neue, durchgehend doppelte Postkurs zwischen Wien (Innsbruck, Mantua), Mailand und Rom wurde von der Reichspost mit Jahresbeginn 1751 eröffnet. Das Postamt in Rom verzeichnet daraus eine Einnahmeverdopplung von jährlich 12 000 Goldgulden.

Der fast gleichzeitig mit der venezianischen Compagnia della Corrieri abgeschlossene modifizierte Postvertrag war nun nicht mehr auf die italienische Transitkorrespondenz, sondern auf den direkten Paketschluß mit venezianischen Postämtern fixiert. Castelnuovo und Volargne traten anstelle Trients als Austauschpostämter für das venezianische Verona. Ergänzend dazu stand das Reichsoberpostamt Augsburg mit den Postämtern Bergamo und Brescia durch den Kurs über Lindau und die Schweiz im direkten Paketschluß.

Als sich im Zweiten Koalitionskrieg die französischen Revolutionsheere in Norditalien gegen Österreich behaupteten und die Lombardei besetzten, kam auch das Ende für die im 16. Jahrhundert geschaffenen oberitalienischen Postorganisationsstrukturen. Cisalpinische bzw. Italienische Republik orientierten sich bei der Organisation ihrer Postanstalt am Vorbild Frankreich (Pachtwesen).

Die Besetzung der Republik Venedig (1797) und des Kirchenstaates (1798) führte zur Schließung der dortigen k.k. österreichischen und Reichspostämter. Das habsburgische Tirol war zur Grenzprovinz gegen das französisch beherrschte Italien geworden.

Das jetzt der Cisalpinischen Republik angehörende Postamt Mantua stellte 1799 an das k.k. Grenzpostamt Rovereto das Ansinnen, künftig trotz der vertraglich zugesicherten freien Durchführung des niederländischen Ordinarifelleisens mit den römischen und neapolitanischen Briefen Porto zu entrichten.[38] Schwerer als diese lokalen Repressalien wog aber der Umstand, daß durch die

---

37 FZA, Postakten 1217.
38 FZA, Postakten 5035. – Kalmus (wie Anm. 17) 431ff.

neuen Staatsstrukturen ein Großteil der italienischen Briefpakete für England und Hamburg (Norden) über Frankreich lief. Die französische Post verwendete dafür sogar eigene Stempel *de la Toscane* und *du Piemont.* Um die bestehenden Postverträge mit der Reichspost aber nicht zu offenkundig zu verletzen, wurden derartige Briefschaften z.T. unter jene aus Bordeaux gemischt, z.T. bei der Abrechnung mit der Reichspost als Pariser Briefe ausgegeben.[39]

Die kaiserliche Reichspost unter den Fürsten von Thurn und Taxis konnte gegen die vertragswidrigen Übergriffe der französischen Post auf die italienische Korrespondenz wegen der unsicheren politischen Verhältnisse nichts unternehmen, wollte man doch die bedrohte eigene Existenz durch einen neuen Postvertrag mit dem napoleonischen Frankreich retten. Letzteres glückte auch 1801 zum Nachteil des konkurrierenden Preußen.[40]

Erst die Neuordnung des Reiches und Italien nach dem Ende der napoleonischen Aera führten auch zur Neuorganisation des Postverkehrs über die Alpen, der nun aber den veränderten Strukturen des österreichisch-preußischen Dualismus in Deutschland, des österreichisch-italienischen Ringens um Hegemonie oder liberalen Einheitsstaat unterworfen blieb.

---

39 FZA, Postakten 5035.
40 Vgl. Quellen zur Europäischen Postgeschichte (wie Anm. 8) Bd. II Nr. 937. – W. Vollrath, Das Haus Thurn und Taxis, die Reichspost und das Ende des Heiligen Römischen Reiches 1790–1806, Lengerich 1940, 27ff.; A. Koch, Die deutschen Postverwaltungen im Zeitalter Napoleons I. Der Kampf um das Postregal in Deutschland und die Politik Napoleons I. (1798–1815). Archiv. f. Deutsche Postgeschichte 15 (1967) 13f.

Hermann Kellenbenz

DIE GRAUBÜNDNER PÄSSE IM RAHMEN DER VERKEHRS-
BEZIEHUNGEN ZWISCHEN OBERDEUTSCHLAND UND ITALIEN
(Ende Mittelalter – frühe Neuzeit)

I

Für den oberdeutschen Kaufmann, der nach Italien handelte, gab es im späten Mittelalter und in der frühen Neuzeit zwei Hauptrichtungen. Die eine führte über die Tiroler Alpenpässe Brenner und Reschen. Die andere bevorzugte die Graubündner Pässe. Den St. Gotthard, der zum nächsten weiter westlich gelegenen Paßstraßensystem gehörte, wollen wir hier außer Betracht lassen, wiewohl auch er eine die oberdeutschen Kaufleute interessierende Alternative für ihren Handel mit der lombardischen Ebene bildete. Wir wollen uns hier allein mit den Graubündner Pässen befassen. Dabei konzentrieren wir uns auf die Zeit vom 14. Jahrhundert bis zur Mitte des 17. Jahrhunderts.[1]

Stellten Brenner und Reschen die Verbindung zum Etschtal, zur östlichen Poebene und vor allem zur Handelsmetropole Venedig her, so waren die wichtigsten Ziele der Paßwege über die Graubündner Alpen die Lombardei mit Mailand als bedeutendstem Handelszentrum, des weiteren die ligurische Küste mit dem Hafen Genua. Er ermöglichte Seeverbindungen zu den Küstenplätzen auf der tyrrhenischen Seite der Appeninhalbinsel, zu Sizilien, zur Côte d'Azur, zur Provence, zu den ostspanischen Häfen und gegebenenfalls zu den Plätzen Nordafrikas und der Levante. Der Transit durch das Mailänder Territorium,

---

1 Aloys Schulte, Die Geschichte des mittelalterlichen Handels und Verkehrs zwischen Westdeutschland und Italien mit Ausschluß von Venedig, 2 Bde, Leipzig 1900; ders., Geschichte der Großen Ravensburger Handelsgesellschaft, 3 Bde (Deutsche Handelsakten des Mittelalters und der Neuzeit I–III), Stuttgart 1923 (Neudruck Wiesbaden 1964); Hermann Pfister, Das Transportwesen der internationalen Handelswege im Mittelalter und in der Neuzeit, Chur 1913; Rudolf Jenny, Graubündens Paßstraßen und ihre volkswirtschaftliche Bedeutung in historischer Zeit, mit besonderer Berücksichtigung des Bernhardinpaßes, Chur ²1965; Werner Schnyder, Handel und Verkehr über die Bündner Pässe im Mittelalter, 2 Bde, Zürich 1973/75; Jean-François Bergier, Le trafic à travers les Alpes et les liaisons transalpines du Haut Moyen Age au XVIIᵉ siècle, in: Il sistema alpino, Economia e transiti, vol. 3, Bari 1973, 1–72; ders., Clio sur les Alpes, in: Histoire des Alpes, perspectives nouvelles, Geschichte der Alpen in neuer Sicht, Journée Nationale des Historiens Suisses, Schweizer Historikertag 1979, Basel-Stuttgart 1979, 3–10; Gigliola Soldi Rondinini, Le vie transalpine del commercio milanese dal sec. XIII al XV, in: Felix olim Lombardia, Studi di storia padana dedicati dagli allievi a Giuseppe Martini, Milano 1978, 343–484; Herbert Hassinger, Forschungsbericht „Zur Verkehrsgeschichte der Alpenpässe in der vorindustriellen Zeit", in: VSWG 66, 1978, 441–465; Uta Lindgren, Alpenübergänge von Bayern nach Italien 1500–1850, Landkarten, Straßen-Verkehr, München 1986.

das sei hier schon betont, spielte seit dem Aufblühen des oberdeutschen Exportgewerbes eine wichtige Rolle und fand seinen Ausdruck in den Vereinbarungen mit den Visconti und der Republik Genua, vor allem den sogenannten Provisiones Januae.[2]

Wenn wir von Oberdeutschland sprechen, so meinen wir insbesondere die Zentren des schwäbischen Leinen- und Barchentgewerbes, also zunächst die Städte zwischen Bodensee und Donau. Zu diesem Kreis gehört auch St. Gallen, das wir aber wegen seines weiteren Schicksals im Verband der Eidgenossenschaft nicht einbeziehen wollen.[3] Wir meinen in erster Linie Konstanz, Ravensburg, Lindau und die kleinen Reichsstädte im Allgäu, dann Biberach und Ulm, ferner Kaufbeuren, Memmingen und Augsburg.

Im Ries gehört Nördlingen dazu, wo das Wollgewerbe vorherrschte. Schließlich muß Nürnberg erwähnt werden als wichtigster Handelsplatz Mittelfrankens. Sein gewerblicher Schwerpunkt lag beim Metall- und Metallwarengeschäft. Sein reicher Katalog an Kleinwarenproduktion griff aber weit über den Metallsektor hinaus und umfaßte auch Artikel aus Holz, Bein, Elfenbein und anderem Rohmaterial. Regensburg war inzwischen längst von Nürnberg überflügelt worden und kam für unsere Routen weniger in Frage. Nachdem Landshut seinen Residenzcharakter verloren hatte, wäre im bayerischen Bereich vor allem das aufblühende München zu nennen.

Natürlich ging der Handel und sonstige Verkehr in Richtung Norden über diese oberdeutschen Zentren hinaus weiter in Richtung Frankfurt und Köln, dann nach Mittel- und Norddeutschland, nach den böhmischen, schlesischen und polnischen Märkten oder aber donauabwärts nach Österreich und Ungarn. Begünstigend wirkte die Verlagerung des Transitverkehrs seit dem Niedergang der Champagnermessen weiter nach Osten, was außer dem Rheintal den Frankfurter Messen (seit 1330 waren es zwei) zugute kam. Im weiteren Zusammenhang ging es hier um den großen internationalen Transit zwischen den Häfen des Nordseebereichs und dem Mittelmeer, der immer eine Alternative zu dem im Spätmittelalter aufblühenden direkten Seeverkehr darstellte, namentlich in den Zeiten, in denen Seekrieg und Piraterie den Schiffsverkehr erschwerten. Mit den Verbesserungen im Schiffbau und in der Navigation war der Seeverkehr hinsichtlich der Kosten dem Landverkehr weit überlegen. Für englische Tuche war, wie die Unterlagen des Datini-Archivs um 1400 zeigen, der Landtransport zu kostspielig.[4] Im 16. Jahrhundert sollte sich dies, wie wir sehen werden, ändern. Dies wollten wir hier nur andeuten, um zu zeigen, wie weit der Einzugsbereich der Graubündner Pässe zeitweilig greifen konnte. Vom südlichen Vorfeld der Alpen her gesehen, müssen wir in erster Linie an

---

2 Außer Schulte, Die Geschichte (wie Anm. 1), auch Philippe Braunstein, Wirtschaftliche Beziehungen zwischen Nürnberg und Italien im Spätmittelalter, in: Stadtarchiv Nürnberg (Hg.), Beiträge zur Wirtschaftsgeschichte Nürnbergs I, Nürnberg 1967, 377ff.
3 Hans Conrad Peyer, Leinengewerbe und Fernhandel der Stadt St. Gallen, 2 Bde, St. Gallen 1959/60.
4 D.G. Ramsay, Großbritannien, in: H. Kellenbenz, Handbuch der europäischen Wirtschafts- und Sozialgeschichte III, Stuttgart 1986.

die Wirtschaftszentren entlang dem Saum des Gebirges und seiner Taleinschnitte denken, an den Tuchort Como, den Mittelpunkt der Metallverarbeitung Brescia, dann in der lombardischen Ebene an die wirtschaftlich so aktiven Städte Mailand, Cremona, Piacenza, Pavia, Lodi, Casalmaggiore mit seinen Safranmärkten, das kleine Waffenmacherzentrum Saronno und den Käseort Gorgonzola. Dazu, wie schon angedeutet, die Transitmöglichkeiten nach Genua, aber auch Verbindungen ins Venezianische, vor allem über Verona. Sie wurden wichtig, wenn Brenner, Reschen und das Etschtal gesperrt oder zu teuer waren.

II

Bei unserer Betrachtung handelt es sich um vier Hauptpässe, den Septimer, den Splügen, den St. Bernhardin und den Lukmanier.[5] Vom Bodensee her kann man sie auf zwei Hauptrouten erreichen. Die eine führt auf der westlichen Seite des oberen Rheins von Konstanz und St. Gallen nach Altstätten. Von hier geht es durch den Engpaß des Hirschensprungs nach dem Städtchen Buchs und weiter nach dem von seinem alten Schloß überragten Sargans. Den Abzweiger zum Walensee und nach Zürich, der die Kaufleute natürlich auch interessierte, wollen wir in unserem Fall rechts liegen lassen. Dann geht es weiter an den nackten Wänden der Calanda entlang zur Bischofsstadt Chur. Ein zweiter Weg, die sogenannte Reichsstraße, sammelte die verschiedenen von Schwaben her kommenden Routen in Lindau. Hier konnte man über den See nach Fussach fahren oder aber den Umweg über Bregenz nehmen. In Feldkirch mündet die vom Arlberg kommende Straße ein. Wir gelangen dann weiter über den Luziensteig und Maienfeld nach Chur. Von der Bischofsstadt aus führt ein Weg über die Plessur und in zahlreichen Windungen und Kehren zum Hochtal der Rabbiosa empor, am damaligen Kloster Churwalden vorbei über die Lenzerheide ins Tal der Albula, dann über den Fluß zum Pfarrhof Tiefencastel. Hier mündet die Julia ein, die ihrerseits in einer Reihe von Windungen zu alten Siedlungen leitet mit Namen, die in deutscher Sprache Schweiningen, Mühlen, Tinzen, in der heutigen rätischen Schreibweise aber Savognin, Muleigns, Tinizong heißen. Nächstes Ziel ist Bivio. Von hier nun führt ein alter Saumweg über den Septimer (2310 m) ins Bergell (Val Bregaglia) und von da weiter nach Cleven oder Chiavenna. Das Bergell kann man auch über den Julier (2284 m) und das obere Engadin und von da über den Paß von Maloja (1815 m) erreichen. Der nächste Ort ist Vicosoprano, dann sieht man auf der Höhe die Burgruine von Castelmur. Von da ist es nicht mehr weit nach Chiavenna und zum Comersee. Die Route über den Julier wird heute am meisten befahren.

Eine andere Route hat den Splügen zum Ziele. Sie erreicht man über Reichenau, das am Zusammenfluß von Vorder- und Hinterrhein liegt. Ein Quertal

---

5 Zum Folgenden außer Schulte, Die Geschichte, besonders Jenny, Graubündens Paßstraßen, 32ff.

führt nach dem Engpaß von Juvalta ins schöne, von zahlreichen Burgen geschmückte Domleschg. Über Thusis folgt ein schwieriger Aufstieg über die Via Mala nach den Hochlandschaften von Schams und Rheinwald. Von hier aus bildet der 2117 m hohe Splügen den Hauptübergang. Er führt steil hinab nach Isola und von da weiter nach Chiavenna.

Eine andere Möglichkeit bietet der Übergang über den St. Bernhardin (2065 m), der einst Vogelberg (Monte Uccello) hieß. In dieser Gegend predigte zu Beginn des 15. Jahrhunderts Bernardin von Siena, der 1444 gestorben ist. 1450 wurde er heilig gesprochen. Ihm zu Ehren wurde auf dem Vogelberg eine Kapelle errichtet, und bald setzte sich statt der bisherigen Bezeichnung die des Heiligen durch. Von hier aus gelangt man ins schöne Misox.

Der Lukmanier (1916 m) ist der westlichste der Graubündner Pässe. Sein Zugang erfolgt durch das Medelser Tal. Dieses zweigt bei Disentis vom Tal des Vordern Rheines ab. Über Medels und Perdatsch führt der Weg in verhältnismäßig kurzer Strecke übers Gebirge nach Casaccia, Camperio und von da nach Biasca und Bellinzona.

Der Ausbau der Graubündner Paßstraßen fällt in eine Zeit, als die alten feudalen Gewalten verfielen, sich Talgemeinden bildeten und diese sich zu Bünden zusammenschlossen. Im größeren Raum spielte sich die zukunftsträchtige Auseinandersetzung zwischen der Hauptmacht Habsburg und den Eidgenossen ab. Adelige Familien starben aus oder verloren ihre angestammten Sitze. Auch der Bischof von Chur, der noch mächtigste Herr im Gebiet, mußte der Entwicklung nachgeben, so 1367, als der gegen Österreich gerichtete Gotteshausbund entstand. An der Südseite behauptete sich der geschlossene Territorialstaat, den die Visconti schufen und die Sforza ausbauten, mit der Hauptstadt Mailand.

Im Jahre 1395 entstand der obere Graue Bund, der die Gebiete um Vorder- und Hinterrhein umfaßte. Er sollte nach dem Aussterben der Toggenburger einer Zersplitterung unter den Erben vorbauen. Im Zusammenhang mit dem Schwabenkrieg von 1498 konnten sich die Bünde ihre Unabhängigkeit sichern. Dabei schlossen sie sich den Eidgenossen an. Ihr Streben war es, die Südhänge der Pässe unter ihren Einfluß zu bringen. Das Bergell gehörte schon immer dazu. Bellinzona wurde 1500 eidgenössisch. Das Tal von Chiavenna eroberten die Bünde im Jahre 1512 und behaupteten es bis in die Zeit der Revolutionskriege 1797. Das Misox, der Südhang des St. Bernhardin, wurde 1480 bzw. 1496 ein Glied des Bundes. Handelsgeschichtlich wichtig wurde die Erlangung von Zollfreiheiten im Mailändischen ähnlich wie dies den Eidgenossen gelang. Die Weinzufuhr aus dem Süden spielte dabei eine Rolle. Unter dem Vormund von Giovanni Galeazzo Sforza kam es so zum Angriff auf Chiavenna und Bormio, und der Erfolg war dieselbe Zollfreiheit wie die Eidgenossen sie hatten. Auch das Veltlin und das Wormser Gebiet muß hier in die Betrachtung einbezogen werden. Es sollte sich handelsgeschichtlich auswirken, daß sich das Veltlin von 1620 bis 1635 unter mailändischer, also spanischer Herrschaft befand.[6]

6 Sprecher-Jenny, Kulturgeschichte der drei Bünde, Chur 1951, 160ff. u. 579ff.

Die große Zeit der Graubündner Pässe kam im 14. und 15. Jahrhundert, als sie ausgebaut wurden. Bis dahin hatte der Verkehr über den 2108 m hohen St. Gotthard den Vorrang, zumal seit 1218/25, als die Straße über diesen Paß ausgebaut war. Einen begünstigenden Umstand bildete der Zusammenschluß der Kantone zur Eidgenossenschaft. Seitdem bemühten sich die lokalen politischen Kräfte im Bereich von Hochrhein, Hinterrhein und Misox, voran der Bischof von Chur und die in diesem Bereich angesessenen Feudalherren, den Transit durch Zollerleichterungen, Organisation des Transportwesens, Errichtung von Unterkunftsmöglichkeiten und Maßnahmen des Wegebaus anzulocken und zu erleichtern. Dazu gehörte es, daß Bischof Peter von Chur als Kanzler von Kaiser Karl IV. im Jahre 1358 diesen zu einer Anordnung an die Reichsstädte bewegen konnte, keine andere Straße als die bischöfliche über den Septimer zu benützen. Der Bischof von Chur sorgte dafür, daß Jakob von Castelmur in den Jahren 1387 bis 1390 die Paßstraße von Tinzen bis Plurs befahrbar machte. Dabei rechnete man mit Wagenlasten von bis zu 30 Rubb.[7]

Ein weiteres Straßenbauunternehmen kam in den Jahren 1470 bis 1473 der bis dahin schwer passierbaren Via Mala zugute. Mit Hilfe von Transportgenossenschaften war man bestrebt, den Verkehr zu organisieren. Für den Septimer beginnt dies um 1390, als die sogenannten Porten von Vicosoprano, Bivio, Tinzen gebildet wurden. Während hier die einzelnen Gemeinden sich um die Regelung des Verkehrs bemühten, entstand auf dem Paßweg der Via Mala zwischen Thusis und Schams eine einzige Portengenossenschaft, an der sich Leute aus Thusis, Katzis, Masein, Schams, Rheinwald, St. Jakobstal und Misox beteiligten. Diese Genossenschaften funktionierten in der Weise, daß sie nicht nur den Transport übernahmen, sondern auch für die Instandhaltung der Wege sorgten. Dafür erhoben sie Transportabgaben sowie Brücken- und Wegegelder. Eine Aufzeichnung von 1390 gibt genaue Angaben über die Abgaben, die auf dem Weg von Konstanz bis Biasca (also über den Lukmanier) und umgekehrt zu entrichten waren. 23,88 % der Kosten entfielen auf den Zoll der Wollballen, die von Norden nach Süden gingen. 29,82 % auf die Fardel von Süden nach Konstanz. Den größten Anteil, 73,40 bzw. 67,05 % hatten die Transportkosten.[8] Die rechtliche Stütze für die Gebühren sicherte man sich durch entsprechende Privilegien von seiten der „Drei Bünde", so z.B. im Via Mala-Brief von 1473. Regelmäßige Zusammenkünfte der Beteiligten erfolgten meist in Thusis oder Splügen. Streitigkeiten schlichtete ein Portenrichter. Man unterschied jetzt drei Haupttransportmöglichkeiten. Da waren einmal die Säumer, die oft einen Trupp von sieben oder acht Pferden über das Gebirge führten. Manche von ihnen hatten weit über 100 Pferde zur Verfügung. Während diese Säumer sich an die Rod (Rottordnung) hielten, den Transport von einer Port oder Sust zur andern durchführten, gab es die schnelleren Stracksäumer, die einen Transport in einem übers Gebirge hinweg durchführten. Langsamer ging es bei den Rodfuhrleuten, die statt der Pferde häufiger Ochsen gebrauchten. Ihre Zugkraft war ausdauernder, auch waren

---

7 Außer Pfister und Schulte noch Jenny, Graubündens Paßstraßen, 37ff.
8 Schulte, Die Geschichte I, 385.

sie bei winterlichen Verhältnissen, wo man Schlitten verwendete, sicherer. Meist begnügten sie sich mit dem Transport von einem Dorf zum andern. Sie übernahmen vor allem schwere Güter wie Salz und Getreide. Tabernen dienten der Unterkunft, Hospize halfen bei Krankheitsfällen.[9]

Den verbesserten Verkehrsverhältnissen paßte sich insbesondere die Bischofsstadt Chur an. 1464 traf die Stadt ein schweres Brandunglück. Anschließend gelang es der Stadt, sich von Kaiser Friedrich III. beträchtliche wirtschaftliche Privilegien zu sichern. Vor allem wurde ein Kaufhaus angelegt. Es gab 10 bischöfliche Tabernen. 1483 bildete sich in Verbindung mit dem Predigerkloster eine Bruderschaft der Kaufleute, die aus den verschiedensten Gebieten stammten.[10]

Initiativen zur Verkehrssicherung und -verbesserung gingen auch von den Städten nördlich und südlich des Alpensaums aus, so besonders von Mailand und Konstanz. Der Handel im Herzogtum Mailand wurde von den Visconti und später von den Sforza tatkräftig gefördert. Wie schon erwähnt, dienten die Provisiones Januae von 1346 der Erleichterung des Transits nach Genua. Sie wurden 1376 von Galeazzo und Bernabo Visconti abgeändert. Erweitert von Bona Sforza wurden sie 1469 von Galeazzo Maria Sforza erneut bestätigt. Weitere Bestätigungen erfolgten bis ins 16. Jahrhundert hinein.[11]

III

Vom Aufschwung des Handels profitierte im besonderen Maße Lindau als wichtigster Sammelplatz der Handelswege auf der Nordseite des Bodensees. Schon im 13. Jahrhundert reisten Kaufleute der kleinen Reichsstadt bis Genua, um Leinenwaren zu exportieren. Sicher hatten sie auch Verbindungen zu Mailand, Como und anderen Plätzen der Lombardei. Für die Mitte und den Ausgang des 15. Jahrhunderts sind solche Beziehungen belegt. 1445 wird der Lindauer Botenverkehr nach Mailand erwähnt. Doch dürfte ein regelmäßiger Nachrichten- und Warentransport nach Ausweis eines Schriftstücks von 1396 schon im 14. Jahrhundert bestanden haben. Für den Stapel und Umschlag der Güter gab es in Lindau das Gred- oder Grödhaus, das 1419 erweitert wurde. Für die wichtigen Güter Salz und Getreide hatte man einen eigenen Salzstadel und ein Kornhaus.[12]

---

9 Jenny, Graubündens Paßstraßen, 17ff.
10 Schulte, Die Geschichte I, 386, II, 182; Jenny, Graubündens Paßstraßen, 41.
11 Braunstein, Wirtschaftliche Beziehungen, 377ff.
12 Schulte, Die Geschichte, I u. II, Register Lindau; ders., Geschichte der Großen Ravensburger Handelsgesellschaft, I–III, Register Lindau; Renée Doehaerd, Les relations commerciales entre Gênes, la Belgique et l'Outremont, Brüssel 1951, 140 u. 210; Hektor Ammann, Die Anfänge der Leinenindustrie des Bodenseegebiets, in: Alemannisches Jahrbuch 1953, 295ff.; Hendrik Dane, Der Lindauer Handel und Verkehr auf der Landstraße im 17. und 18. Jahrhundert, Dipl.-Arb. rer.pol. Nürnberg 1964; Schnyder, Handel und Verkehr, Register: Lindau; Hermann Kellenbenz, Lindau und die Alpenpässe, in: Erzeugung, Verkehr und Handel in der Geschichte der Alpenländer, Herbert-Hassinger-Festschrift (Tiroler Wirtschaftsstudien 33), Innsbruck

Zudem war Lindau ein beliebter Platz für das Anwerben von Söldnern, die in der Lombardei eingesetzt werden sollten. Junge Tunichtgute der Bodenseegegend, die ihr Geld verbraucht hatten, begaben sich nach Lindau, um sich anmustern zu lassen. Einmal gab es einen Streit um Spielschulden in Mailand. Einer der bekanntesten Lindauer um die Wende zum 16. Jahrhundert war Hieronymus Öler. Er begann als Geselle bei der Großen Ravensburger Handelsgesellschaft. Später trieb er Handel mit Mailand und vermittelte die Korrespondenz der Nürnberger Koler und Kress und des Ambrosio de Saronno von Mailand. Die guten Verbindungen zwischen Lindau und Mailand zeigten sich auch im Geldverkehr. Wenn jemand Kredit brauchte, konnte er beim Zöllner in Como oder Mailand auf das Konto des Gredmeisters in Lindau Geld bekommen.[13]

Eine wichtige Rolle im oberdeutschen Leinenexport spielte lange Konstanz. Schwäbische Leinenwaren wurden gerne als Konstanzer Leinen gehandelt. Angehörige der Konstanzer Familien der Fry und der im Steinhaus arbeiteten im Italiengeschäft über die Graubündner Routen mit der Großen Ravensburger Gesellschaft zusammen. Außer Mailand wurden von ihnen Pavia, Cremona, Parma und Casalmaggiore aufgesucht. Heinrich Fry wurde Familiaris des letzten Viscontiherzogs, und das gleiche Privileg erhielt Ulrich Francho von Francesco Sforza (1451). Nachfolger der Fry in der Zusammenarbeit mit der Ravensburger Gesellschaft war Thomas im Steinhaus. Auch er beschaffte sich das Privileg des Familiaris. Als Vertreter des Bischofs von Chur nahm er 1495 die Pension des Herzogs von Mailand in Empfang.[14]

Das bedeutendste Unternehmen im nördlichen Bodenseebereich war die von 1380 bis 1530 bestehende Magna Societas von Ravensburg mit den Hauptfirmen der Humpis, Muntprat und Mötteli. Sie ließ ihre Transporte durch eigene Leute begleiten. Im Winter 1499/1500 überquerte Hans Herr achtmal die Alpen nach Oberitalien und verbrachte nicht weniger als 114 Tage auf solchen Reisen. Eine Begleitperson empfahl sich wegen der Besonderheiten der Transportorganisation der Graubündner. Oft wurde es so gemacht, daß eine Begleitperson auf der Nordseite der Alpen emporstieg und auf den von Süden her kommenden Gesellen wartete. Wenn er den Transport empfangen hatte, kehrten beide wieder zu ihrem Ausgangspunkt zurück.

Für die Ravensburger Gesellschaft und die zu ihr haltenden Kaufleute waren die Verbindungen zu Mailand so wichtig, daß sie die Errichtung eines Fondaco — ähnlich dem venezianischen — in der lombardischen Hauptstadt planten. Größere Schwierigkeiten ergaben sich im Zusammenhang mit der ehrgeizigen Außenpolitik Kaiser Maximilians und des französischen Königs Lud-

---

1977, 199ff.; ders., Oberdeutschland und Mailand zur Zeit der Sforza, in: Gli Sforza a Milano e in Lombardia e i loro rapporti con gli stati italiani ed europei (1450–1530), Milano 1982, 193ff.
13 Kellenbenz, Lindau und die Alpenpässe, 204, 208f.
14 Vgl. außer den beiden Werken Schultes (wie Anm. 1), Register Konstanz, noch Schnyder, Handel und Verkehr, Register Konstanz, sowie: Friedrich Wielandt, Das Konstanzer Leinengewerbe, 2 Bde, Konstanz 1950, u. Kellenbenz, Oberdeutschland und Mailand, 305f.

wigs XII., zunächst im Schwabenkrieg 1499, dann 1507 als Maximilian seinen Romzug vorbereitete. Er wollte dabei das Territorium von Mailand durchqueren. Die deutschen Kaufleute, die sich damals in Mailand befanden, fürchteten um die Sicherheit ihrer Waren. Einen Teil davon suchten sie außerhalb unterzubringen, so in Vercelli und in Brescia, das sich jenseits des Mailänder Bereichs im Gebiet der Republik Venedig befand. Dort lebte ein Mann der Völin und Welser. 1503 hatte die Ravensburger Gesellschaft 53 Schuldner, bei denen sie 86 536 lb ausstehen hatte. Etwas weniger als die Hälfte dieser Summe waren Schulden deutscher Geschäftsfreunde. 1507 betrugen die Forderungen der Ravensburger Gesellschaft bei italienischen Geschäftsfreunden 12 700 Mailänder Pfund oder 27 277 rheinische Gulden.

In der Zeit der französischen Herrschaft ab 1515 paßten sich die Ravensburger den Verhältnissen an und hielten sich an den einflußreichen Altschultheißen Jakob von Hartenstein von Luzern, das Haupt der französischen Partei dieser Stadt. Ein letztes Zeichen der Geschäfte der Ravensburger stammt aus dem Jahr 1530. Damals befahl Herzog Franceso II. Sforza von Bologna aus seinen Beamten, streng gegen die Schuldner verschiedener deutscher Kaufleute vorzugehen. Dabei wird auch die Gesellschaft des Conradus Hompis genannt.[15]

Abgesehen von Lindau, Konstanz und Ravensburg waren die übrigen Reichsstädte des Bodenseebereichs am Graubündner Verkehr weniger beteiligt. Das galt offenbar auch für Biberach, obwohl es ein gut entwickeltes Barchentgewerbe hatte, das sich allerdings ins 16. Jahrhundert hinein stärker entfaltete.[16]

Wichtiger war der Anteil der Ulmer. Hier blühte nach dem Niedergang des Wollgewerbes im 15. Jahrhundert die Herstellung von Barchent auf, außerdem wurde die besondere Leinenart des Golschen hergestellt. Die Baumwolle beschaffte man sich vornehmlich über Venedig, aber wir treffen Ulmer Kaufleute auch in Como und Mailand. Ein Zweig der Ulmer Ehinger nannte sich sogar „von Mailand". Schulte verdanken wir die Namen einer Reihe von Kaufleuten, die über die Graubündner Pässe handelten, auf die wir im Einzelnen nicht eingehen wollen. Hervorheben wollen wir nur die Einkäufe, die Hans Keller 1490 für seinen Prinzipal Ludwig Rottengatter in Genua, Mailand und Como machte, ferner die Beziehungen einiger großer Ulmer Kaufleute zum Wollgewerbe in Como und dem in der Nähe gelegenen Torno. Vor allem die Gesellschaften der Gienger und Scheler ließen am Comer See Wolle verarbeiten, wo-

---

15 Vgl. außer den beiden Werken Schultes noch: Alfons Dreher, Das Patriziat der Reichsstadt Ravensburg, Stuttgart 1966, 84ff., 200ff., zu den Muntprat 261f., zu den Mötteli 94f., 211f.; Kellenbenz, Oberdeutschland und Mailand, 204ff.
16 Hektor Ammann, Von der Leistung Biberachs in der mittelalterlichen Wirtschaft, in: Schwäbische Heimat 6, 1955, 109ff.; Wolfgang von Stromer, Die Gründung der Baumwollindustrie in Mitteleuropa (Monographien zur Geschichte des Mittelalters 17), Stuttgart 1978, Register: Biberach; ders., Gewerbereviere und Protoindustrien in Spätmittelalter und früher Neuzeit, in: H. Pohl (Hg.), Gewerbe- und Industrielandschaften vom Spätmittelalter bis ins 20. Jahrhundert (Beihefte der VSWG 78), Wiesbaden/Stuttgart 1986, 63ff.

bei sie die Stameti lockten. Als die Regierung von Ludovico Moro und später König Ludwig XII. ihnen Schwierigkeiten bereiteten, verlegten sie ihre Produktion mit Hilfe italienischer Fachkräfte nach Ulm.[17]

Unter den ostschwäbischen Städten ist die Überlieferung von Memmingen und Augsburg am besten. Für Memmingen erwähnen wir die aus St. Gallen eingewanderten Vöhlin, die dann mit den Welsern von Augsburg eine Gesellschaft bildeten. Weitere Kaufleute mit Verbindungen über die Graubündner Pässe waren die Meler, Stüdlin, Besserer und Funck.[18]

Ein wichtiger Stützpunkt war Mailand für die Welser, die ihren Schwerpunkt in Augsburg hatten. Das galt zunächst für die Gesellschaft des Anton, dann für die seines Sohnes und Nachfolgers Bartholomäus.[19] Auch Como und andere Plätze wurden dabei einbezogen. Des weiteren werden die Fugger erwähnt, zunächst die Vertreter der Linie vom Reh, von denen einer während des Ritts nach Mailand bei Como in den See stürzte und den Tod fand. Inzwischen stieg die Linie von der Lilie empor, um mit der Gesellschaft des Ulrich, Georg und Jakob die Führung unter den Augsburger Firmen zu übernehmen. Seit 1493 läßt sich eine Reihe fuggerscher Faktoren in Augsburg nachweisen. Der Handel mit Silber und Kupfer spielte eine wichtige Rolle. Dazu kamen Bankgeschäfte, die seit der Heirat des Habsburgers Maximilian mit der Sforzaprinzessin Bianca Maria 1493 und mit der Rolle Mailands im Rahmen der politischen Pläne Maximilians an Gewicht gewannen. Bei der Abwicklung des finanziellen Teils der Heirat wirkte die Gesellschaft ebenso mit, wie beim Kauf von kostbaren Textilien, Geschirren und Waffen. Die Liga gegen Venedig von 1508 gab den Mailänder Geschäften verstärkten Auftrieb, wobei übrigens ein Teil des Venedighandels über Mailand geleitet wurde. Die Geschäfte gingen auch weiter, als 1515 die französischen Truppen siegten. Erst Jakob Fuggers Nachfolger Anton entschloß sich zu neuen Dispositionen im Italiengeschäft, indem er Venedig entschieden vor Mailand den Vorzug hab, während er die Linie Mailand-Genua der Konkurrenz überließ.[20] Die Paumgartner und Michael von Stetten finden wir übrigens ebenfalls unter Augsburger Metallhändlern, die Tiroler Kupfer nach Oberitalien lieferten.[21] Die Rehlinger und Grander kauften Safran in Casalmaggiore.[22]

---

17 Zu Ulm vgl., abgesehen von den Arbeiten von Stromer, noch Kellenbenz, Oberdeutschland und Mailand, 209ff.
18 Zu Memmingen außer von Stromer: Raimund Eirich, Memmingens Wirtschaft und Patriziat von 1437 bis 1551, Weissenhorn 1971, 119ff., Kellenbenz, Oberdeutschland und Mailand, 212ff.
19 Außer den Arbeiten von Schulte und von Stromer noch: L. Freiherr von Welser, Die Welser, 2 Bde, Nürnberg 1917; Kellenbenz, Oberdeutschland und Mailand, 212ff.
20 Außer den Arbeiten von Götz Freiherrn von Pölnitz über Jakob und Anton Fugger noch: Kellenbenz, Oberdeutschland und Mailand, 212ff.
21 Karl Otto Müller, Quellen zur Handelsgeschichte der Paumgartner von Augsburg (1480–1570), in: (Deutsche Handelsakten des Mittelalters und der Neuzeit IX), Wiesbaden 1966, 225f.; Kellenbenz, Oberdeutschland und Mailand, 219f.
22 Schulte, Geschichte der Großen Ravensburger Handelsgesellschaft, Register: Rehlinger; Franz Josef Schöningh, Die Rehlinger von Augsburg, Paderborn 1927, 12f.; Kellenbenz, Oberdeutschland und Mailand, 220.

Beträchtlich ist schließlich die Reihe Nürnberger Kaufleute, die selbst über die Graubündner Pässe zogen oder ihr Personal auf die Reise schickten. Von ihnen seien ebenfalls nur einige hervorgehoben, so die Fütterer, die wir unter den Kaufleuten finden, welche sich um die Mitte des 15. Jahrhunderts um die Errichtung eines Fondaco in Mailand bemühten. Die Safranhändler besuchten die Märkte von Casalmaggiore, andere die Messen in Cremona. Am bekanntesten wurde die Gesellschaft, die zu Beginn des 16. Jahrhunderts gegründet, von Jörg Koler dem Älteren geleitet wurde. Weitere Teilhaber waren Jörg Kress aus der bekannten Nürnberger Familie und Ambrosio de Saronno aus Mailand. Die Gesellschaft wurde im Oktober 1511 in Nürnberg aufgelöst. Zu diesem Vorhaben machte Saronno die Reise nach Nürnberg, doch waren die beiden Nürnberger Teilhaber auch öfter nach Mailand unterwegs. Einmal trafen sich Kress und Saronno in „Fischprunn"; nach Schulte war dies Vicosoprano.[23]

Neben dieser verhältnismäßig kurzlebigen Gesellschaft hatte das Nürnberger Unternehmen des Jakob Welser, der sich 1517/18 von der Augsburger Gesellschaft trennte, eine wesentlich längere Dauer und ungleich größere Bedeutung. Es griff über die Lombardei hinaus nach Genua und erfaßte dabei den süditalienischen Safranmarkt. Über die Niederlassung in Mailand wissen wir nur wenig. Zeitweilig war sie, wie die zu Venedig, mit drei Personen besetzt. 1529 heißt es lakonisch: „Kossmann Koffelder braucht man auf der Stras zwyschen Lindo vnd M^{O}" (Mailand).[24]

Auch aus verschiedenen andern oberdeutschen Städten zogen Kaufleute über die Graubündner Pässe, so von Schwäbisch Gmünd, Schwäbisch Hall, Rothenburg, Windsheim, während bayerische Städte wie Regensburg, München, Landshut und Passau in der Zeit der Sforza fehlen. In der Zeit der Visconti war dies wohl anders, zumal ja die Familienbeziehungen zwischen Wittelsbach und Visconti zur Einführung des Barchentgewerbes in Landshut führten.[25]

In dieser ganzen Zeit waren die Deutschen die aktiveren. Sie überquerten die Pässe öfter als die Italiener. Doch kamen gelegentlich Kaufleute aus Mailand und Como nach Konstanz und Lindau. Der erwähnte Saronno besuchte mehrfach Nürnberg. Protasio da Busto aus einer bekannten Mailänder Familie kam nicht nur nach Nürnberg, sondern machte auch Geschäfte auf den Frankfurter Messen.[26]

23 Außer den Arbeiten von Schulte, v. Stromer und Braunstein vgl. Hektor Ammann, Die wirtschaftliche Stellung der Stadt Nürnberg, Nürnberg 1970, 175ff.; ferner: Helga Jahnel, Die Imhoff, eine Nürnberger Patrizier- und Kaufmannsfamilie, Diss.phil. Würzburg 1950, 181ff.; Christa Schaper, Die Hirschvogel von Nürnberg und ihr Handelshaus, Nürnberg 1973, 108; Kellenbenz, Oberdeutschland und Mailand, 220ff.

24 Außer L. Freih. v. Welser, die Welser, I, 77ff., ders., Eine Urkunde zur Geschichte des Nürnberger Handels. Würzburg 1912, 6ff.; H. Kellenbenz, Handelsbräuche des 16. Jahrhunderts, Das Medersche Handelsbuch (Deutsche Handelsakten des Mittelalters und der Neuzeit XV), Wiesbaden 1974, 77ff.; ders., Oberdeutschland und Mailand, 222f.

25 Eine Zusammenstellung der Daten zuletzt bei Kellenbenz, Oberdeutschland und Mailand, 223; dazu v. Stromer, Gewerbereviere.

26 Vgl. dazu Soldi Rondinini, Le vie transalpine, 428ff.; E. Motta, Tedeschi in Milano nel Quattrocento, in: Archivio Storico Lombardo Ser. II, XIX, 1982; Kellenbenz,

IV

Wir haben mit unserer Betrachtung nicht nur die Schwelle eines Jahrhunderts überschritten, wir sind damit auch bereits tiefer in die Anfänge einer neuen Epoche hineingeraten. Sie ist gekennzeichnet durch die Entdeckungen und die damit einsetzende Expansion der europäischen Wirtschaft nach Übersee. Ihre Auswirkungen begünstigten die Verlagerung des Seeverkehrs nach der atlantischen Seite Europas. Antwerpen, Lissabon und Sevilla, später Amsterdam und London wurden die Zentren des Welthandels. Der wachsende Bedarf an Rohstoffen kam vorwiegend den Seeverbindungen nach den Ostseehäfen und Norwegen, bald auch Nordrußland zugute, während das Mittelmeer seine bisherige Rolle einbüßte, zumal auch die Seeräubereien der Barbaresken den durchgehenden Seeverkehr zwischen dem Mittelmeer und den Nordseehäfen noch während der ersten Hälfte des 16. Jahrhunderts zum Erliegen brachten. Das kam dem Überlandhandel über die Alpen zugute.

Hinzu kam noch ein anderes Moment. Die oberdeutsche Wirtschaft erlebte dank der günstigen Ausbeute im alpenländischen, mitteldeutschen, böhmischen und slowakischen Bergbau, dank der Kombination des Fernhandels insbesondere des Metallgeschäfts mit dem Bankgeschäft eine große bis über die Mitte des 16. Jahrhunderts hinausreichende Blütezeit. Dies kam ebenfalls dem transalpinen Handel zugute. Für die günstige Ausgangsposition der Oberdeutschen waren die politischen Veränderungen von einer nicht zu unterschätzenden Bedeutung. Die Heirat des Habsburgers Maximilian mit Maria, der Erbin von Burgund, führte zur dynastischen Vereinigung der habsburgischen Erbländer mit den wirtschaftlich führenden Niederlanden. Maximilians Enkel Karl erbte die spanische Krone und wurde Kaiser des Römischen Reiches deutscher Nation. Die politischen Auswirkungen dieser Veränderungen brachten allerdings auch Störungen in den transalpinen Verkehr, so die Kämpfe Maximilians und dann Karls mit Frankreich um die Herrschaft über Mailand. Das lombardische Herzogtum konnte sich Karl erst 1535 endgültig sichern. Künftig war diese Kapitale der Hauptstützpunkt der kaiserlichen Macht in Oberitalien.

Ebenso folgenreich wurde es, daß die ligurische Republik in den Einflußbereich Habsburgs geriet, denn die genuesischen Bankiers gehörten zu den wichtigsten finanziellen Stützen Karls und noch mehr seiner Nachfolger in Spanien. Für die rasche Verbindung von Süddeutschland und Tirol bzw. Mailand, das seit Philipp II. zu Spanien gehörte, mit Spanien, waren Genua und Savona die günstigsten Häfen. Daß die Graubündner 1512 Chiavenna und das Veltlin in Besitz nahmen und damit die Verbindung von Mailand nach Öster-

---

Oberdeutschland und Mailand, 223f.; ders., Germania e Genova nei secoli moderni, in: Atti del Congresso Internazionale di studi storici, Rapporti Genova-Mediterraneo-Atlantico nell'età moderna, a cura di Raffaele Belvederi (Pubblicazini dell'Istituto di Scienze Storiche, Università di Genova V), Genua 1983, 492; ders., Gli operatori economici italiani nell'Europa Centrale ed Orientale, in: Contributi del Convegno di Studi „Aspetti della Vita economica medievale", Firenze-Pisa-Prato, 10–14 marzo 1984 nel x anniversario della morte di Federigo Melis, Firenze 1984.

reich über das Stilfser Joch beeinträchtigten, kam dem Verkehr über die Graubündner Pässe zugute. Beträchtlich gestört wurde er allerdings etwas über 100 Jahre später, als das strategisch wichtige Durchgangsland des Veltlin 1619 unter die Herrschaft des Gouverneurs von Mailand geriet und bis 1635 unter seiner Gewalt blieb. Zwei zeitgenössische Beschreibungen der hier in Frage kommenden Straßen geben uns eine Vorstellung von den am liebsten benutzten Routen. Bei der einen handelt es sich um die Itinerarrolle eines Kaufmanns, der in einer ungenannten oberdeutschen Stadt lebte.[27] Sie enthält die Beschreibung von 12 Straßen in einem Netz, das sich zwischen Antwerpen, Lyon, Neapel, Nürnberg und Salzburg ausbreitete. Die zwölfte Route zweigt von der zweiten ab, welche die Stationen zwischen Augsburg und Antwerpen angibt und über Ulm führt. Von Ulm abzweigend erwähnt die zwölfte Route als Stationen Biberach, Waldsee, Ravensburg, Lindau (mit der Fahrt über den Bodensee nach Fussach), Feldkirch, Chur, den Splügen, Chiavenna, Como und Mailand. Die Gesamtzahl der Meilen von 49 kam der tatsächlichen von 47 ziemlich nahe.[28]

Die am meisten benutzte Straße von Deutschland nach Italien führt, wie schon erwähnt, über den Brenner. Unsere Itinerarrolle erwähnt aber auch eine Route, die über Mailand und Genua nach Rom führt.

Auch der bekannte Nürnberger Kartenmacher Erhard Etzlaub bringt in seinem Straßenverzeichnis die Route von Nürnberg nach Mailand. Sie erreicht in Ulm den Anschluß an die bereits beschriebene Route.[29]

Die im 16. Jahrhundert üblichen Meilenscheiben, die von Nürnberg oder Augsburg ausgingen, machen leider meist an den Grenzen des Reiches halt. Nur die Nürnberger Meilenscheibe von Johann Schirmer aus dem Jahre 1612 greift weiter und umfaßt die Routen nach Venedig und Mailand. Die Mailänder Route geht zunächst in der Richtung Ulm-Biberach, sie fügt dann vor Wangen und Lindau den Umweg nach Memmingen ein. Dann geht es in 5-Meilenabständen nach Feldkirch, Chur und „Tousis". Bis zum Splügen hat die Scheibe 6 Meilen. Nach „Cleue" sind es wieder 5 und dann nach „Coma" „zum Wasser" 15. Der Augsburger Caspar Augustin weitet seine drei Italienrouten bis Venedig, Rom und Genua aus. Uns interessiert diejenige nach Genua. Augustin führte seine Route über Schwabmünchen, Mindelheim, Memmingen, Leutkirch und Wangen nach Lindau. Die nächste Station nennt er „zum Bauren". Dann folgen Feldkirch, Maienfeld, Chur, Lenz, „zu der Mühl", Cascha, Cleve, Gera am See, Barlasina, Mailand, und weiter geht es über Pavia, Voghtera (Voghera), Saravale, Aqvata und Buzala nach der ligurischen Haupt-

---

27 August Wolkenheuer, Eine kaufmännische Itinerarrolle aus dem Anfang des 16. Jahrhunderts, in: Hansische Geschichtsblätter 14, 1908, 185f. u. 189f.; H. Kellenbenz, Augusta, Norimberga e Milano al tempo di Ludovico il Moro, in: Milano nell'età di Ludovico il Moro, Atti del convegno internazionale 28 febbraio – 4 marzo 1983, Milano 1983, 76f.
28 Die Kilometerzahl betrug 317.
29 Herbert Krüger, Des Nürnberger Meister Etzlaub älteste Straßenkarte von Deutschland, in: Jahrbuch für Fränkische Landesforschung 18, 1958, 125f. u. 258; Kellenbenz, Augusta, Norimberga e Milano, 76f.

stadt Genua. Die ganze Strecke nach Genua gab Augustin mit 93 Meilen an.[30]

Es gab übrigens noch eine Augsburger Route über Füssen, den Fernpaß, Landeck, Nauders, Zernez, den Maloja und die uns bekannte Route weiter nach Como und Mailand. Doch wissen wir über sie vorläufig wenig Näheres.[31]

Inzwischen ist die Post eingerichtet worden und konkurrierte mit dem Botenwesen. Nach dem Itinerario Codognos, des spanischen Postmeisters in Mailand vom Jahre 1608, verkehrte wöchentlich zwischen Mailand und Lindau ein Bote. Weitere Informationen liefert der Ulmer Joseph Furtenbach aus dem Jahre 1627. Damals verrichteten vier Männer den Dienst, wobei jeweils einer am Montag die Reise nach Mailand antrat. Er war versehen mit dem Wappenschild der Stadt und einem Mantel in deren Farben. Mit dem Schiff fuhr er etwa zwei Stunden über den See nach Fussach, wo die Wagen umgeladen wurden. Dann ging der Transport mit Pferd und Wagen weiter. Nach etwa fünf Stunden erreichte man Feldkirch, wo der Bote übernachtete. Am zweiten Tag kam man über Vaduz bis zum Mittagessen nach Balzers und über den Luziensteig bis zum Abend nach Chur. Am nächsten Tag wurde die Fracht in Fässer und Ledersäcke verpackt und auf Saumtiere verladen. Auf der Via Mala, die jetzt bevorzugt wurde, gelangte man von Chur in vier Stunden über Ems bis Thusis. Hier machte man Mittagspause. Über Rongellen zog man weiter über die Via Mala und erreichte nach sechs Stunden den Splügen, wo man wieder übernachtete. Am nächsten Morgen überstieg man den Splügen, dann ging es auf der anderen Seite fünf Stunden lang hinab bis Campodolcino, wo man rastete. Von da waren es drei Stunden bis Chiavenna. Hier übernachtete man wieder. Am nächsten morgen brauchte man zwei Stunden bis Riva am Comersee. Dort wurden die Lasten und Gepäckstücke aufs Schiff verladen. Dann fuhr man Tag und Nacht, nicht weniger als 20 Stunden lang auf dem See bis Gera, dem Grenzort des Herzogtums Mailand. Hier übernachtete man. Am folgenden Morgen verlud man die Fracht wieder auf Wagen. In $3^{1}/_{2}$ Stunden bis zur Mittagszeit war man in Barlasena. Von da war es ebensoweit bis Mailand, wo man unweit der Porta Romana in der „Osteria dei Tre Re" Unterkunft fand. Wenn alles gut ging, dann brauchte die Fracht für die Strecke von Lindau bis Mailand sechs Tage.[32]

Dieser Botendienst beruhte auf der Initiative der Stadt Lindau und der Stadt Mailand, besonders aber der Organisationsfähigkeit ihrer Kaufleute. Für den von den Taxis aufgebauten Postdienst war er eine Konkurrenz. Das ging so weit, daß der spanische Postmeister in Mailand vom Weg durch Graubünden abriet und empfahl die Route über Brenner und Innsbruck zu nehmen, auch wenn jemand von Mailand nach Köln wollte. Zum Teil hing dies mit der konfessionellen Situation der Zeit zusammen. Wie die meisten oberdeutschen Städte war Lindau protestantisch geworden. Das Taxissche Postsystem aber

---

30 Krüger, Oberdeutsche Meilenscheiben, in: Jahrbuch für Fränkische Landesforschung 23, 1963, 184ff.
31 Soldi Rondinini, Le vie transalpine, 472.
32 Thomas Stettner, Eine Fahrt mit dem Lindauer Boten nach Mailand 1627, in: Das Bayerland 12/13, 1905; Friedrich Schmidt, Der Mailänder Bote im alten Lindau, in: Schwäbische Blätter 15, 1964, 15–19; Kellenbenz, Lindau und die Alpenpässe, 211f.

diente dem Kaiser und seiner Sache und damit auch den Interessen der katholischen Kirche.[33]

Es ist schwer das Gewicht der Verlagerungen im großen internationalen Transport während dieser Zeit abzuschätzen. Bis in die Jahre der niederländischen Unruhen dürfte der Hauptverkehr von den Niederlanden und dem Rheinland nach dem großen Verteilerzentrum Mailand über Basel und den St. Gotthard gegangen sein. Von da ab kamen die nordniederländischen und norddeutschen Plätze anstelle von Antwerpen ins Spiel, also Middelburg und Rotterdam, Emden, Bremen und Hamburg. Dies kam auch den östlichen Alpenrouten zugute, vornehmlich der Brenner- und Salzburger Straße. 1530 zwang Venedig alle Kaufleute, die ihre Waren durch venezianisches Gebiet transportierten, den Zoll zu Verona zu passieren; das hatte zur Folge, daß viele Kaufleute die Schweizer Route bevorzugten, um das venezianische Gebiet zu meiden. Dabei kann allerdings nicht gesagt werden, wieviele davon die Graubündner Pässe benutzten. Erst mit den Klagen der Tiroler Landschaft in Wien um die Jahrhundertmitte sieht man klarer. Sie wies darauf hin, daß der Transitzoll durch Tirol nahezu zehnfach höher sei als der durch Graubünden. Auch verbessere Graubünden mit Hilfe Venedigs seine Straßen stetig. Die Folge sei, daß der Transit durch Tirol und Vorarlberg mehr und mehr zurückgehe. In Chiavenna waren die Zölle tatsächlich niedriger, und Venedig war ab 1558 dabei, die Route Bergamo-Chiavenna zu verbessern.[34]

Über den Anteil der großen oberdeutschen Gesellschaften am Graubündner Transit in dieser Zeit sind wir noch verhältnismäßig wenig informiert. Doch gibt es gewisse Hinweise, die Lichter setzen. Wir erwähnten schon, daß Anton Fugger keine Niederlassung in Mailand und Genua hatte, und wenn er etwa mit Mailand zu tun hatte, die Welser einschaltete. Erst gegen Ausgang des Jahrhunderts sehen wir klarer. So haben wir Angaben über den Transport von Tiroler Kupfer durch die Fugger von 1588 bis 1599. Die Transporte gingen von Hall durch das Engadin und von da über den Malojapaß in Richtung Como, Mailand und Genua. Die größte Menge, 2128 Quintal (Zentner), wurden 1593 befördert. Die Spedition wurde organisiert durch die Firmen von Antonio Pestaluzzi in Chiavenna, Giovanni Antonio Raimundi und Hieronimo Volpi in Mailand und Christoph Furtenbach in Genua. Ab 1600 gingen diese Transporte beträchtlich zurück. 1604/05 erscheinen im Konto des Jenbacher Handels noch 100 Zentner mit dem Ziel Genua. Das wichtigste Gut in umgekehrter Richtung war spanisches Silber, mit dem die Münze in Hall beliefert wurde. Die Gelder, die das Fuggersche Unternehmen aus den spani-

---

33 Martin Dallmeier, Quellen zur Geschichte des europäischen Postwesens 1501–1806, 2 Bde (Thurn- u. Taxis-Studien 9 I und II), Kallmünz 1977.
34 Otto Stolz, Geschichte des Zollwesens, Verkehrs und Handels in Tirol und Vorarlberg, Innsbruck 1953, 278; Wilfried Brulez, Les routes commerciales d'Angleterre en Italie au XVIe siècle, in: Studi in onore di Amintore Fanfani IV, Milano 1962, 167; H. Kellenbenz, Landverkehr, Fluß- und Seeschiffahrt im europäischen Handel (Spätmittelalter – Anfang 19. Jahrhunderts), in: Les grandes voies maritimes dans le monde, VII Colloque International d'Historire Maritime, Vienne 29 aout – 5 septembre 1965, Paris 1965, 65ff., hier 123f.

schen Asientos und der Maestrazgoverwaltung zurückbezahlt erhielt, liefen zum Teil über die Messen in Piacenza, so daß es vorläufig noch nicht möglich ist, festzustellen, wieviel Silber über die Alpen nach Tirol oder auch nach Augsburg ging. Der Vermittler der Fugger in Genua war der aus Feldkirch stammende Christoph Furtenbach, dessen Vetter, Sigmund Hinderofen aus Wangen im Allgäu, übrigens ab 1595 die Fugger in Madrid vertrat. Ein Zweig der Furtenbach saß in Mailand. Das Textilgeschäft nahm bei ihnen einen wichtigen Platz ein. Genuesische Seide und Samt schickten sie über die Alpen nach Norden, während sie von dort Leinenwaren bezogen. Dabei arbeiteten sie u.a. mit den großen Augsburger Firmen der Österreicher und Zobel zusammen. Mit den Furtenbach verwandt waren die Rainoldt, die außer in Genua auch in Piacenza etabliert waren.[35]

Die bereits erwähnte Nürnberger Gesellschaft des Jakob Welser führte auch unter den Erben und weiteren Inhabern die Italiengeschäfte fort. Export von Kupfer und Leinenwaren wurden mit dem Import von italienischen Luxustextilien, voran Genueser Samt, Safran und andern Waren kombiniert. Das Interesse der Nürnberger an der „genuesischen Handlung" bezeugten sowohl das Handelsbuch, das Lorenz Meder 1558 veröffentlichte, als auch das Kalkulationsbuch, das die Welser im Sinne der alten „Triffas"-Aufzeichnungen anlegten.[36]

Das ganze 16. Jahrhundert hindurch vertrat Genua eine entgegenkommende Politik gegenüber den Waren, die von der Lombardei und von Deutschland her kamen. Sie bezahlten nur 1 % des Werts, während die Waren, die von Frankreich, Flandern und Brabant kamen, 5 % bezahlten. 1547 wurden diese Tarife noch einmal bestätigt. Erst 1600 erfolgte eine Erhöhung für deutsche Waren. Für das Jahr 1600 hat Ludwig Beutin aufgrund der Aufzeichnungen in den „Venute di Terra" gezeigt, daß sechs oberdeutsche Firmen beträchtliche Mengen an Leinenwaren importierten, wobei Jakob und Samuel Hoser sowie die Österreicher'schen Erben mit Jakob Kuntz an der Spitze standen, während der erwähnte Furtenbach an 5. Stelle kam. Das sind nur die Namen, die uns ein bestimmter Quellenbestand und seine vorläufige Auswertung über-

---

35 Ludwig Scheuermann, Die Fugger als Montanindustrielle in Tirol und Kärnten, München/Leipzig 1929, 318f.; Randolf Renker, Die österreichischen Münzstätten zu Beginn der Neuzeit. Die Metallversorgung und der Münzbetrieb der österreichischen Münzstätten vom Ende des 15. bis zum Beginn des 17. Jahrhunderts, Diss. rer. pol. Köln 1970; H. Kellenbenz, Los Fugger en España en la epoca de Felipe II. Fue un buen negocio el arrendamiento de los maestrazgos después de 1562? in: Alfonso Otazu (ed), Dinero y Crédito (siglos XVI al XIX), Actas del primer coloquio internacional de historia economica, Madrid 1978, 19ff.; ders., Christoph Furtenbach a Genova e il suo testamento, in: Rivista Storica Italiana LXXXIV, fasc. IV, Napoli 1972, 1102ff.; ders., Geldtransfer für Graf Oñate, in: Mélanges Fernand Braudel I, Toulouse 1973, 277ff.; ders., Germania e Genova (wie Anm. 26), 487ff.; ders., Oberdeutsche Geschütze und Harnische für Spanien, in: Festschrift Georg Zwanowetz, Innsbruck 1984, 200ff.; Friedrich Blendinger, Augsburger Handel im Dreißigjährigen Krieg, in: Wirtschaftskräfte und Wirtschaftswege II, 285ff.
36 v. Welser, Eine Urkunde, 47; Kellenbenz, Handelsbräuche des 16. Jahrhunderts, 47f., 82, 88f.

liefert hat. Wir wissen aber zum Beispiel auch, daß Matthäus Welser, der die Firma seines Hauses bis zu seinem Konkurs 1614 führte, sich 1603 in Genua durch Zacharias Jenisch aus einer angesehenen Augsburger Familie vertreten ließ. Unter den Ulmern ragen die Hartpronner hervor; von den Nürnbergern erwähnen wir die Vertema (Wertemann), die aus Plurs (Piuro) im Bergell stammten. Eine Augsburger Quelle mit hier interessierenden Daten hat Friedrich Blendinger erschlossen. Es handelt sich um die Fedi di Sanità, Bescheinigungen darüber, daß die exportierten Waren nicht verseucht waren. Zahlreiche solcher Bescheinigungen zeigen, wie die Augsburger auch während des Dreißigjährigen Krieges ihre Handelsbeziehungen zu Como, Bergamo, Cremona, Turin, vor allem aber zu Mailand und Genua aufrechterhielten und von Genua aus ihre Waren nach Neapel und Spanien verschickten. Eine Reihe bekannter Firmen befand sich unter ihnen. Ausgeführt wurden Textilien, Artikel der Metall- und Holzverarbeitung. Einige waren auch als Spediteure von Firmen in Nord- und Westdeutschland tätig.[37]

Unter den Waren, die nach dem Süden gingen, nahmen um die Wende zum 17. Jahrhundert neben den Krämereien feine und rauhe Leinwand eine beherrschende Stellung ein; ferner wurden Zwilche und Drilche, Schürlitz, Schleier, Winterthurer Bänder und Tüchli befördert. Dazu kamen Häute, Kupfer, in geringerem Umfang Zinn, Blech, Sensen, Schaufeln, Röte, aber auch Pfeffer und Zucker.

Unter den Waren, die von Süden kamen, behaupteten Südfrüchte verschiedener Art einen wichtigen Platz, ebenso die Weine (neben dem Veltliner die Süßweine Malvasier und Muskateller), dann verschiedene Öle, ferner Wetzsteine, Farbwaren, Seife und Gläser, außerdem Waffen. Unter den Textilien wurden Barchent, Tuche, mit wachsender Bedeutung Seidenwaren, in geringerem Umfang Baumwolle befördert.

Unter den eigentlichen Massengütern blieb das Salz aus Bayern und Tirol im allgemeinen im Land, Getreide aus der Schweiz und aus Süddeutschland ging aber von Zeit zu Zeit nach Oberitalien. Von Süden her nahmen der schon erwähnte Veltliner und der Reis den wichtigsten Platz ein.[38]

V

Unsere Kenntnis des Transportwesens ist noch lückenhaft. Für die Organisation spielten, abgesehen von den Talgenossenschaften, die Städte Konstanz, Lindau, Chur und Chiavenna eine bemerkenswerte Rolle, aber auch ein Platz wie Fussach auf der Südseite des Bodensees behauptete sich in der Reihe. Hier konnte die Familie Spehler ein Speditionsunternehmen von langer Dauer aufbauen. In Konstanz wurde 1388 ein Kaufhaus errichtet, wo vom Großhandel

---

37 Ludwig Beutin, Deutscher Leinenhandel in Genua, in: VSWG 24, 1931, 157–168; Kellenbenz, Germania e Genova, 491f.
38 Stephan Bućc, Beiträge zur Verkehrsgeschichte Graubündens. Der Churer Gütertransit im 17. und 18. Jahrhundert, Chur 1917, 48ff.

Zölle, Waage- und Lagergebühren erhoben wurden. Ein regelmäßiger Warentransport und Nachrichtendienst über die Alpen dürfte in Lindau schon im 14. Jahrhundert bestanden haben. Stapel- und Umschlagplatz war hier das Gred- oder Grödhaus. Schon 1419 wurde es erweitert. Für die wichtigen Güter Salz und Getreide gab es einen Salzstadel und ein Kornhaus; doch mußten beim Eingang in die Stadt auch diese Waren ins Gredhaus gebracht werden. Chur und Chiavenna hatten ebenfalls ihr Kaufhaus. In den Gebirgstälern konnte man die Güter in den Susten oder Pallenhäusern lagern. Zahlreiche Details über die Verhältnisse in Chur hat Stefan Bućerschlossen. Um die Wende des 16. Jahrhunderts, als der Churer Gütertransit seinen besten Stand erreicht hatte, gab es hier mehrere Spediteure, die die Transporte organisierten, aber selbst keine Zugtiere hielten. Das größte Unternehmen hatte Hans Walser, der 1590 rd. 40 % aller Transitgüter fertigte. Neben ihm werden noch 7 andere Spediteure genannt. Abgesehen von den schon oben erwähnten Transportgenossenschaften in den Tälern gab es eine solche auch in Chur, die aber keine so ausgesprochenen Rechte hatte wie die Porten. Dem Wassertransport, der begreiflicherweise flußabwärts seinen Platz beanspruchte, wurden von seiten der Rodfuhrleute Schwierigkeiten bereitet. Wein zu flößen war z.B. verboten, Früchte durften nur dann auf die Flöße gelangen, wenn die Fuhrleute genügend andere Frachten hatten. Auf dem Bodensee wie dem Comer See konnte der Bootsverkehr seine bevorzugte Stellung wahren.

An den Transportkosten hatten die Fuhrlöhne den Hauptanteil, dann kamen die Zölle. Die beförderten Güter wurden nach Saum und Stück bzw. Rupp befördert. Ein Saum konnte 3 bis 4 oder gar $4^1/_2$ Zentner betragen, meist beförderte das Lasttier ihn in zwei Stück. Für das Stück verwendete man auch das italienische collo. Ihm entsprachen der Ballen und das Legel. Auch in Kisten wurde befördert. Ein Saum wurde meist zu 20 Rupp berechnet; man ging aber auch bis zu 22 Rupp. Dabei wurde wieder unterschieden zwischen „schwerem" Zentner zu $112^1/_2$ Pfund und „leichtem" Zentner zu 100 Pfund. Das Pfund, so in Chur, wurde zu 18 Unzen gerechnet.

Die Tatsache, daß die Gebühr vornehmlich nach der Verpackung gerechnet wurde, gab dem Kaufmann einen gewissen Spielraum. Es lag in seinem Interesse die Stücke möglichst schwer zu machen, um die Transportkosten zu vermindern, während der Fuhrmann, Spediteur und sein Faktor wie der Zöllner auf möglichst leichte Stücke Wert legten. Das gab genügend Grund zu mancherlei Streitigkeiten und bildet nachträglich ein beträchtliches Hindernis, um zu klaren quantitativen Aussagen zu kommen.

Den Hauptanteil an den Transportkosten hatten die Fuhrlöhne. Sie machten in der zweiten Hälfte des 17. Jahrhunderts (so auf der Strecke Walenstadt-Chur) 63,16 %, während die Provision des Faktors 21,6 und der Zoll 15,78 % betrugen. Im Winter waren die Frachtlöhne übrigens um etwa 20 % niedriger als im Sommer, offenbar, weil im Sommer das Angebot an Transporttieren wegen der Alpwirtschaft geringer war. Weitere Abgaben waren die „Fürleite", d.h. das Weggeld, dann das Sustgeld bzw. das Hausgeld (wo es ein Kaufhaus gab) und in besonderen Fällen (Reichenau) das Brückengeld.

Hinsichtlich der Zolltarife gab es keine durchgehende Einheitlichkeit.

Grundlage war die Saumlast, allerdings ohne daß, wie schon angedeutet, das Gewicht genau festgelegt war. Erst im Laufe des 16. Jahrhunderts achtete man stärker auf den Wert der Waren und differenzierte dementsprechend. Dabei wurden Tuche und andere „feine Ware" am höchsten besteuert, „grobe Ware" niedriger. Die Tendenz zur Differenzierung verstärkte sich mit dem Streben, die Zolleinkünfte zu steigern. So ist z.B. der Churer Tarif von 1628 stärker gegliedert als der im 16. Jahrhundert gebrauchte. Neben der Saumlast verzollte man jetzt auch nach Zentner, Faß (bei Reis), Wagen und Floß, wobei die alten Sätze um 50 % erhöht wurden.[39]

VI

Abschließend noch eine Frage, mit der sich zuletzt der Innsbrucker Historiker Herbert Hassinger besonders befaßt hat. Was können wir in quantitativer Hinsicht über die Transporte sagen, die zwischen Oberdeutschland und der Lombardei und umgekehrt über die Graubündner Pässe vor sich gingen? Da ist einmal festzustellen, daß die Mengen im Vergleich mit den Transporten über See außerordentlich gering waren. Allerdings muß dabei beachtet werden, daß bei den Seetransporten geringerwertige Massengüter vorherrschten, während beim Landtransport hochwertige Waren den Hauptanteil hatten.

Nach den Berechnungen von Hassinger hatten der Simplon und der Große St. Bernhard vor dem Niedergang der Champagnermessen einen Ferntransport von 350 bis 400 Tonnen jährlich, abgesehen von den beförderten Tieren. Spätestens nach 1300 stellte er ein Übergewicht des Handels mit geringer und mittlerer Reichweite fest, so daß der Ferntransport um 1340 nicht mehr viel über 1000 Saum ausmachte. Das wären, bei $3^{1}/_{2}$ Zentner für den Saum, 140 bis 160 Tonnen gewesen, und danach nahm der Verkehr weiter ab. Um 1340 hatte der Große St. Bernhard noch einen Anteil von 15–20 %. Der für die Verbindung von Genua nach Frankreich hinein wichtige Mont Cenis hatte nach 1306 nur noch einen Fernhandel von wenigen hundert Saum. Damit stand er in der Mitte zwischen Großem St. Bernhard und Simplon.

Nach dem Niedergang der Champagnermessen erfolgte die oben erwähnte Verlagerung der Handelsrouten, wobei der St. Gotthard zunächst am meisten profitierte. Die rund 1250 Tonnen, mit denen Aloys Schulte für die Zeit rechnete, als sich der Gotthardtransit auf dem Höhepunkt befand, waren, wie F. Glauser festgestellt hat, zu hoch angesetzt. Nach seinen Berechnungen betrug der Luzerner Zoll um die Wende des 15. Jahrhunderts nur etwa 155 Tonnen im Jahresdurchschnitt. Den Hauptvorteil aus der Verlagerung der Handelsrouten hatten Brenner und Reschenpaß. Über den Brenner passierten um 1300

---

[39] Heinz Kimmig u. Peter Rüsch, Das Konstanzer Kaufhaus (Konstanzer Geschichts- und Rechtsquellen VI), Konstanz 1954; Gerhard Nagel, Das mittelalterliche Kaufhaus und seine Stellung in der Stadt, Berlin 1971, 132ff.; Bućm, Beiträge, 25ff.; Klaudia Helbok, 50 Jahre Frachtführer, Vom Mailänder Boten aus Fußach am Bodensee zur Spedition Gebrüder Weiß, Bregenz, 1937ff.; Kellenbenz, Lindau und die Alpenpässe, 208ff.

etwa 4000 Tonnen. Mindestens ein Viertel davon entfielen nach Hassinger auf den Ferntransport, und der nahm weiter zu; bis um die Mitte des 14. Jahrhunderts betrug die Zunahme ein Viertel. Dann kam die bekannte Krise, deren Auswirkungen derart waren, daß erst um 1500 der Stand um 1340 wieder erreicht war. Der Reschen hatte dabei eine Bruttoeinnahme, die teilweise 60 % derjenigen des Brenner erreichte. Für die Salzburger Pässe liegen erst seit Ausgang des 15. Jahrhunderts Zahlenangaben vor. Ihr Verkehr war geringer als der der Tiroler Pässe, allerdings hatte er eine steigende Tendenz.[40]

Verglichen mit diesen Zahlen ist unser Wissen über die Graubündner Pässe allerdings noch vollkommen ungenügend. Wenn wir erfahren, daß die Firma Koler, Kress und Saronno vom 1. Januar 1507 bis März 1511 von Nürnberg nach Mailand 269 Fässer und Ballen durch Graubünden transportieren ließ und eine Sendung bis zu 35 Ballen ausmachen konnte, dann klingt dies wohl beeindruckend, aber es läßt sich für eine quantitative Betrachtung nur bedingt verwerten. Nach einer Angabe, die vorerst für sich stehen bleiben muß, passierten im 15. Jahrhundert den Splügen ungefähr 40 000–50 000 Colli (Ballen). Für die Zeit um 1550 stammt eine weitere Angabe. Da heißt es: „Über Feldkirch geht von Lindau und Fußach nach Chur und weiter nach Mailand ein starker Handelsverkehr hinein, bei 1300 Sam, und heraus bei 700 Sam jährlich." Dies wären etwa 100 bis 200 Tonnen gewesen. Dazu hieß es: „Ausserdem werden aus Schwaben Getreide in das Gebirge und Pferde jährlich bei 1000 ins Welschland verkauft."

Stephan Bućhat für die Zeit von 1580 bis 1601 die Saumlasten errechnet, die Chur passierten. Im Jahre 1580 waren es 7975 Saum, bis 1601 stieg die Zahl auf 14 321 Saum oder 50 123,5 Zentner. Das waren rund 2500 Tonnen. Dabei waren die Veltliner Weine, das Salz, teilweise auch das Getreide nicht einbezogen, da sie nicht zu den im Kaufhaus erfaßten Speditionsgütern gehörten. An Getreide passierten im Jahr 1591, als die Mittelmeerländer von einer Reihe schlechter Ernten heimgesucht wurden, 30 000 Doppelzentner. Insgesamt war am Transit der Norden auffallend stärker beteiligt als der Süden. Ungefähr doppelt soviel wurde von Norden nach Süden befördert wie umgekehrt.

Eine quantitative Auswertung findet meist ihre Grenzen an der damaligen Art der Erhebung der Güter. Ein gutes Beispiel liefert Stephan Bućfür die Jahre 1610, 1613 und 1617. Er konnte dabei wohl die Zahl der Saumlasten ermitteln, aber nicht den Wert der verschiedenen Güter, die transportiert wurden. Außerdem fehlen aus dem erwähnten Grund nähere Angaben über die Massengüter Reis, Salz, Getreide und Wein.[41]

Große Schwierigkeiten erwuchsen dem Graubündner Transit, als ab 1621 Chur durch habsburgische Truppen besetzt wurde und bald darauf die Franzosen kamen und schließlich noch die Pest wütete. Endgültige Ruhe kehrte erst ab 1639 im Veltlin und schließlich 1648 mit dem Westfälischen Frieden ein. In dieser ganzen Zeit bevorzugte der Transit den Gotthard. Die sinkenden

---

40 Hassinger, Forschungsbericht „Zur Verkehrsgeschichte der Alpenpässe".
41 Buć, Beiträge, 69ff.; Jenny, Graubündens Alpenpässe, 62ff.

Zolleinkünfte veranlaßten den Bischof, wie schon angedeutet, 1628 den Zoll um 50 % zu erhöhen. Einen Tiefstand erlangte der Transit in den vierziger Jahren. Er machte damals lediglich noch 1500 bis 4500 Saumlasten oder 5240 bis 15 740 Zentner.[42]

42 Bućc, Beiträge, 84ff.

Helmut Gritsch

SCHIFFAHRT AUF ETSCH UND INN*

1. Die Flußwege spielten bei der Abwicklung des Personen- und Warenverkehrs über die Alpen vor 1850 eine nicht unbeträchtliche Rolle, die hier nur angeschnitten, aber nicht näher ausgeführt werden kann. Beim damaligen Zustand der Landstraßen mit ihrer nicht selten vernachlässigten oder gar fehlenden Erhaltung war nämlich nicht nur die Versendung schwerer Lasten, die für Mensch und Zugvieh oft unsäglich mühevoll und beschwerlich verlief, auf den Wasserwegen wirtschaftlicher und, zum mindesten flußabwärts, auch rascher zu bewältigen. Darum überrascht es nicht, daß die Schiffahrt auf Etsch und Inn nachweislich schon zur Römerzeit betrieben worden ist und seither in den Quellen immer wieder Erwähnung findet, obwohl die regelmäßigen Fahrten wegen der starken Schwankung in der Wasserführung meist auf die Zeit zwischen Mai und September beschränkt blieben und im Frühjahr wie im Herbst eine „Gefahrenzulage" von 20% auf den geltenden Tarif draufgeschlagen wurde. Denn der Wasserstand der Gebirgsflüsse hängt zu sehr von der Schneehöhe und der Sonneneinstrahlung auf den Bergen ab, so daß der volle Wasserlauf in der kühleren Jahreszeit zu einem unbedeutenden Rinnsal zusammenschmilzt, das zwischen den Schotterbänken dahinschlängelt. Deshalb konnten auf dem Inn im Jahre 1856 z.B. nur 150 schiffbare Tage genutzt werden.

1.1. Dieser Fluß war von Telfs (25 km westlich von Innsbruck), die Etsch von Branzoll (etwa 10 km südlich von Bozen) abwärts mit Schiffen befahrbar. Seit Beginn des 14. Jahrhunderts aber wurde die Innschiffahrt nach dem Bau der Saline durch die Aufstellung eines Holzrechens in Hall unterbrochen, der zum Auffangen des Schwemmholzes für die Beheizung der Salzpfannen diente. Flöße, die mit Holz beladen waren, fuhren bei ausreichendem Wasserstand schon von Imst oder gar südlich von Landeck, in der Regel aber von Roppen aus, wo die Kammer 1569 die der Floßfahrt gefährlichsten Steine aus dem Flußbett hatte entfernen lassen, den Inn hinunter, während die Floßschifffahrt auf der Etsch von Terlan (zum Teil schon ab Burgstall-Lana) abwärts möglich war. Solange der Warenaustausch zwischen Oberdeutschland und Oberitalien vorwiegend über den ‚Oberen Weg' (durch das Oberinntal und den Vinschgau) abgewickelt worden war, waren die Güter meist schon an der Ländstelle bei Terlan auf die Wasserfahrzeuge verfrachtet worden. Seit der Eröffnung des Kuntersweges durch das untere Eisacktal (1314) entstand dann bei Branzoll (Abb. 1) die Hauptlände, deren Schiff- und Floßleute auch als

---
* Für den Druck modifizierter und erweiterter Vortrag, der am 14. Februar 1986 aus Anlaß des Symposiums „Alpenübergänge vor 1850" im Filmsaal des Deutschen Museums in München gehalten wurde.

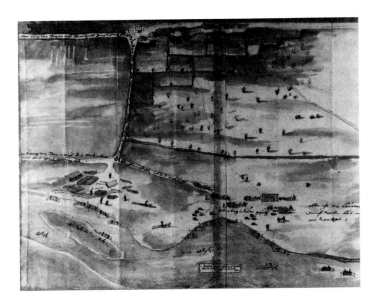

Bild 1: Die Schiffslände an der Etsch bei Branzoll (im Vordergrund die am Ufer angehängten Flöße sowie ein Schiff, dahinter die angelieferten Fässer und Ballen; rechts zwei abfahrende Flöße). Aquarellierte Federzeichnung, Anfang des 17. Jahrhunderts, Tiroler Landesmuseum Ferdinandeum, FB. 7. 268 (Foto Herbert Linster, Telfs).

Zu- und Ablieferer für die Bozner Märkte bezeichnet wurden, weil dieser „Hafen von Bozen" für die Handelsentwicklung der Stadt große Bedeutung erlangte. Von Branzoll, wo heute noch das große Zollgebäude steht, das der oberösterreichischen Hofkammer allein von 1678 bis 1705 mehr als 300.000 fl. Einnahmen brachte, dauerte eine Talfahrt nach Trient einen halben Tag und von Trient nach Verona bis zu zwei Tagen; in der Gegenrichtung benötigte man vier und von Trient nach Branzoll noch einmal zwei Tage. Die Geschwindigkeit hing auch vom Wasserstande ab, wobei Schiffe etwas schneller waren als Flöße; mit jenen konnte die Strecke von Hall nach Kufstein in 6 Stunden zurückgelegt werden, während für die Bergfahrt eines schweren Getreidezuges etwa 5 Tage veranschlagt wurden. Eine Flußreise von Hall nach Wien wurde im Schnitt in 8–10 Tagen (bei sehr günstigen Verhältnissen auch einmal in 6–8 Tagen) und die Gegenfahrt in etwa 4 Wochen bewältigt.

1.2. Bei den vielen Untiefen, Serpentinen und Sandbänken verliefen diese Fahrten nicht immer reibungslos; Flöße blieben wiederholt stecken, so daß die Flößer bis zur Brust ins kalte Wasser steigen mußten und mit Hilfe eines hinabgelassenen Hebebaumes versuchten, das Fahrzeug wieder loszubekommen. Half nichts weiter, mußte abgebaut und ein kleineres Floß gebunden werden. Für die Durchfahrt besonders schwieriger Stellen wurden zusätzliche Flößer an Bord geholt, die nach überwundener Gefahr bei der nächsten Ländstelle wieder ausstiegen. Auf der Etsch galt die Durchfahrt unter der Brücke in Gmünd bei Pfatten und besonders die Passage von Zambana infolge des abgelagerten Materials des einmündenden Noce als gefährlich, weiters die Durchfahrt bei Marco (Calpestre) und bei der sogenannten ‚Manica' oberhalb Mori sowie die Fahrt durch Verona wegen der vielen Mühlen und der sieben Brücken, die unterfahren werden mußten. Denn Brückendurchfahrten erwiesen sich nicht selten als Schiffsfallen, wobei auch „Trunkenheit am Steuer" manchmal eine Rolle spielte, wenn ein Unglücksfall eintrat. Da die wenigsten Schiffsleute schwimmen konnten, gabs für Ertrinkende kaum eine Rettung. Dies lag auch gar nicht in der Absicht der rauhen Schiffknechte, die zwar nach dem Hut des Ertrinkenden, aber nicht nach ihm selbst griffen, weil sie dem Aberglauben verfallen waren, daß der Flußgott des Inn jedes Jahr drei Menschnopfer wünsche. So erblickten sie in den Verunglückten die für dieses Jahr ausersehenen Todesopfer und rieten in der Überzeugung, damit nicht selbst das vom Flußgott auserwählte Opfer zu sein, dem Verzweifelten noch zu: „Gib di, Franzl!"

Bei den Innschiffern war die Volderer Brücke wegen ihrer niedrigen Joche gefürchtet, die bei hohem Wasserstand nicht unterfahren werden konnten, weiters die „Rote Wand" bei Schwaz und die Brücke und Durchfahrt von Rattenberg, wo erst 1807 die starke Brandung mit den Flußwirbeln durch einen Steindamm geregelt und die Gefahrenstelle beseitigt wurde. Schwierigkeiten konnten auch nach der Klause unter Kufstein auftreten, wo der (damals noch nicht regulierte) Fluß den Weg über viele Seitenarme nahm, so daß die geeignetste Fahrrinne nach jedem Hochwasser neu gesucht werden mußte. Dieser Zustand sollte nach den Bestimmungen des am 19. Oktober 1760 zwischen der bayerischen und österreichischen Regierung abgeschlossenen „Vergleichs-Recesses" geändert werden, doch die Errichtung und laufende Verbesserung der Schutzdämme zog sich hin, so daß am 17. Oktober 1826 ein neuer Vertrag zur Fertigstellung der danach benannten „Receß-Bauten" vereinbart wurde. Im übrigen waren auf dem Inn keine so gefährlichen Stellen wie etwa auf der Donau oder der Traun anzutreffen und die Regierung unternahm manche Anstrengung (z.B. 1569 und 1578 unter Erzherzog Ferdinand II.), um die ärgsten Hindernisse auf Inn und Etsch zu entschärfen.

2. Die Fahrzeuge waren je nach ihrer Zweckverwendung unterschiedlich gebaut. Für die Naufahrt (aus mhd. Naue = Lastboot, Fährschiff, vom lateinischen Wort navis) wurden neben den Flößen auch Schiffe leichterer Bauart verwendet, die oft nur locker und lose zusammengesetzt waren. Da die Schiffahrt in den Wintermonaten praktisch unmöglich war (nur die kaiserlichen Traunschiffer erhielten Winterfeiergelder), arbeiteten die Schiffsleute während dieser Zeit im Schopperstadel, wo die Wasserfahrzeuge hergestellt wurden. Schließlich handelte es sich beim Schiffbau um ein eigenes Gewerbe (Schopperzunft), das von den Schoppern im Auftrag der Schiffsmeister ausgeführt wurde. Starke Bretter wurden zugeschnitten und durch Eisenklammern zur Schiffsform aneinander gereiht. Dann mußten die Fugen zwischen den Brettern sorgfältig abgedichtet werden, und zwar mit trockenem Moos, das von den Bauern, die sich damit einen Zusatzverdienst sicherten, in großen

Fuhren alljährlich zur Lände geliefert und im Schopperstadel gelagert wurde. Auf das fest verschoppte Moos wurde dann ein Holzspan gelegt und mit Eisenklammern angeheftet. Die Außenwände wurden traditionellerweise so angestrichen, daß etwa 30 cm breite dunkle Streifen jeweils mit ebenso breiten unbemalten und hellen abwechselten. Daraufhin wurden die Plätten an den Inn geschleppt und am Ufer entlang angehängt, damit das Holz und Moos aufquillen konnten und wasserdicht wurden.

Beim Einsetzen der Schneeschmelze begann dann das „Zurichten" der Boote, die nunmehr mit einem hüttenartigen Aufbau versehen wurden, der die Waren aufnahm und einem Häuschen mit flachem Giebeldach ähnlich sah. Dabei wurden die Seitenwände dicht am Plättenrand aufgezogen und mit Fensteröffnungen versehen, durch die eingedrungenes Wasser mit einem langstieligen Holzgefäß (der „Söß") aus dem Schiff befördert werden konnte. Nur am breiten Hinterende und an der Spitze blieb jeweils ein kleiner Raum frei, der hinten Platz für Geräte bot, die beim Landen gebraucht wurden wie Seile, Stangen und Haken, wogegen sich vorne der von Bänken umrahmte Herd befand. An den Innenwänden des Schiffhäuschens wurden auf Brettern Obst und Südfrüchte ausgebreitet, während die schweren Frachtgüter, in Fässern, Kisten oder Säcken verpackt, in der Mitte lagerten. Die richtige Verteilung der Waren auf dem Schiff war entscheidend für eine gute Fahrt und wurde deshalb nur erfahrenen Schiffsleuten anvertraut, um die Gefahr des Umschlagens möglichst zu bannen. Auf dem Dach waren ein paar waagrechte Bretter angebracht, auf denen die Ruderknechte stehend die schweren Ruderbäume bedienten, die mit starken Weiden an den „Sturln" befestigt waren. Mit diesen langen Rudern konnten die Schiffe, den Flößen ähnlich, wie mit Hebeln herumgedrückt werden, wobei meist die beiden hinteren Kehrruder ausreichten, doch befanden sich manchmal auch vorne zwei „Zieh- oder Antauchruder" zum Beschleunigen der Fahrt. Diese Lastkähne mit schwach aufgeschwungener Spitze (Gransl) am Bug waren etwa 22 m lang, in der Mitte 5 m breit und auch am Heck (an der Stoir) kaum eingezogen und stumpf abgeschnitten; sie wurden in der Haller Werft und in den zahlreichen Schopperstätten der Gerichte Kufstein und Rattenberg (besonders in Angath und Langkampfen unterhalb von Wörgl) gebaut und „Haller Plätten" oder nach dem hauptsächlichen Bestimmungsorte auch „Wiener Schiffe" genannt. Im Unterinntal entstanden weiters die sogenannten „Tiroler Plätten", die auch im bayerischen Inntal (Wasserburg, Braunau ...) und insbesondere in Rosenheim hergestellt wurden, weshalb sie auch den Namen „Rosenheimer Plätten" führten. Da sie etwas länger und stärker waren, wurden sie vorwiegend zum Viehtransport im innerbayerischen Verkehr eingesetzt.

Für das Zusammenbinden eines Floßes mußten übrigens mehr Baumstämme geschlagen werden als für den Bau eines Schiffes, das zudem eine viel größere (etwa vierfache) Last zu tragen vermochte. Das Floß wurde nämlich aus ganzen Baumstämmen hergestellt, deren unterste Lage an Kopf und Ende quer durchbohrt, mit kräftigen Weidenruten zusammengebunden und (wie auch bei jeder neuen Lage) durch quer gelegte Bretter zusätzlich befestigt wurde. Bei der zweiten und den folgenden Lagen wurden nur noch die ersten beiden Stämme am linken und rechten Floßrand durchbohrt und verknüpft. Da ein beladenes Floß etwa einen Meter tief ins Wasser reichte, wurden je nach Durchmesser der Stämme vier bis sechs Lagen übereinandergebunden, wozu durchschnittlich 30 Stämme, weiters Bretter und mehrere Balken benötigt wurden. Dazu kamen sieben Ruderstangen, von denen vorne vier und drei am Floßende angebracht waren. Die größten Etschflöße waren bis zu 28 m lang, vorne 5 und am Floßende 6 m breit, wodurch das Hauptgewicht auf dem Hinterteil lag. Darauf konnten bis zu 120 Kubikmeter Fichtenholz befördert werden, während bei Lärchenholz infolge des höheren Gewichtes eine geringere Menge anfiel. In Südtirol wurde der Floßbau in Nals, seltener auch bei Gargazon und Lana/Burgstall sowie bei den Sägewerken oberhalb von Kardaun im Eisacktal, weiters in Auer, Neumarkt, Laag und Salurn betrieben; dann in St. Michael, Lavis, Nave San Felice und in Trient unterhalb der Brücke San Lorenzo (Abb. 2), die bis ins 19. Jahrhundert die einzige Etschbrücke im Trentino war. Daraus wird die Bedeutung der Überfuhren für den Warenverkehr ersichtlich, wobei die Fähren bei Hochwasser an Land gezogen werden mußten. Weitere Floßbindeplätze waren noch in Calliano und in Sacco anzutreffen. Die Floßschiffahrt wurde auf der Etsch in Etappen abgewickelt; die erste Gruppe fuhr von Branzoll bis Sacco, wo die Ladung von Kollegen übernommen und bis Pescantina oder auch Parona oberhalb Verona gelenkt wurde. Dort übernahmen die Veroneser Flößer die Waren zur Weiter-

Bild 2: Brücke über die Etsch bei San Lorenzo. Ausschnitt aus einer Gesamtansicht von Trient, erschienen in der Lithographischen Anstalt „Zippel e Godermaier in Trento", um 1850 (Tiroler Landesmuseum Ferdinandeum, W. 11. 183; Foto Dr. Meinrad Pizzini).

beförderung, wobei nach Verona das Gewicht oft reduziert werden mußte, weil der Fluß infolge seiner Verästelungen zu seicht war. Die Flöße wurden dann wie die Plätten am Bestimmungsort zur Weiterfahrt verkauft oder, wenn kein Käufer zu finden war, um den Holzpreis losgeschlagen und zu Brennholz verarbeitet. Die Schiffsleute aber gingen meist zu Fuß nach Hause.

2.1. Für die Gegenfahrt bedurfte es stärkerer Schiffe, die solide zusammengebaut waren und gegen die oft reißende Strömung standhielten sowie durch Strudel und Wirbel, ja selbst über Schotter und Felsen gezogen werden konnten, ohne daß sie nachgaben und auseinander fielen. Die größten unter ihnen, die „Hohenauerinnen", waren 30–40 m lang und in der Mitte etwa 7,5 m breit. Der Bauart nach handelte es sich um sogenannte „Kehlheimer", weil dort dieser stabile, für die Gegenschiffahrt geeignete Typ entwickelt worden war. Diese Schiffe trugen ebenfalls eine hüttenartige Überdachung, unter der bis zu 2.000 Zentner Ladung Platz finden konnten, und wiesen zum Unterschied von den Plätten hochaufgeschwungene Spitzen am Bug und am Schiffsende auf. Diese Zillen vermochten dank ihrer gediegeneren Bauweise mehrere Fahrten zu überstehen und erreichten bei entsprechender Wartung mit mehrmaliger gründlicher Ausbesserung eine Lebensdauer von vier bis fünf Jahren. Stromaufwärts wurde die Güterbeförderung stets mit langen Schiffzügen abgewickelt, wobei drei bis vier Schiffe zusammengehängt und von dreißig und mehr hintereinander geschirrten Pferden den Inn hinauf geschleppt wurden. Die Spitze des Zuges bildete eine „Hohenau", an die zwei weitere, nicht viel kleinere Transportschiffe mit ungefähr 1.500 Zentnern Ladung angehängt waren. Von diesen fuhr der „Nebenbeier" etwas zurückgesetzt flußinnenwärts neben dem Führungsschiff, während der „Schwemmer" etwa zwei Seillängen hinter der Hohenau lag und bei großen Zügen ebenfalls einen Nebenbeier haben konnte. Dann folgte eine Reihe kleinerer Fahrzeuge wie Waidzillen zum allfälligen Übersetzen der Mannschaft ans andere Ufer, Seilmutzen für den Transport der langen Schiffseile und gewöhnlich eine Futterplätte mit Nahrungsvorräten für Pferde und Schiffsleute. Das lange und dicke Seilwerk diente auch zur Steuerung des Zuges, dessen Länge und Breite der jeweiligen Beschaffenheit des Flußbettes anzupassen war. An gewissen Stellen mußte nämlich ein Teil der Schiffe zeitweilig abgehängt und am Ufer verankert werden, um die übrigen – manchmal sogar einzeln – mit der vorhandenen Pferdekraft weiterzubringen. Blieb ein Schiff auf Sandbänken hängen und konnte auch mit Hilfe des ins Wasser gesenkten Hebebaumes, mit dem es in die Querlage gebracht werden sollte, um dadurch dem Wasser eine größere Gewalt zu verleihen, nicht mehr fortbewegt werden, dann stand der Mannschaft ein mühseliges, oft tagelanges Entladen der Waren bevor, um das Schiff zu erleichtern und wieder flott zu bekommen.

Bei Rosenheim mußten diese Züge wegen des geringen Wasserstandes nicht selten nochmals verkleinert werden. Die Bergfahrten, die eine sorgfältige Vorbereitung und durchdachte Organisation benötigten, um bei 60 Menschen, 40 und mehr Pferde, dazu Lebensmittel, Futter, Schiffsausrüstung und Fracht zum gegebenen Zeitpunkt am Abfahrtsort bereit zu halten, wurden vielfach von den bayerischen Schiffsmeistern besorgt, die in den Innstädten beheimatet waren. Die schweren und tüchtigen Schiffspferde wurden mit Vorliebe aus dem Rottal und dem Bezirk Rosenheim, insbesondere der Umgebung des Samerberges angekauft, wo sich die Leute auf die Zucht dieser Tiere spezialisiert hatten. Die größten Schiffe auf der Etsch mit einem Tiefgang von einem Meter waren etwa 20,5 m lang und vermochten eine Ladung von 300 Doppelzentnern aufzunehmen. Zehn bis zwölf Pferde, die meist am linken Etschdamm entlang gingen, mußten vorgespannt werden, um diese Last stromaufwärts zu ziehen. Etschabwärts wurden die Schiffe dann vielfach zur Rückbeförderung der Zugpferde verwendet, die sich an diese angenehme Art der Rückreise so gewöhnten, daß sie, sobald ihr Halfterstrick nach der Entladung der Schiffe gelöst wurde, von allein über den Verbindungssteg in das Fahrzeug stiegen. Auf dem Inn erfolgte die Talfahrt der Schiffpferde auf den Roß- oder Einstellplätten, wobei die Tiere abwechselnd mit dem Kopf- und Hinterteil nebeneinandergereiht wurden, um das Gleichgewicht nicht zu gefährden. Sobald die Roßplätten mit den Pferden und den (vom Vorreiter gegen einen Gulden pro Tag für Roß und Reiter bei freier Verpflegung) angeheuerten Schiffreitern eingetroffen waren, konnte die nächste Bergfahrt losgehen.

3. Wie das Transportwesen zu Lande, war auch der Schiffsverkehr geregelt. Landesfürstliche Mandate verpflichteten die „rodfuhrleute", die Waren vor Nässe zu schützen, sie in den landesfürstlichen Ballhäusern sicher zu lagern und vor allem auch, dieselben rasch weiterzuliefern sowie bei schadhafter Beförderung Ersatz zu leisten. Die Schiffsleute selbst hatten eine hierarchische Dienstordnung mit genauer Festlegung der Rechte und Pflichten der Schiff-(Flöß-)meister, Schiffer (Flößer) und Knechte. Sie fühlten sich als freie Männer, die täglich zum Brot Fleisch und Bier erhielten, jedem Bauernknecht weit überlegen und waren stolz auf ihren schweren Beruf, auch wenn die Mütter ihre Töchter ins Haus holten, sobald sie noch vor der Abenddämmerung an der Ländstelle anlegten und in ihren Stiefeln den Ort betraten. Denn Fahrten bei Nacht waren verboten, nicht zuletzt um dem Schmuggelunwesen entgegenzuwirken. Die Nachtruhe war kurz, denn schon beim ersten Tageslicht begann die Arbeit von neuem. Nur bei Nebel und starkem Wind mußten Rastpausen eingelegt werden. Diese Verhältnisse wurden nicht leichter, als Maria Theresia dann auch noch die Fahrt an Sonn- und Feiertagen unter der Voraussetzung erlaubte, daß die Schiffsleute vorher die Messe besucht hatten.

Die im Pferdezug stromaufwärts fahrenden Schiffe mußten den entgegenkommenden Flößen ausweichen und bei engen Stellen warten, bis die schwerer manövrierbaren Gefährte vorbei waren. Bezüglich der Etschschiffahrt blieb die Verordnung unverändert in Kraft, daß zu Talfahrttransporten nicht Schiffe, sondern nur Flöße verwendet werden durften, möglicherweise, um die Konkurrenz venezianischer Schiffsunternehmer von vornherein auszuschalten. Die Republik Venedig hatte nämlich die Bedeutung der Etsch, die sich unweit der Lagune in die Adria ergießt, als einer „natürlichen Handelsstraße" bis südlich von Bozen schon frühzeitig erkannt. Da am Unterlauf des Flusses keine bedeutenden Handelsorte anzutreffen waren, wo die Waren hätten umgeschlagen werden können, brachten venezianische Schiffe und Boote, die eigens für die Flußschiffahrt gebaut wurden, die Waren bis Verona, wo sie auf kleinere

Schiffe umgeladen und bis Branzoll geliefert wurden. Um die Verbreitung von Epidemien möglichst zu unterbinden, wurden besondere Gesundheitsvorschriften erlassen, und zur effizienteren Kontrolle des Warenverkehrs und des Zustandes der Flußdämme wurde gegen Ende des 16. Jahrhundets in Venedig ein eigenes Verwaltungsinspektorat für die Etsch errichtet. Unter Androhung strenger Strafen für den Fall der Nichtbeachtung hatten die Leute, die vom Fluß lebten, auch die Erhaltung und Pflege des Flußbettes und der Dämme zu besorgen.

Diese Aufgabe übernahm weiter nördlich in der neueren Zeit die Speditionskompanie von Sacco, einem bekannten Ortsteil von Rovereto, aus dem viele Schiffer- und Flößergenerationen hervorgegangen sind, die aufgrund ihrer Erfahrung und Geschicklichkeit die Schiffahrt auf der Etsch immer mehr an sich ziehen konnten. Nachdem Bischof Albert von Trient am 24. Mai 1188 eine Schiffergesellschaft aus Mori gegen entsprechende Gegenleistung mit dem alleinigen Frachtschiffahrtsrecht auf der Etsch vom Lagertal bis Bozen ausgestattet und Bischof Friedrich von Wangen 1209 der Stadt Trient für die treue Hilfe gegen unbotmäßige Vasallen das ausschließliche Recht des Holz- und Pechkaufes in den Gegenden oberhalb der Stadt eingeräumt hatte, waren die Voraussetzungen für eine zunehmende Konzentration dieser Wirtschaftszweige gegeben. Diese Entwicklung wurde dann durch ein Privileg Erzherzog Ferdinands II. vom 2. Dezember 1578 entscheidend gefördert, dessen Empfänger, die „holzkaufleut und guetfertiger" (Fertiger wurden zunächst die Unternehmer genannt, die das grobe Salz, d.s. die nackten Fuderstöcke, zerstießen, in Kufen füllten und den Transport vornahmen) in Sacco, durch eine selbsterstellte Floßordnung, deren Inkraftsetzung sie beim ständig in Geldnöten schwebenden Fürsten am 1. Jänner 1584 erreichten, das ausschließliche Transportrecht auf der Etsch erwarben und zunächst anscheinend auch zur allgemeinen Zufriedenheit ausübten. Als aber dieses Waren-Speditions-Privileg in einer Zeit der (infolge des Erbfolgekrieges) leeren Staatskassen am 4. Dezember 1744 von Maria Theresia nicht nur erneuert, sondern auch auf den Landweg im Etschtal ausgedehnt und den Inhabern zusätzlich noch das Holzvorkaufsrecht in den Gemeinden Deutschnofen, Welschnofen und Aldein zuerkannt wurde, verstummten die Klagen gegen dieses Transportmonopol nicht mehr. Die Kompanie kontrollierte damit ja nicht nur den gesamten, durch das Etschtal gehenden Warenaustausch zwischen Italien und Deutschland, sondern hatte auch den Verkauf des Bauholzes nach Italien in der Hand. Neben den Bozner Handelsherren beschwerten sich denn auch vor allem die Bauern der Berggemeinden, daß sie bei der Messung des Holzes übervorteilt und im Preise ständig gedrückt würden. Obwohl sich auch die Stadt Trient und selbst die Gemeinde Sacco für die Zulassung der freien Schiffahrt einsetzten, blieben alle Vorstöße vergeblich, denn die Regierung wandte sich stets dagegen mit demselben Argument, daß dadurch der Holzhandel geschädigt und das Schmuggelunwesen begünstigt würde. Es blieb der bayerischen Regierung vorbehalten, durch die Beseitigung des längst überfälligen Privilegs im Jahre 1806 dem offenkundigen Mißbrauch der Speditionskompanie den Boden zu entziehen und damit die Schiffahrt auf der Etsch für das letzte Jahrhundert ihres Bestehens freizugeben.

3.1. War die Güterzustellung zu Wasser im südlichen Tirol solcherart von einer Gesellschaft monopolisiert, so lag der Handel mit den wichtigsten Landesprodukten (wie Wein und Seide) in der Hand einheimischer Kaufleute vor allem aus Bozen. Im nördlichen Landesteil verhielt es sich umgekehrt: dort wurden die Haupterzeugnisse des Landes, Salz und Metalle, vom Landesfürsten und (meist) fremden Gesellschaften vertrieben und unterlagen entsprechenden Beschränkungen. So war die Ausfuhr von ungemünztem Silber und von Eisen verboten, letzteres deshalb, um billiges Rohmaterial für die Herstellung von Arbeitsgeräten in den Bergwerken zur Verfügung zu haben; bei den Silberbarren fanden die Kaufleute alsbald einen Ausweg, indem sie das Edelmetall vor den Zollstellen abladen und von Bauern auf Seitenwegen herumtragen ließen. Ausländisches Kupfer durfte nicht durch Tirol geführt werden, um der einheimischen Kupfergewinnung den italienischen Markt zu sichern, wo zur Zeit Erzherzog Ferdinands II. (während dessen Regierung der Bergbau in Tirol allmählich zurückging) etwa 24.000 Zentner im Jahr abgesetzt wurden. Zudem konnte nur Quecksilber aus Idria durch Tirol geschleust werden, damit Innerösterreich ohne Schwierigkeiten den Transit von ungarischem Mastvieh und Getreide gestattete, das vor allem zur Versorgung der Bevölkerung und der Bergknappen im Pustertal bestimmt war. Die Einfuhr von Meersalz aus Italien war nicht erlaubt, um die landesfürstliche Salzerzeugung in Hall vor ausländischer Konkurrenz zu schützen.

Dagegen herrschte auf dem Inn im Vergleich zur Etsch geradezu ein freier Wettbewerb. Die Schiffahrt wurde dort von den verschiedenen Schiffsmeistern, die in den Ortschaften entlang dem Fluß ansässig waren, betrieben. Sie konnten die Versuche der Wiener Regierung, den Verkehr im Jahre 1744 ähnlich wie auf der Etsch zum Vorteil des Ärars zu privilegieren, erfolgreich abwehren, wobei der Haller Stadtrat seine ablehnende Haltung mit dem Hinweis begründete, daß „die Nauschöffmeisterei in Tirol wie in Bayern und in Österreich ob der Enns von jeher ein der Handelsschaft gleiches freies Gewerbe" gewesen sei. Während der Blütezeit des Bergbaues wurde viel Bergmannbedarf nach Tirol gebracht wie Unschlitt für die Lampen, Häute, Geräuchertes und Schmalz; es herrschte aber auch eine lebhafte innertirolische Schiffahrt, indem das Erz aus den Schwazer Gruben auf dem Inn zu den Eisenhütten in Jenbach und Brixlegg geliefert wurde. Die meisten Schiffe aber fuhren nach Bayern und darüber hinaus bis Linz und Wien. Die Verfrachtung des Salzes, die unter Erzherzog Ferdinand II. 90.000 bis 100.000 Fuder im Jahr erreichte, war freilich kontingentiert, d.h. daß von den Rottleuten jeder ein bestimmtes Kontingent zugewiesen erhielt (vgl. die 1675 erlassene „Salz-Rod-Ordnung für die von Hall bis Zyrl und Telfs fahrenden Salz-Rod-Fuhrleute"). Die Versuche, den Salzexport innabwärts nach Niederösterreich und Böhmen auszudehnen, scheiterten an den scharfen Zollbestimmungen der bayerischen Herzöge, die zugunsten des Absatzes aus den eigenen Salinen auch keinerlei Einfuhr duldeten, so daß der Markt für das Haller Salz im wesentlichen auf Tirol, die österreichischen Vorlande und die Westschweiz beschränkt blieb. Die Innschiffahrt war deshalb erst im Unterlauf, nach der Einmündung der Salzach, von den großen Salztransporten bestimmt, welche vor allem Laufener Schiffsleute aus dem salzburgischen Hallein anlieferten.

In Tirol dagegen wurde das Salz weniger das Inntal hinab (zur Versorgung der dort ansässigen Bevölkerung), als vielmehr hinauf geführt. Darauf geht auch die in Hall übliche Unterscheidung zwischen den – für die Fahrten nach Bayern und Österreich zuständigen – „Nauschiffmeistern" und den „Salzschiffmeistern" zurück, die den Salztransport ins Oberland besorgten. Diese fuhren in der günstigen Jahreszeit mit ihrer Ware auf den kleineren „Rennschiffen" und Zillen bis Zirl oder Telfs, während für den Rest des Jahres wegen zu geringer Wasserführung und Eisbildung der Landweg benützt werden mußte. Im 16. Jahrhundert nahm diese Salzschiffahrt (die am Beginn des 19. ganz aufhörte) etwas ab, weil diejenigen Haller Bürger, die das Salz auf der Straße verlieferten, nach einem erfolgreichen Protest gegen die regere Salzschiffahrt ein höheres Kontingent für sich herausschlagen konnten. Um leere Rückfahrten möglichst zu vermeiden, sah eine Verordnung aus dem Jahre 1611 dann vor, daß die aus der Lombardei stammenden, vielfach über den Maloja-Paß, durch Graubünden, Engadin und Inntal gelieferten Waren in Telfs von den Samern dem Zöllner und Stadelmeister zu übergeben waren, der sie innabwärts an die Haller Lände zu schicken hatte, von wo sie auf dem Wasserweg weiter nach Passau, Linz, Wien und auch Böhmen zu den Jahrmärkten geführt wurden. Im Gegenzug mußte das Salzamt in Hall das Salz auf kleineren Zillen nach Telfs zum Zöllner schicken, damit es den Samern für die Rückreise aufgeladen werden konnte.

4. Zur Weiterbeförderung wurden die Güter natürlich verpackt, und zwar in Ballen (= Colli, vor allem Textilwaren), Säcken, Kisten oder Truhen und Fässern, die bei empfindlichen Produkten wie Büchern, zusätzlich mit Pech abgedichtet wurden, um jeden Kontakt mit Wasser auszuschließen. Da für diese Verpackungsformen keine einheitlichen Normen bestanden, wurden verschiedene Größen verwendet, welche die Arbeit der Zöllner nicht gerade erleichterten. Holz dagegen wurde, sofern es nicht als Treib- oder Schwemmholz den Fluß heruntertrieb, auf Flößen befördert. Hirnholz, das senkrecht zur Faser geschnitten ist, wurde z.B. von den Hirn-Familien auf dem Mieminger Plateau (aus denen im vorigen Jahrhundert die beiden Historiker Josef und Ferdinand hervorgegangen sind) den Inn hinabgeflößt. In Nordtirol war der Holzexport verboten, weil der große Holzbedarf der Inntaler Bergwerke (Haller Saline, Schwazer Bergbau ...) aus den eigenen Beständen nicht mehr gedeckt werden konnte. So mußten die Pfannhäuser in Hall zunehmend mit Kohle geheizt werden, was in der zweiten Hälfte des 18. Jahrhunderts die Verfrachtung von Häringer Steinkohle innaufwärts zur Folge hatte. 1825 wurden dann sechs der acht Pfannhäuser bereits mit Steinkohle betrieben. Um den Kahlschlag der Wälder zu verhindern, wurde schon 1684 auch der Export von leeren Plätten nach Bayern untersagt, doch die Tiroler Schiffsmeister wußten sich zu helfen und beluden die neugezimmerten Plätten mit Kalk. Daraufhin wurde die Kalkausfuhr nur noch auf alten Schiffen erlaubt.

Dagegen wurde auf Südtiroler Seite ein schwunghafter Handel mit Bau- und Brennholz nach Italien betrieben, und zwar nicht nur vom Ärar, sondern auch von Privaten, die sich zu Gesellschaften zusammenschlossen und allmählich die schon erwähnte Monopolstellung erlangten. Die ertragreichsten Holzmassen kamen aus den Wäldern von Deutsch- und Welschnofen, Aldein, Montan, Buchholz, Salurn und Gfrill; von den Niederlagsplätzen war der in Vill bei Neumarkt für den Holzhandel am bedeutendsten, waren doch alle geschnittenen Holzgattungen, insbesondere auch die Bretter aus dem Fleimstal dort zur Verschiffung gelagert. Außer der Massenware Holz, von der die schön gewachsenen Lärchenstämme auf dem Fennberg als Mastbäume in die Adria wanderten, wurden etschabwärts auch Bausteine und nicht zuletzt Personen befördert. Neben den Truppentransporten bevorzugten vor allem Leute aus den ärmeren Schichten die billigere Floßfahrt, darunter Saisonarbeiter, die zum Unterhalt ihrer Familie einen mehrmonatigen Zusatzverdienst im benachbarten Ausland brauchten wie die Kaminkehrer aus dem Nonsberg, die sich im Spätherbst auf Arbeitssuche nach Oberitalien begaben.

4.1. Aus Tirol wurden vielfach Naturprodukte ausgeführt, da die Entwicklung der Industrie auf bestimmte Zweige beschränkt blieb. In Nordtirol etwa betrieben nicht wenige Leute das Einsammeln und den Verkauf des „Rausches", der als Färbemittel sehr begehrt war. Dabei handelt es sich wahrscheinlich um die ledrigen, immergrünen Blätter der Alpenbärentraube (Arctostaphylos uva ursi). Aus dem Unterinntal wurde viel hydraulischer Kalk bis Wien und Budapest verliefert, weiters Marmor und Nagelstein (Höttinger Breccie). Die Etschländer strebten natürlich danach, den Absatz von Edelobst und Wein in Nordtirol und darüber hinaus zu sichern, und erreichten zu diesem Zwecke unter Ferdinand II. auch Einfuhrverbote ausländischer Erzeugnisse mit dem Vorbehalt, daß für die Bedürfnisse des Hofes und die Mitglieder des Regiments- und Kammerwesens der Import ausländischer Weine gegen Ausstellung von Paßbriefen oder Patenten weiterhin gestattet blieb. Darunter finden sich neben Produkten italienischer Herkunft auch rheinische Sorten und der so beliebte „Osterwein" aus Niederösterreich und Ungarn, der mit Schiffen auf dem Inn angeliefert kam. Südtiroler Weine wiederum wurden von den aus Norden zur Bozner Herbstmesse angereisten Kaufleuten auf der Rückfahrt mitgenommen. Von den Nordtiroler Industrieerzeugnissen, die auch für den Export bestimmt waren und den Inn hinabgeliefert wurden, verdient das Haller Glas aus der Hütte der Hochstetter angeführt zu werden, von dem 1580 in Rattenberg 942 Truhen verzollt wurden.

4.2. Mit Ausnahme des Vinschgaus, wo regelmäßige Getreideüberschüsse erzielt wurden, die in die benachbarten getreidearmen Täler oder mit Sondergenehmigung auch einmal in die Schweiz verkauft werden durften, hatte das gebirgische Tirol viel zu wenig anbaufähige Ackerflächen und konnte seine Bevölkerung und dazu noch Tausende von Bergknappen nicht im entferntesten mit ausreichenden Nahrungsmitteln versorgen. Deshalb bestand der Hauptimport aus beträchtlichen Mengen an Getreide, Schlachtvieh und Fett aus den übrigen österreichischen Ländern, besonders aus Niederösterreich, den Vorlanden, Ungarn, Böhmen und Bayern. Während das Vieh den langen Weg zum Schlächter selbst zurücklegte (noch im vorigen Jahrhundert wurden ungarische Mastochsen bis Paris getrieben), wurde das Getreide auf dem Flußweg in die Berge gebracht. Südtirol war dabei großteils auf Italien angewiesen und befand sich in keiner beneidenswerten Lage, wenn in Notzeiten der Her-

Bild 3: Die Haller Lände (unmittelbar hinter den Plätten der Arzkasten und links von den Glashütten der Schießstand). Ausschnitt aus der Ansicht von Hall aus dem „Schwazer Bergbuch von Jörg Kolber und Ludwig Lässel", MS 1556, Tiroler Landesmuseum Ferdinandeum, Dipauliana 856 (Foto Dr. Meinrad Pizzini).

zog von Mantua oder die Markusrepublik und schließlich auch noch der spanische Statthalter von Mailand die Zufuhr durch hohe Zölle zu erschweren oder gar zu verhindern suchten. Auf dem Inn fuhren vor allem die Getreidehändler aus den bayerischen Kornstapelplätzen (Wasserburg, Rosenheim ...) mit den schweren Getreidezügen flußaufwärts. In der Endstation Hall (Abb. 3) waren sie dann auf Grund der dortigen Ländordnung einem regelrechten Verkaufszwang ausgesetzt und mußten das Getreide vom Schiff aus zum Verkauf anbieten, wobei die Haller Bürger das Vorkaufsrecht hatten. Was nicht losgeschlagen wurde, kam in die Getreidekästen, womit die Stadt mit billigem Getreide versorgt werden konnte, die zum ersten Getreidehandelsplatz Nordtirols heranwuchs, von dem aus die übrigen Bewohner ihren Abgang deckten. Verständlich, daß die Städte im Unterinntal gegen dieses Vorrecht (allerdings vergeblich) protestierten und daß trotz Strafandrohungen immer wieder versucht wurde, das Getreide schon vor Hall auszuladen.

Um die drückenden Bestimmungen der Haller Ländordnung etwas auszugleichen, versuchten die bayerischen Unternehmer, mit den Bozner Weinhändlern ins Tauschgeschäft zu kommen, die ihrerseits daran interessiert waren, den Wein über die Ellbögener Straße herab durch Ampaß an Hall mit seinen festgelegten Preisen und seinem Ländgefälle vorbei nach Schwaz zu führen und dort auf die Schiffe zu verladen. Sie waren dabei so erfolgreich, daß die Weinausfuhr auf dem Inn und der Weinhandel nach Bayern zum beträchtlicheren Teil von ihnen abgewickelt wurde. Infolge dieses empfindlichen Wettbewerbes mit den Haller Bürgern war das Verhältnis zu diesen des öfteren gespannt. Auftretende Schwierigkeiten beschäftigten wiederholt die Regierungsstellen in München und Innsbruck, so 1527 und 1555—1557. Auch nach den Vereinbarungen des Linzer Vertrages vom 11. September 1534, der in Anlehnung an den 1504 zwischen Maximilian I. und Herzog Albrecht IV. von Bayern geschlossenen Handelsvertrag vorsah, daß die österreichischen Erblande und die Grafschaft Tirol gegen Bayern und umgekehrt keine Ausfuhrverbote erlassen und die Untertanen beider Teile in den Ländern der unterzeichnenden Partner nach den jeweiligen Landesordnungen und Städtefreiheiten Handel treiben dürfen, ließen sich gegenseitige Reibereien nicht immer vermeiden. Doch konnten die Tiroler in große Verlegenheit geraten, wenn der bayerische Herzog die Getreidezufuhr ins südliche Nachbarland einmal einschränkte oder gar sperrte. Um sie nicht zu gefährden, wurde dann sogar der Verkauf bayerischen Salzes in den österreichischen Vorlanden zugestanden. Als lästig wurde mitunter auch das Verhalten der Bürgerschaft von Passau empfunden, die wiederholt das für Tirol bestimmte Getreide aus Österreich und Böhmen aufhielt und das Vorkaufsrecht beanspruchte.

5. Der schon erwähnte Seidenhandel umfaßte Produkte aus dem Trentino (vor allem Rovereto) und solche venezianischer Herkunft, die durch Tirol, wo der Absatz nur gering war, in den süddeutschen Raum transportiert wurden. Seidenwaren aus dem übrigen Italien mußten den Weg über Mailand und die Schweiz nehmen, weil die Serenissima deren Durchzug beharrlich verweigerte und auch Versuche der Regierung in Innsbruck, mit Unterstützung des Herzogs von Mantua die Venezianer zu einer Änderung ihrer Haltung zu bewegen, nichts fruchteten. Die Bedürfnisse der führenden Tiroler Schichten an sonstigen feineren Textilwaren wurden aber nicht mehr so stark durch Einkäufe in Oberitalien, als vielmehr in Süddeutschland abgedeckt, von wo auch seit der zweiten Hälfte des 16. Jahrhunderts die meisten Gewürze bestellt wurden, weil sie billiger und angeblich auch weniger verfälscht waren als die venezianischen.

Aus dem Süden wurden natürlich viele Früchte bezogen wie Feigen, Mandeln, Orangen, Zitronen, Rosinen u. dgl., die in den Verzeichnissen „gardseefrüchte" genannt werden. So hatte auf dem bekannten Bozner Früchtemarkt ein eigener „fruchtmeister" nach dem Rechten zu sehen. Außer Lorbeerblättern, Edelobst und Gemüse scheinen in den amtlichen Tarifen auch „Pallen- und truckenguet", also Tuche und Spezereiwaren aus der Apenninenhalbinsel auf, ferner Samt- und Seidenzeug, Rohseide, Baumwollgarne, Papier, Wein, Öl und später Zucker, Mais, Reis, Tabak, Schokolade, Kaffee und andere „Kolonialwaren". Die aus Italien kommenden Güter, von denen Getreide und Mais zur Versorgung der Bevölkerung in Südtirol verblieben, wurden von Branzoll ab auf dem Landwege befördert, wobei nach Überschreiten des Brenners meist die Ellbögener Straße gewählt wurde, die von Matrei über Ellbögen und Igls unter Umgehung Innsbrucks direkt nach Hall führte, wo die Waren zur Weiterfahrt auf die Schiffe verladen wurden. Erst als die Verbindung Innsbruck-Matrei, die wegen ihrer starken Steigung dem Wagenverkehr hinderlich gewesen war, zwischen 1582—1584 über den Schönberg umgelegt wurde, nahm der Transitverkehr auf dieser Strecke zu. Aus der bereits zitierten Anweisung der oberösterreichischen Kammer aus dem Jahre 1611 wird ersichtlich, daß Kaufmannsgüter aus Italien zu einem nicht unbeträchtlichen Teil den Umweg über den Nonsberg, Gampen- und Jaufenpaß ins Inntal zurückgelegt hatten, um den hohen Schiffszöllen bei Neumarkt und Branzoll sowie den Landzöllen im Eisacktal auszuweichen. Um dies zu unterbinden, wurde eine Erhöhung der Zollsätze in Passeier angeordnet.

5.1. Hall konnte auf solche Weise (auch zum Nachteil der Residenzstadt Innsbruck) als Kopfstation große Vorteile aus der Innschiffahrt ziehen. Obwohl sich die venezianischen Handelsinteressen vom 13.—17. Jahrhundert stärker gegen Oberdeutschland (speziell Augsburg) richteten, blieb ihr Warenverkehr auch auf dem Inn immer von Bedeutung. Denn infolge des jahrzehntelangen Handelskrieges der Markusrepublik mit der innerösterreichischen Regierung in Graz wurden die venezianischen Handelsgüter nicht über Kärnten und Steiermark, sondern über den Brenner nach Hall und von dort flußabwärts zu den Jahrmärkten nach Linz und Wien gebracht. So erreichte die Schiffahrt auf Etsch und Inn im 17. und anfangs des 18. Jahrhunderts ihren Höhepunkt. Dann setzte allmählich eine rückläufige Entwicklung ein, als durch die kaiserliche Merkantilpolitik Triest 1719 zum Freihafen erklärt und damit neue Handelswege erschlossen wurden. Die Haller klagten denn auch schon 1744 bei Maria Theresia, daß Triest den ganzen Handel an sich gezogen habe, und selbst Produkte aus Welschtirol den Umweg über diese Stadt nach Wien nähmen, weil an Inn und Donau 14 „stark rigorose Zollstätten" bestünden. Von diesen konnten die acht kurbayerischen seit 1777 infolge einer vertraglichen Regelung gegen eine einmalige Zollzahlung durchfahren werden. Wenn also um 1750 der Höhepunkt der Innschiffahrt bereits überschritten zu sein scheint, so müssen dennoch weiterhin viele Waren aus Italien nach Hall und von dort zu den Jahrmärkten nach Passau, Linz, Wien und Böhmen gelangt sein, wie allein schon aus dem doppelsprachigen Tarif von 1770 der Frachtpreise für die Talfahrt der jeden Freitag (bei Bedarf aber auch an anderen Tagen) von Hall nach Wien abgehenden Schiffe ersichtlich ist, womit eine Wasserpost von Tirol nach Wien eingerichtet war. Größere Stockungen traten nur infolge von Kriegseinwirkungen, und vor allem auch der beinahe periodisch wiederkehrenden Seuchen und ansteckenden Krankheiten auf, die sowohl den Personen- wie den Warenverkehr schwerstens beeinträchtigten, so daß schon aus niedrigen Zolleinnahmen auf „Infektionsjahre" geschlossen werden kann.

Nicht nur für den Gütertransport wurde von Hall ab vielfach der Schiffsweg gewählt, auch der Personenverkehr bevorzugte durchaus die Wasserstraße, weil die Fahrt verhältnismäßig „rasch und bequem" verlief. Reisende aus allen Ständen und Schichten, Kaufleute und Beamte, wandernde Handwerksburschen und Studenten, die sich gegen das Versprechen, fleißig zu „wassern" (das eingedrungene Wasser aus den Lastbooten zu schöpfen) eine Gratismitfahrt erbetteln und bei besonderem Einsatz auch einmal an den

Bild 4: Innplätte unter der Festung Kufstein. Ausschnitt aus einer Kufstein-Ansicht von Basilio Armani (Tiroler Landesmuseum Ferdinandeum, W. 11. 044; Foto Dr. Meinrad Pizzini).

Schiffsmahlzeiten teilnehmen konnten, landesflüchtige täuferische Bauern, Angehörige des Militärstandes, Boten, Geistliche, Diplomaten und Mitglieder der Herrscherfamilie bestiegen in Hall die wartenden Schiffe. Die Tiroler Landesfürsten ließen sich für ihre Reisen nach Bayern und Wien eigene Schiffe bauen, die den „Traunern" (welche auf der wilden Traun ihre Festigkeit erwiesen hatten) nachgebildet waren; ihre bunt bemalten Aufbauten waren verglast und enthielten zwei bis drei Zimmer. Für den Transport des Hofstaates und des Gepäckes mußten viele Schiffe in Bewegung gesetzt werden. Wenn fürstliche Personen reisten, eilte den Fahrzeugen in früheren Jahrhunderten ein Befehl der Innsbrucker Regierung voraus, daß alle Brücken zwischen Volders und Kufstein abzubrechen sind, um eine sichere Durchfahrt zu gewährleisten, was natürlich den Verkehr zu Lande für einige Zeit lahmlegte. Dazu ist zu bemerken, daß viele Brücken oft nur von leichter Bauart waren, weil sie bei Eisgang oder hoher Wasserführung infolge der Schneeschmelze ohnehin jährlich abgenommen werden mußten. Mitglieder des bayerischen Hofes stiegen bei ihren Flußreisen in Wasserburg, „der Innlände Münchens", an Bord der Schiffe. Für die zwischen dem 16. und 19. Jahrhundert häufigen Truppentransporte auf Etsch und Inn wurden ganze Schiffsverbände zusammengezogen, mitunter 150 Schiffe und mehr, wobei vorausblickende Schiffsunternehmer wie Michael Fink aus Oberaudorf, der sich in Braunau niederließ, durch rechtzeitige Bestellung neuer Fahrzeuge in kürzester Zeit die benötigte Kapazität auf das Wasser brachten. Damit haben die beiden Flüsse von der langen Zeit der Türkenkriege, in der italienische und spanische Truppen schnell und ausgeruht nach Wien und Ungarn gebracht wurden, bis zu den Napoleonischen Kriegen auch eine Rolle als Heerstraße gespielt.

5.2. Abschließend kann festgestellt werden, daß nicht nur durch den Transport zu Lande, sondern auch zu Wasser viele Menschen in den Haupttälern der Alpen Beschäftigung und damit einen gesicherten Lebensunterhalt fanden. Abgesehen vom Import-Exporthandel des Landes, gingen auch in früheren Jahrhunderten (wie heute) viele von den Waren, die zwischen den großen Märkten in Deutschland und Italien ausgetauscht wurden, durch Tirol. Dadurch entwickelte sich trotz aller Zoll- und Mautbelastungen ein lebhafter Transithandel, wobei Etsch und Inn sich als zwei durchaus, wenn auch nicht ideale, so doch tragfähige Verkehrsverbindungen zur Bewältigung insbesondere auch schwerer Frachten im Warenaustausch zwischen der bayerischen und der oberitalienischen Ebene erwiesen, bis sie im industriellen Zeitalter ihre Bedeutung an die Eisenbahn verloren. Zwar wurde die Holzflößerei auf der Etsch von Händlern, deren Betriebe am Fluß standen, bis 1913 betrieben, und auf den bewährten Innplätten wurde bis 1890 Zement aus Kirchbichl/Kufstein (Abb. 4) nach Linz und Wien gebracht, aber die Versuche, die Schiffahrt auf beiden Flüssen mit Dampfbooten wieder zu beleben, mußten infolge der starken Strömung und der wechselnden Sandbänke eingestellt werden.

QUELLEN- UND LITERATURAUSWAHL

Tiroler Landesarchiv Innsbruck, Hofregistratur Reihe A, Abteilung VII, Position 2, (Schiffahrt am Inn und Rhein; bei Hall; Wasserbau bei Kufstein; Kette über die Etsch) sowie Abt. VIII, Pos. 9 und 11 (Beschwerden wegen Holzhandel und Holztrift auf Eisack und Rienz, Waldordnung an der Etsch); Bekennen 1579 fol. 35–38 (Bestellung des Veit Vischer zum Kettenwarer in Sacco) und Bekennen 1584 fol. 223–230 (Bestellung des Johann Bapt. Oberreuter zum Zöllner in Sacco am 9. August 1584); Missiven an Hof 1583, fol. 556–557 (Die von den Holzkaufleuten und Guetfertigern in Sacco eingereichte und verschiedenen Institutionen zur Vorbegutachtung übermittelte Floßordnung wird am 3. Dezember 1583 Erzherzog Ferdinand vorgelegt und am 1. Jänner 1584 in Kraft gesetzt = Entbieten und Befehl 1584); Sammelakten Reihe A, Abteilung VIII, Lage 8, Nr. 1, 4, 7, 10, 13, 16 (Salzhandel); Systematische Sammlung von Normalien, Faszikel 15/XXVII (Schiffahrtstarif in Hall 1770 deutsch und italienisch).

Tiroler Urkundenbuch, hrsg. von der Historischen Kommission des Landesmuseums Ferdinandeum in Innsbruck, I. Abteilung: Die Urkunden zur Geschichte des deutschen Etschlandes und des Vintschgaues, bearbeitet von Franz Huter, 1. Bd., Innsbruck 1937, Nr. 437, 233–235 (= Belehnung der Schiffergesellschaft zu Mori durch Bischof Albert von Trient 1188, Mai 24).

Bassi, Rosa-Maria, Das Deutschnofner Reifholz und die Floßfahrt auf der Etsch; die Bozner Märkte, in: Der Schlern 55, 1981, 171–188.

Borelli, Giorgio (Hrsg.), Una città e il suo fiume. Verona e l'Adige, 2 Bde., Verona 1977.

Die Brennerstraße. Deutscher Schicksalsweg von Innsbruck nach Bozen (Jahrbuch des Südtiroler Kulturinstitutes I) Bozen 1961.

Canali, Guido, I trasporti sull' Adige da Bronzolo a Verona e gli spedizionieri di Sacco, in: Archivio per l'Alto Adige 34, 1939, 273–402.

Egg, Erich - Pfaundler, Wolfgang - Pizzinini Meinrad. Von allerley Werkleuten und Gewerken. Eine Bildgeschichte der Tiroler Wirtschaft. Hrsg. von der Kammer der gewerblichen Wirtschaft für Tirol, Innsbruck-Wien-München 1976.

Faccioli, Giovanni, Verona e la navigazione atesina. Compendio storico delle attività produttive dal XII al XIX secolo, Verona 1956.

Fink, Michael, Der Schiffsmeister vom Inn. Selbstbiographie mit Kommentaren von Andreas Aberle, Ried 1981.

Fischer, Josef, Zwei Stritte um die Gültigkeit der Ländordnung Halls in Tirol aus dem 16. Jahrhundert, in: Vierteljahrsschrift für Sozial- und Wirtschaftsgeschichte 14, 1918, 445–482.

Hirn, Josef, Erzherzog Ferdinand II. von Tirol. Geschichte seiner Regierung und seiner Länder, Bd. I, Innsbruck 1885.

Mumelter, Norbert, Der Kuntersweg. Die Überwindung der Eisackschlucht „zwischen Botzen und Trostperch", Karneid 1984.

Neweklowsky, Ernst, Die Schiffahrt und Flößerei im Raume der oberen Donau (Schriftenreihe des Instituts für Landeskunde von Oberösterreich 5, 6, 16) 3 Bde., Linz 1952–1964.

Ortner, Peter - Mayer Christoph, Die Etsch. Natur- und Kulturbild eines alten Flusses. Bozen 1984.

Pasolli, Emil, Die Floß- und Schiffahrt auf der Etsch, in: Der Schlern 9, 1928, 220–228.

Plaseller, Fritz, Die tirolische Innschiffahrt, in: Tiroler Heimat 9/10, 1936/37, 62–159.

Plattner, Franz, Geschichte der Speditionskompagnie von Sacco <Undatierte Handschrift des Bozner Merkantilkanzlers aus den ersten Jahren des 19. Jahrhunderts, die im Tiroler Landesmuseum Ferdinandeum, Dipauliana 972/VI, aufbewahrt wird. Die nicht paginierte Handschrift umfaßt 21 Seiten; auf der vorletzten ist eine (zur Zeit Maria Theresias gedruckte) Eidesformel in italienischer Sprache eingebunden, die der Floßmeister vor dem Zollamtsdirektor in Branzoll ablegen mußte>.

Staffler, Richard, Die Speditionskompagnie von Sacco, in: Der Schlern 23, 1949, 371–375.

Ders., Das Holzmonopol der Saccoschen Speditionskompagnie, in: Der Schlern 23, 1949, 375–377.

Stolz, Otto, Geschichte des Zollwesens, Verkehrs und Handels in Tirol von den Anfängen bis ins 20. Jahrhundert (Schlern-Schriften 108) Innsbruck 1953.

Ders., Geschichtskunde der Gewässer Tirols (Schlern-Schriften 32) Innsbruck 1936.

Ders., Deutsche Zolltarife des Mittelalters und der Neuzeit. Teil I: Quellen zur Geschichte des Zollwesens und Handelsverkehrs in Tirol und Vorarlberg vom 13. bis 18. Jahrhundert (Deutsche Handelsakten des Mittelalters und der Neuzeit. Hrsg. durch die Historische Kommission bei der Bayerischen Akademie der Wissenschaften) Wiesbaden 1955.

Tremel, Ferdinand, Der Floß- und Plättenbau, in: Katalog zur 5. Landesausstellung: „Das steirische Handwerk", Graz 1970, 441–448.

Wanderwitz, Heinrich, Studien zum mittelalterlichen Salzwesen in Bayern (Schriftenreihe zur Bayerischen Landesgeschichte. Hrsg. von der Kommission für bayerische Landesgeschichte bei der Bayerischen Akademie der Wissenschaften 73) München 1984.

Der Obere Wege. Von Landeck über den Reschen nach Meran (Jahrbuch des Südtiroler Kulturinstitutes V/VI/VII) Bozen 1965/1966/1967.

Leo Feist

DER BAU DER STILFSERJOCH- UND DER HOCHFINSTERMÜNZSTRASSE

An der Zeitwende von der alten Handwerkskunst (Alte Schule) zur neuen, wissenschaftlich fundierten Technik (Neue Schule) zu Beginn des 19. Jahrhunderts

Eine Gegenüberstellung der beiden großen Leistungen des Straßenbaues, der Stilfserjoch- und Hochfinstermünz-Straße ist sowohl für Historiker und Geographen als auch für Ingenieure von großem Interesse. Erstens, weil ein geschichtlicher Rückblick auf Straßenbauten vergangener Zeiten auch für Straßenbauer der Gegenwart sehr lehrreich sein kann, erfolgte doch die Trassenfestlegung neuer Straßenzüge nicht auf dem Zeichentisch, sondern vielmehr draußen in der Natur, so daß sich diese Straßen harmonischer als so manche Straßen der Gegenwart in die Landschaft einfügten. Zweitens, weil die Stilfserjochstraße in Gegenüberstellung zur Hochfinstermünzstraße, deren Projekte zur gleichen Zeit entstanden sind, den Entwicklungsgang der Straßenbautechnik an der Zeitwende von der alten Handwerkskunst (Alte Schule) zur neuen wissenschaftlich fundierten Technik (Neue Schule) zu Beginn des 19. Jahrhunderts deutlich vor Augen führt. Dieser Übergang wurde durch die großen Umwälzungen im 18. Jahrhundert, wie zum Beispiel das Aufkommen des Merkantilismus und vor allem durch die großen Fortschritte auf allen Gebieten der Naturwissenschaften, verursacht. Die daraus gewonnenen Erkenntnisse wirkten sich aber nur allmählich, Schritt für Schritt, auf den praktischen Straßenbau aus. Man muß berücksichtigen, daß der Straßenbau im Mittelalter gegenüber der Architektur auf einem sehr tiefen Niveau stand. Die Straßen waren häufig nur Erdwege, die durch Niederschlagswasser und durch Bergwasser immer wieder in einen unbefahrbaren Zustand versetzt wurden. Eine Ausnahme bildeten die Brückenbauten. Mittelalterliche Brücken, soweit sie noch erhalten sind, können als Musterbeispiele handwerklichen Könnens bezeichnet werden.

1. Die technische Ausgangslage im 18. Jahrhundert

Der erste Schritt für den sich anbahnenden Umbruch im Straßenwesen wurde seitens der Kaiserin Maria Theresia im Verordnungsweg durch die „Instruktionen an die k.k. Wegdirektionen" getan. Sie befaßten sich aber nur mit dem Aufbau des Fahrbahnunterbaues und der Festlegung einer Mindestbreite für die Fahrbahn. Dort, wo die Geländegestaltung es ermöglichte, sollte eine Fahrbahnbreite von 3,5—4,0 Klaftern (6,65—7,60 m) eingehalten werden, so daß zwei Wagen bequem ausweichen konnten. Die Breite der beiderseitigen Bermen und Seitengräben wurde mit je 3 Schuhen (0,95 m) festgesetzt. Es muß als großer Fortschritt bezeichnet werden, daß man die Bedeutung einer Ableitung der Oberflächenwasser für die Erhaltung der Fahrbahn erkannte. Dem gleichen Zweck diente auch die Ausführung der Fahrbahn als Schotterfahrbahn, die auf eine Grobschotterlage aufgebracht wurde. Ansonst befaßten sich die Instruktionen in erster Linie mit der Erhaltung bestehender Straßen und Wege.

Ein notwendiger zweiter Schritt wären Instruktionen für die Trassierung von Hauptverkehrsstraßen gewesen; vor allem die Festlegung von maximalen Steigungen. Steigungen bei Paßstraßen von 15—20 % wurden bedenkenlos in Kauf genommen. Maßgebend dafür war sicher unter anderem auch, daß man der heimischen Bevölkerung nicht das Geschäft für Vorspanndienste an Steilstrecken nehmen wollte, nachdem die sogenannte Rod, eine andere Verdienstmöglichkeit, bereits abgeschafft worden war. Im gleichen Sinn vermied man im Grundriß Begradigungen von kurvenreichen Straßen, weil an diesen alteingesessene Beherbungen, Wirtshäuser, Schmieden, Wagnereien, Sattler und Stallungen für Pferdewechsel gelegen waren. Auch diese wollte man vor Geschäftseinbußen schützen. So blieben die Linienführungen der Straßen im Grund- und Aufriß mehr oder weniger stark ausgeprägte Zick-Zack-Linien. Eine Bestimmung verlangte allerdings, daß Bergstraßen im Längsgefälle alle 500 m Ruheplätze mit Gefällen von rund 3 % erhalten mußten, so daß einerseits die bergwärts ziehenden Pferde rasten konnten, andererseits die Oberflächenwasser schadlos für die Fahrbahn abgeleitet werden konnten.

Durch die Kriegsereignisse Ende des 18. und Anfang des 19. Jahrhunderts unterblieben weitere Schritte zur Herausgabe von entsprechenden Richtlinien für den Straßenbau, obwohl vereinzelt technische Fachbücher über den Straßenbau zu Beginn des 19. Jahrhunderts erschienen sind.

Zu diesen einleitenden Ausführungen darf abschließend noch darauf hingewiesen werden, daß, falls es zu Straßenneutrassierungen gekommen ist, die Trassenfestlegung in der Natur und nicht auf dem Zeichentisch erfolgte. Dem Projektanten standen für eine Planherstellung nur primitive Vermessungsgeräte zur Verfügung. Zu diesen zählten Barometer für die Höhenbestimmung, Bussolen für die Richtungsbestimmung, einfache Diopter für Horizontalwinkelmessungen und Meßketten für die Längenbestimmung. Die Lagepläne waren mehr oder weniger gute „A la vue-Aufnahmen", die zu ungenau waren, um mit deren Hilfe eine Linienführung auf konstruktivem Weg ermitteln zu können. Entlang der in der Natur festgelegten Trasse wurde ein Polygonzug abgesteckt und auf diesen bezogen, Querprofile aufgenommen. Dies waren die einzigen planlichen Unterlagen, aufgrund derer allfällige Kunstkörper, wie Stütz- und Wandmauern, Lawinengalerien usw. konstruiert wurden.

Diese geschilderte technische Ausgangslage, eine Art Umbruchsphase zwischen alten und neuen technischen Vorstellungen, war für die damaligen Straßenbauer gegeben, bevor nach den Napoleonischen Kriegen ein neues Zeitalter für den Straßenbau anbrechen sollte.

2. Zwei gegensätzliche Projekte

Vorweg darf festgestellt werden, daß sowohl die Stilfserjochstraße als auch die Hochfinstermünzstraße zu den kühnsten und bewundernswertesten Straßenbauten des vorigen Jahrhunderts zählen. Die Projekte für diese beiden Straßenbauten wurden von hoch qualifizierten Technikern der damaligen Zeit verfaßt, und zwar das Projekt für die Stilfserjochstraße von Ingenieur Donegani und das Projekt für die Hochfinstermünzstraße von Ingenieur Duile. Sie waren auch die Projektanten anderer hevorragender Alpenstraßen. So hat Donegani, der im österreichischen Staatsbaudienst in der Lombardei tätig war, auch das Projekt für die Splügenstraße ausgearbeitet. Es darf darauf hingewiesen werden, daß die Splügenstraße aufgrund einer Vereinbarung mit Graubünden von Österreich in den Jahren 1818–1821 erbaut worden ist. Bei diesem schwierigen Straßenbau konnte Ingenieur Donegani sicherlich wertvolle Erfahrungen für die zwischen 1820 und 1825 erbaute Stilfserjochstraße sammeln. Ingenieur Donegani hat aber auch 1832 im Auftrag der Wiener Zentralregierung das Projekt für die Hochfinstermünzstraße ausgearbeitet. Dieses Projekt verlief ungefähr in der Trasse der alten mittelalterlichen Straße und ermäßigte die vorhandenen großen Steigungen nur geringfügig, so daß der bisher übliche Vorspann auch auf der neuen Straße erhalten geblieben wäre. Ingenieur Duile hat daher ein Jahr später, also 1833, ein Gegenprojekt mit einer maximalen Steigung von 4,5 % ausgearbeitet. Ingenieur Duile war ein eifriger Anhänger der sogenannten Neuen Schule und vertrat die Ansicht, daß die maximale Steigung von 4,5 % nicht überschritten werden darf, damit die Straße mit den damals üblichen Lastfuhrwerken mit einem Gesamtgewicht von 3000 kg auch ohne einen kostspieligen und zeitraubenden Vorspann – 2 bis 6 Roß je nach Steigung – befahren werden könnte. Ingenieur Duile konnte die Steigungsminderung nur durch eine Verlängerung der Anstiegsstrecke erreichen und verlegte deren Beginn weiter von Alt-Finstermünz nach Norden. Er kam aber dadurch zwangsläufig mit der Trasse zu sehr in die steilen Felswände, was ihn aber davon nicht zurückschreckte. Ein zeitgenössischer Bericht spricht davon, daß Ingenieur Duile zum Teil an Stricken in den Felsen hängend die Straßentrasse nach seinem Sinn festlegte. Die damaligen Wiener Zentralstellen haben aber das Projekt Duile als zu kühn und kostspielig abgelehnt und vertraten die Ansicht, daß nur die alte Straße verbessert werden sollte. Es wurden neue Projekte in diesem Sinne verfaßt. Sie enthielten Kehrenentwicklungen nach dem Vorbild der Stilfserjochstraße. Ingenieur Duile verteidigte jedoch sein Projekt und hat schließlich erreicht, daß es mit geringfügigen Abänderungen seitens des damals sehr bekannten Ingenieurs Ritter von Ghega im Jahre 1843, also mit 10jähriger Verzögerung, doch noch genehmigt wurde. Vielleicht spielte hierbei auch eine Rolle, daß Ingenieur Duile in der Zwischenzeit die Neutrassierung der Brennerstraße mit einer Maximalsteigung von 5 % projektierte und mit diesem Projekt, welches zwischen 1840 und 1845 ausgeführt worden ist, die Ausschaltung des gefürchteten, steilen Schönbergs auf der alten Brennerstraße (Maria Theresiastraße), wo ein Vorspann von 6 Roß bisher erforderlich war, erreichte.

Ingenieur Duile war übrigens auch der Projektant der Stephansbrücke im Zuge des damaligen Neubaues der Brennerstraße. Sie war eine Bogenbrücke mit rund 43 m lichter Weite und war zu ihrer Bauzeit die viertgrößte Brücke Europas. Ingenieur Duile war auch der Projektant der Arlbergstraße, welche zwischen 1823 und 1824 erbaut wurde. Als Brückenbauer machte sich Ingenieur Duile auch einen Namen mit dem Bau der Kettenbrücke in Innsbruck im Jahre 1838.

Das endlich 1843 genehmigte Projekt für die Hochfinstermünzstraße konnte aber durch die Revolutionswirren erst 1851 zum Bau freigegeben werden. Die Eröffnung der Hochfinstermünzstraße fand 1854 statt. Wer jedoch glauben würde, daß nun der langjährige Streit zwischen der Alten Schule und der Neuen Schule, der sich nicht nur auf die zulässige Maximalsteigung bezog, sondern auch auf die Vermeidung zu vieler, unmittelbar aufeinander folgender Kehren, sogenannter Turmkehren, beendet sein würde, sollte sich täuschen. Noch in der Zeit zwischen dem Ersten und dem Zweiten Weltkrieg gab es diesbezüglich in Fachkreisen erbitterte Diskussionen. Noch zu dieser Zeit tauchten Projekte mit größeren Steigungen und sogenannten Turmkehren auf, anstatt durch eine lange, weniger steile Rampe unter Ausschaltung von solchen Kehren den durch das Gelände gegebenen Höhenunterschied zu überwinden.

Sicherlich war die Wahl der Maximalsteigung auch von der Zweckbestimmung der Straße abhängig. Eine reine Militärstraße, wie die Stilfserjochstraße, ließ eine Maximalsteigung von 10 % ohne weiteres als gerechtfertigt erscheinen. Sie bedeutete gegenüber den früher üblichen Steigungen von 15 bis 20 % einen großen Fortschritt. Eine noch geringere Steigung hätte eine Trassenverlängerung und damit größere Marschzeiten zur Folge gehabt, was vom militärischen Standpunkt sicherlich auch nicht erwünscht war. Eine Handelsstraße, wie die Straße von Finstermünz zum Reschenpaß, mußte aber nach verkehrswirtschaftlichen Gesichtspunkten trassiert werden, um durch den Wegfall des Vorspannes geringere Transportkosten sicherstellen zu können.

Soviel zu den gegensätzlichen Auffassungen der Alten und der Neuen Schule des Straßenbaus. Im Folgenden werden die beiden Projekte der Stilfserjoch- und der Hochfinstermünzstraße im Einzelnen erläutert.

3. Die Stilfserjochstraße

Die Stilfserjochstraße führt von Sponding (883 m) in Südtirol über das 2759 m hoch gelegene Stilfserjoch nach Bormio (1223 m) in der Lombardei. Sie war über 100 Jahre die höchstgelegene Alpenstraße und wurde erst vor einiger Zeit von der französischen Alpenstraße über den Col d'Iseran um nur 12 m übertroffen.

Die Veranlassung zum Bau der Stilfserjochstraße lag vor allem in politischen und militärischen Überlegungen. Nach dem Sturz Napoleons gelangten Venetien und die Lombardei in der Staatsform eines vereinigten Königreiches wieder in den Verband der österreichischen Monarchie. Eine verkehrsmäßige

Verbindung zwischen der Lombardei und Tirol außer eines alten Saumweges über das Wormserjoch (2512 m), der jedoch durch Graubündner Gebiet hindurchführte, bestand zu dieser Zeit nicht, lag aber verständlicherweise im größten staatspolitischen Interesse. Zu berücksichtigen ist, daß zu dieser Zeit noch keine ausgebaute Brennerstraße und auch noch keine Eisenbahn existierten, die eine bessere Verbindung zwischen den Kronländern der österreichischen Monarchie und der Lombardei hergestellt hätten.

Militärische Überlegungen spielten insofern eine Rolle, als die Napoleonischen Kriege die militärischen Vorteile gut ausgebauter Straßen bewiesen hatten. Die militärische Bedeutung des Überganges von der Lombardei in den Obervinschgau wurde bereits vor den Napoleonischen Kriegen mehrmals unter Beweis gestellt. Es war daher nicht verwunderlich, daß der Bau der Stilfserjochstraße von allerhöchster Stelle, vom Kaiser selbst, energisch vertreten wurde, obwohl, wie aus den Archivakten hervorgeht, auch strategische Bedenken gegen den Bau der Stilfserjochstraße insofern erhoben wurden, daß ein feindlicher Einbruch nach Tirol von Süden her als leichter befürchtet wurde. Diese Bedenken wurden aber durch die Planung zahlreicher Befestigungswerke zerstreut.

Neben diesen politischen und militärischen Gründen für den Bau der Stilfserjochstraße spielten aber noch wirtschaftliche Überlegungen eine große Rolle. Die Mailänder Kaufleute erhofften sich von der Stilfserjochstraße eine bedeutende Belebung des Handels mit dem süddeutschen Raum. Bis dahin war der einzige Handelsweg der Saumweg über das Wormserjoch. Insbesondere die Bewohner von Bormio und des Valtellins drängten auf eine bessere Verbindung nach dem Norden, insbesondere nach Tirol. Gegen solche Absichten stellten sich jedoch Gegenkräfte aus dem Engadin, wo man eine Ablenkung des Handels befürchtete. Aber noch zur Zeit der napoleonischen Herrschaft kam 1808 ein Handelsvertrag zwischen Italien und Bayern zustande, in welchem festgehalten wurde, daß den Wünschen der Lombardei nach besseren Verkehrsbedingungen nach dem Norden entsprochen werden sollte. In der Folgezeit wurde auch für den Abschnitt Bormio – Stilfserjoch ein Projekt für eine Straße ausgearbeitet, die nur eine Fahrbahnbreite von 2,70 m erhalten sollte. Die politischen Ereignisse überstürzten sich jedoch und dieses Projekt kam nicht zur Ausführung. Bevor es zum Bau der Stilfserjochstraße kommen sollte, wurde zwischen Österreich und Graubünden ein Vertrag über den Bau der Splügenstraße abgeschlossen. Diese wurde, wie bereits erwähnt, zwischen 1818 und 1821 erbaut. Der überaus schnelle Baubeginn der Splügenstraße war abhängig von der Gefahr einer Konkurrenzierung des Nord-Süd Verkehrs durch den Bau der San Bernardinostraße, der vom Königreich Piemont unterstützt wurde, und aber auch von der Notwendigkeit, daß dringende Getreidelieferungen nach Graubünden wegen der dort herrschenden Hungersnot durchgeführt werden können.

Im Jahre 1818 wurde von Kaiser Franz I. eine fünfköpfige Kommission eingesetzt, die an Ort und Stelle die Trassenführung und die Ausbaudaten einer Stilfserjochstraße festlegen sollte. Dieser Kommission gehörten zwei Generalstabsoffiziere, der Baudirektor von Tirol, Graf Reisach, und der Pro-

jektant Donegani vom lombardischen Staatsbaudienst an. Donegani hat, wie bereits erwähnt, auch das Projekt für die Splügenstraße ausgearbeitet. Das Protokoll über die Beratungen der Stilfserjochkommission liegt im Tiroler Landesarchiv auf und enthält folgende Richtlinien, die bei der Ausarbeitung des Projektes berücksichtigt werden mußten:
— Die Straßenbreite einschließlich Wassergräben soll 5,0 m betragen. Bei Brücken wurde die Fahrbahnbreite auf 4,0 m reduziert.
— Die Maximalsteigung soll 10 % nicht übersteigen, wobei alle 500 m 30 m lange Ruheplätze mit einer Maximalsteigung von 3 % anzuordnen wären.
— Alle 500 m sollen in Sichtweite Ausweichplätze angeordnet werden.

Die endgültige Trassenfestlegung erfolgte in der Natur, wobei die Höhen mittels Barometer ermittelt wurden. Eine planliche Darstellung erfolgte mehr in der Art von „a la vue-Aufnahmen", wie aus einzelnen diesbezüglichen Archivakten entnommen werden kann. Bedenkt man, welche einfachen und primitiven Vermessungsgeräte damals zur Verfügung standen, kann man die großen technischen Leistungen erkennen, die schon bei der Planung und später dann bei der Baudurchführung der Stilfserjochstraße vollbracht worden sind. Als besonders erschwerend wirkten die von zahlreichen steilen Felsschluchten durchzogene Hochgebirgslandschaft, die vielen Lawinenstriche und die teilweise sehr schlechten geologischen Verhältnisse.

Charakteristisch für die Trassenführung war die Anordnung von zahlreichen Spitzkehren. Die Tiroler Nordrampe weist 48 Kehren, die lombardische Südrampe 34 Kehren auf. Der Kehrenradius betrug 3—4 m in der Straßenachse. Die Steigung wurde in den Kehren auf 4 % herabgesetzt. Besonders schwierig war die Erfüllung der Forderung, daß die Straße im Winter wenigstens mit dem Schlitten befahrbar sein mußte. Zu diesem Zweck mußten zahlreiche Lawinengalerien vorgesehen werden. Sie wurden auf der Südrampe gemauert ausgeführt, auf der Nordrampe jedoch als Holzgalerien. Für die Offenhaltung der Straße im Winter mußten mehrere Bauhöfe, sogenannte Kantonierhäuser, entlang der ganzen Straße errichtet werden. Die Stütz- und Wandmauern wurden als Trockenmauern ausgeführt. Als Sicherung gegen Absturz wurden nur einfache Holzgeländer angeordnet.

Die 49 km lange Strecke wurde in drei Baulose eingeteilt. Es waren dies die Baulose Bormio-Stilfserjoch, Stilfserjoch-Prad und Prad-Sponding. Insgesamt wurden 2000 Arbeiter während der fünfjährigen Bauzeit eingesetzt. Auch heute würde ein solcher Straßenbau bei Einsatz modernster Geräte und Maschinen ebenfalls eine fünfjährige Bauzeit benötigen.

Es stellt sich nun die Frage, wie wurde die Stilfserjochstraße nach deren Fertigstellung beurteilt? Wie hat sich die Stilfserjochstraße bewährt? Antwort gibt ein RAPPORT aus dem Jahre 1826 an den k.k. Hofkriegsrat, unterzeichnet von Hauptmann im Generalstab Vitzthum aus Mailand. Dieser Rapport liegt in den Akten des Kriegsarchivs in Wien auf und enthält auch zahlreiche Planskizzen, aus denen insbesondere die Lawinenverhältnisse auf der Stilfserjochstraße hervorgehen. Der Inhalt dieses Rapports in Kurzform:

Die Straße wurde bereits im ersten Winter nach der Eröffnung durch Lawinen schwer in Mitleidenschaft gezogen. Um die Offenhaltung im Winter sicherzustellen, mußte in den fünf Kantonierhäusern eine genügende Anzahl von Kantoniers in Bereitschaft gehalten werden. Im Mittel waren es rund 100 Mann. Außerdem war es notwendig, 30 Pferde und 5 Ochsen in den Stallungen der Kantonierhäuser zum Einsatz bereitzuhalten. Die „bäuchigen" Ochsen wurden nach jedem Schneefall eingesetzt, um mit ihren schweren Körpern einen Schlittenweg auszutrampeln. Die Pferde wurden vor Schlitten gespannt, um eine Schlittenbahn auszuglätten. Die Fuhrwerke, welche im Winter das Stilfserjoch überqueren wollten, es waren dies 15–20 Fuhrwerke täglich, wurden auf Schlittenkufen aufgesetzt und mit Pferdevorspann weitergeleitet. Die Pferde gingen allein mit großer Sicherheit auf den Schlittenfahrbahnen. Die Fuhrwerker hatten lediglich die Aufgabe, von rückwärts die Schlitten immer in die Fahrbahn einzulenken. In den Galerien wurde auf den Fahrbahnen Schnee aufgebracht, um eine durchgehende Schlittenfahrbahn zu erhalten. Gefahrvoll war allerdings das Befahren der Spitzkehren im Winter. Die Begegnung zweier Schlitten war trotz der schmalen Schlittenfahrbahn möglich. Marschierende Truppen mußten im Winter Mann hinter Mann gehen. Soweit der Inhalt des Rapports an den k.k. Hofkriegsrat in Wien in Kurzform.

Die Kantonierhäuser waren stattliche Gebäude mit einem Grundriß von 30 x 10 m und wiesen etliche Zimmer, Aufenthaltsräume, Küche und Stallungen auf. Jedes Kantonierhaus hatte am Dach eine Glocke, mit der bei schlechtem Wetter geläutet wurde, um umherirrenden Reisenden den Weg zum Kantonierhaus weisen zu können.

Nach Eröffnung der Stilfserjochstraße wurde ein täglicher Postverkehr mit fünfspännigen Postwagen über das Stilfserjoch eingeführt. Ab 1831 wurde auf der Strecke Mailand – Landeck ein Eilfernverkehr, zweimal in der Woche, eingerichtet. Diese Strecke wurde in 115 Stunden, also in rund 5 Tagen, zurückgelegt. Dieser Fernverkehr wurde jedoch 1838 wieder eingestellt. Der Güterverkehr über das Stilfserjoch konnte sich nie recht durchsetzen. Die in Kauf zu nehmende verlorene Höhe bei Überquerung des Stilfserjoches wirkte sich verkehrskostenmäßig zu ungünstig aus. Als dann die neue Gotthardstraße eröffnet wurde, verlor die Stilfserjochstraße für den Güterverkehr immer mehr an Bedeutung. Die Folge davon war, daß die Erhaltungsarbeiten auch stark eingeschränkt wurden. Nachdem dann im Jahre 1859 die Lombardei aus dem Verband der österreichischen Monarchie ausschied, wurde die Stilfserjochstraße im Winter nicht mehr offen gehalten. Eine Renaissance sollte die Stilfserjochstraße durch das Aufkommen des motorisierten Verkehrs erfahren. Hierzu war es allerdings erforderlich, daß insbesondere die Kehren entsprechend ausgebaut wurden, um deren Befahrung auch mit modernen Reisebussen gewährleisten zu können. Solche Ausbauarbeiten wurden vor dem Ersten Weltkrieg, zwischen den beiden Weltkriegen und nach dem Zweiten Weltkrieg vorgenommen. Für den Personenkraftverkehr wird die Stilfserjochstraße infolge der herrlichen Hochgebirgslandschaft, die sie erschließt, auch in Zukunft anziehend bleiben. In den Wintermonaten bleibt die Straße aber nach wie vor geschlossen.

4. Die Hochfinstermünzstraße

Die Problematik bei der Projektierung der Hochfinstermünzstraße wurde bereits eingangs behandelt. Es wird nachfolgend nur kurz über das Baugeschehen berichtet:

Während Ingenieur Donegani das Projekt für die Stilfserjochstraße verfassen und die Bauleitung durchführen konnte, ein Wunschtraum für jeden schöpferischen Ingenieur, war dies Ingenieur Duile bei der Hochfinstermünzstraße nicht vergönnt, denn er ging bereits 1844 in den Ruhestand. Als Bauleiter für die Hochfinstermünzstraße wurde Ing. Feder eingesetzt.

Die Bauarbeiten waren sehr schwierig, weil viele Sprengungen durchgeführt werden mußten. Das abgesprengte Felsmaterial verschüttete immer wieder die darunter liegende alte Straße, wodurch der Verkehr auf derselben tagelang unterbrochen wurde.

Im Zuge des Bauvorhabens mußten 4 Tunnels und 2 Lawinengalerien errichtet werden. Die Stütz- und Wandmauern sowie die Lawinengalerien wurden in Stein gemauert. Zum Bauvorhaben zählte auch die sogenannte Kajetansbrücke, eine ingenieurmäßig durchgebildete Holzbogenbrücke mit einer lichten Weite von rund 41 m. Diese Brücke hat durch mehr als hundert Jahre den später erst aufkommenden motorisierten Verkehr mit den immer größer werdenden Lasten aufgenommen. Im Jahre 1958 mußte sie durch eine neue Brücke (Steinbogenbrücke) ersetzt werden, weil die Holzbrücke der heutigen Verkehrsbelastung nicht mehr standhielt.

Die Fahrbahnbreite der Hochfinstermünzstraße wurde schon bei Baubeginn mit 6,7 m angenommen. Diese große Breite war durch eine Forderung des Militärs bedingt. Sie verursachte allerdings in diesem steilen Felsgelände entsprechende Mehrkosten.

Die größte Steigung der Hochfinstermünzstraße beträgt 4,5 %. Zum Unterschied von der Stilfserjochstraße konnte die Hochfinstermünzstraße auch den Güterverkehr aufnehmen. Der Zahn der Zeit ging allerdings auch an ihr nicht spurlos vorbei und so mußten besonders bei den Lawinengalerien Verbesserungs- und Ergänzungsarbeiten vorgenommen werden.

5. Schlußwort

Die Stilfserjoch- und die Hochfinstermünzstraße wurden vor mehr als hundert Jahren projektiert und erbaut. Die Frage der zulässigen Maximalsteigung spielte bei diesen Projekten eine wesentliche und auch sehr strittige Rolle. Die Frage der Maximalsteigung ist aber auch heute noch Gegenstand lebhafter Fachdiskussionen. Das gleiche gilt auch für die sogenannten verlorenen Höhen bei Paßüberschreitungen und Bedachtnahme des heutigen schweren Güterverkehrs. Hier spielt dann der Treibstoffverbrauch eine wesentliche Rolle, ob eine Paßstraße den Güterverkehr annimmt, oder, ob der Güterverkehr lieber eine flache und dafür aber auch längere Wegstrecke in Kauf nimmt, um die Alpen zu überqueren. Straßenbauten vergangener Zeiten können daher, selbst unter anderen Voraussetzungen, auch für den Straßenbauer der Gegenwart von großem Interesse sein, wie ich eingangs erwähnt habe.

QUELLENNACHWEIS

Akte des Kriegsarchivs, Wien
Akte des Tiroler Landesarchivs, Innsbruck
Baumgarten, Bereisung der neuen Alpenstraßen, Wien 1834
Schemerl, Anweisung zur Entwerfung von Straßen, Wien 1807
Perntner, 100 Jahre Stilfserjochstraße, Meran 1925
Feist, Vom Saumpfad zur Tiroler Autobahn, Innsbruck 1980

Fritz Steinegger

QUELLENLAGE ZUR FORSCHUNGSGESCHICHTE DES STRASSENBAUES UND VERKEHRS

Wer die geschichtliche Entstehung der Alpenübergänge, der in die Gebirgslandschaft harmonisch eingefügten Straßen und die Verkehrsentwicklung vor dem Jahre 1850 gründlich erforschen will,[1] oder sich mit dem modernen Straßenbau befaßt, kann niemals auf die systematische Durchsicht der Staats-, Landes-, Stadt- und Gemeindearchive verzichten, die reichhaltiges auf den Straßenbau und das Verkehrswesen bezugnehmendes Quellenmaterial verwahren.[2]

1 Zur Geschichte des römischen und frühmittelalterlichen Straßenverkehrs vgl. besonders Otto Stolz, Geschichte des Zollwesens, Verkehrs und Handels in Tirol und Vorarlberg von den Anfängen bis ins XX. Jahrhundert, Schlern-Schriften 108, Innsbruck 1953. Derselbe, Quellen zur Geschichte des Zollwesens und Handelsverkehrs in Tirol und Vorarlberg vom 13. bis 18. Jahrhundert (= Deutsche Handelsakten des Mittelalters und der Neuzeit, Bd. X), Wiesbaden 1955. Ich beschränke mich hier auf die umfangreiche österreichische Literatur, die bei Ferdinand Tremel, Wirtschafts- und Sozialgeschichte Österreichs. Von den Anfängen bis 1955, Wien 1969, zitiert ist. Zum Thema der Geschichte des Straßenbaues und Verkehrs in Tirol findet sich eine genaue Literaturzusammenstellung im Realzettelkatalog des Tiroler Landesmuseums Ferdinandeum in Innsbruck. Oskar Wanka, Die Brennerstraße im Alterthum und Mittelalter, Prag 1900. P.H. Scheffel, Die Brennerstraße zur Römerzeit, Berlin 1912. Richard Heuberger, Zur Geschichte der römischen Brennerstraße, in: Clio, Beiträge zur alten Geschichte, Bd. 27, 1934, S. 311–336; Eduard Widmoser, Zu großer Höh ein gewaltig Straß . . . Zur Verkehrsgeschichte der Brennerstraße, in: Jahrbuch des Südtiroler Kulturinstitutes, Bd. 1, 1961, S. 303–310. Erwin Zesch, Vom Jochweg zur Brenner-Autobahn, in: Blätter für Technikgeschichte, Heft 26, 1964, S. 124–134. A. Sollath-G. Stöbich-W. Stratowa, 100 Jahre Brennerbahn 1867–1967. Festschrift der österreichischen Bundesbahnen, Innsbruck 1967. Fritz Steinegger, Landeck, das wirtschaftliche Tor zum Vintschgau, in: Der Obere Weg (= Jahrbuch des Südtiroler Kulturinstitutes, Bd. V/VI/VII, 1965/1966/1967), S. 11–40, besonders S. 23ff. Karl Völkl, Der Obere Weg, ebda., S. 89–102. Reinhilde Bolz, Die Brennerstraße. Ihre Bedeutung für das Wirtschaftsleben Südtirols, Beiträge zur alpenländischen Wirtschafts- und Sozialforschung, Folge 29, Innsbruck 1968. Wolfgang Otte, Die Brennerautobahn. Bau- und Finanzierung, ebda., Folge 71, Innsbruck 1969. Werner Rutz, Die Brennerverkehrswege. Straße – Schiene – Autobahn. Verlauf und Leistungsfähigkeit (= Forschungen zur Deutschen Landeskunde, Bd. 156), Kassel 1971. W. Stratowa-J. Vilanek, Die Brenner-Autobahn. Herausgegeben von der Brenner-Autobahn-Aktiengesellschaft, Innsbruck 1972. Josef Kantner, Die Wipptaler Landwirtschaft und die Brennerautobahn, Beiträge zur alpenländischen Wirtschafts- und Sozialforschung, Folge 150, Innsbruck 1972. Georg Zwanowetz, Alpenstraßen und Alpenbahnen in Vergangenheit und Gegenwart, in: Tiroler Heimat, 38. Bd., 1974, S. 174–206. Derselbe, Das Straßenwesen Tirols seit der Eröffnung der Eisenbahn Innsbruck - Kufstein (1858), (= Tiroler Wirtschaftsstudien 11), Innsbruck 1986. Leo Feist, Vom Saumpfad zur Tiroler Autobahn, Innsbruck 1981.

2 Auf diese Notwendigkeit hat der um den Tiroler Straßenbau verdiente Landesbaudirektor Philipp Krapf in einer der Tiroler Landesregierung vorgelegten, 1933 verfaß-

Es erübrigt sich daraufhinzuweisen, daß es für die meisten Archive sehr gute gedruckte Archivinventare gibt, die einen übersichtlichen Einblick in die gesammelten Archivbestände bieten. Während der Fachhistoriker sich anhand dieser gedruckten und teilweise ungedruckten Archivverzeichnisse und Repertorien ziemlich rasch über das einschlägige Schriftgut informieren kann, sind für die jüngere Generation der Techniker, Naturwissenschaftler, Geographen, Geologen und Meteorologen infolge der Schwierigkeit des Lesens alter Schriften die Archivalien nur äußerst schwer benützbar. Zudem gehen Archivbenützer meist von der falschen Voraussetzung aus, daß das einschlägige Quellenmaterial zu einem bestimmten Thema in einem eigenen Aktenbestand beisammen liege. Dem ist aber nicht so. In den Archiven sind die Akten geordnet nach Behörden, bei denen das Schriftgut entstand, aufgestellt. Es müssen daher sämtliche in Frage kommenden Urkunden, Handschriften, Bücher und Aktenbestände durchgesehen werden, was sehr viel Zeit in Anspruch nimmt. Ohne intensive Archivstudien in den verschiedensten Archiven des In- und benachbarten Auslandes kann aber die Erforschung der Straßenbau- und Verkehrsgeschichte der Alpenländer nicht erfolgreich sein.

Im Folgenden soll erstens darauf hingewiesen werden, welche Archivbestände für die Geschichte der Kartographie und des Verkehrswesens sich im Tiroler Landesarchiv, einem der ältesten deutschsprachigen Archive, befinden. Zweitens soll der Tiroler Straßenbaubericht des Innsbrucker Hofbaumeisters Jörg Kölderer aus dem Jahr 1524 vorgestellt und erläutert werden.

Schon Otto Stolz, der im Heft 9 des 9. Jahrganges der österreichischen Zeitschrift „Das Straßenwesen" zum 9. österreichischen Straßentag in Innsbruck in einem Aufsatz, die „Hauptepochen des Straßenbaues in Tirol", die bis dahin gedruckt erschienene historische Literatur zusammengestellt und in seiner unübertroffenen Monographie „Geschichte des Zollwesens, Verkehrs und Handels in Tirol und Vorarlberg von den Anfängen bis ins XX. Jahrhundert" (Schlern-Schriften 108, Innsbruck 1955) dargestellt hat, versuchte im 1938 veröffentlichten Innsbrucker Archivinventar, Seite 133f.,[3] den für den Straßenbauingenieur und Technikgeschichteforscher wichtigsten Quellenbestand an Karten und Plänen zu beschreiben. Die Bestandsaufnahme ist ihm nur summarisch möglich gewesen, denn die Karten- und Plansammlung, die im Jahre 1938 2.800 numerierte Stücke umfaßte, wuchs inzwischen auf mehr als 10.000 Pläne an. Sie betreffen zum größten Teil reine Geländeaufnahmen, Lageansichten von Grundstücken mit eingezeichneten Grundgrenzen, Grund-

---

ten Studie „Ein geschichtlicher Rückblick auf die Straßenbauten in Tirol" erstmalig hingewiesen; vorgelegt am 17. Oktober 1935, Maschinenschrift im Tiroler Landesarchiv, Bibl. Nr. 6353/2. Über Krapf ausführlich E. Attlmayr, Philipp Jakob Krapf, Wasserbauer, in: Österreichisches Biographisches Lexikon, IV. Bd., 1969, S. 210–211. Derselbe, Hofrat Dipl.-Ing. Dr.-Ing. h.c. Philipp Krapf, in: Beiträge zur Technikgeschichte Tirols, Heft 5, 1973, S. 32–33 und dort auf S. 34–46 das am Beginn dieser Anmerkung zitierte Manuskript abgedruckt.

3 Ein gemeinsames Archivinventar der ARGE-Alp-Länder ist derzeit im Druck. Für das Tiroler Landesarchiv ist maßgeblich Otto Stolz, Geschichte und Bestände des Staatlichen Archives (jetzt Landesregierungs-Archives) zu Innsbruck (= Inventare Österreichischer Staatlicher Archive VI), Wien 1938.

und Aufrisse von Amtsgebäuden, Fluß- und Wasserbauten, Grenzverläufe, Verwaltungssprengeleinteilungen und diverse andere Sachgebiete (z.B. Bergwerke). Nur einen verhältnismäßig kleinen Prozentsatz machen die regulären Straßenkarten aus. Was die technische Ausfertigung anlangt, so gliedern sie sich in rasch hingeworfene skizzenhafte Bleistiftentwürfe, unkolorierte Federzeichnungen, Aquarelle, mit Meßgeräten angefertigte maßstabsgerechte Trassenführungspläne, Planrohskizzen, nach der Natur aufgenommene Situationsstudien, Querschnittsprofile, Geländekarten mit Vermerken der Höhenunterschiede, Straßenüberführungen, Unterführungen und Tunnelbauten.

Karten, die anläßlich einer Amtshandlung, wie etwa bei Grenzstreitigkeiten zwischen Staaten, Ländern und Gemeinden angefertigt wurden und größere Gebiete einschließen, haben oft außer dem genauen Grenzverlauf auch die Hauptverkehrswege, schmale Fußstege, Almwege, Saumpfade, Stege und Holzbrücken eingezeichnet. Da sich diese meist naturgetreu und verschiedenfarbig gemalten Karten durch die dazugehörigen datierten Akten zeitlich genau auf das Jahr der Entstehung eingrenzen lassen, liefern sie ein unverfälschtes zeitgenössisches Bild vom damaligen Bauzustand der manchmal oft kühn angelegten Verkehrswege. Mit der kartographischen Gestaltung derartiger Amtskarten beauftragten die Landesfürsten, die oberösterreichische Regierung und Kammer, die Forstämter oder Herrschaftsinhaber oftmals berühmte Maler und Künstler, wie etwa Jörg Kölderer,[4] Paul Dax,[5] den aus Paris stammenden französischen Maler Hilarius Duvivier[6] und die Hofbaumeister Gumpp,[7] deren Kartenbilder den eigentlichen Zweck als Arbeitsgrundlage, als Grenzdarstellung übertragen und vielfach hervorragende Kunstwerke waren. Sie hielten nämlich auch Siedlungen, die majestätische Gebirgslandschaft, die wirkliche Geländebeschaffenheit, Waldgebiete, Flüsse, Einzelgebäude, Mühlen, Schmelzwerke, das Wild, Almen u.a. der Nachwelt fest. Die eigenhändig gezeichneten Karten von Matthias Burglechner von 1620,[8] die revolutionären Landvermessungen vom Oberperfußer Bauern Peter Anich[9] und seines Gehil-

---

4 Geboren um 1465/70 im Weiler Hof bei Inzing (westlich von Innsbruck), gestorben im Juli 1540 in Innsbruck. Ausführlicher bei Erich Egg, Jörg Kölderer, in: Neue Deutsche Biographie, 12. Bd., 1980, S. 315–316.

5 Geboren 1503 in Innsbruck, gestorben 1561. Johanna Felmayer, Paul Dax, Glasmaler und Feldmesser, in: Neue Deutsche Biographie, 3. Bd., 1957, S. 538–539.

6 Von 1595–1643 in Tirol als Kartenmaler und Kunstmaler tätig. Erich Egg, Hilarius Duvivier, Maler und Autodidakt aus Paris, in: Veröffentlichungen des Tiroler Landesmuseums Ferdinandeum, Bd. 58, Jg. 1978, S. 5–21.

7 Über die Kartenwerke und Zeichnungen der Baumeisterfamilie Gumpp vgl. Michael Krapf, Die Baumeister Gumpp. München 1979.

8 Zu Burglechner vgl. Annemarie Hochenegg-Grass und Hans Hochenegg, Die Burgklehner (Burglechner) zu Thierburg und Vollandsegg, in: Festschrift Nikolaus Grass, herausgegeben von Louis Carlen und Fritz Steinegger, 2. Bd., Innsbruck 1975, S. 395–462.

9 Von der umfangreichen Literatur über Peter Anich (1723–1766) seien bloß die wichtigsten neuesten Erscheinungen genannt: Erich Egg, Tiroler Landesmuseum Ferdinandeum Peter Anich November–Dezember 1966, Innsbruck 1966 (Ausstellungs-Katalog). Hans Kinzl, Peter Anich, in: Tausend Jahre Österreich, Bd. I, 1973, S. 352–358. Derselbe, Peter Anich 1723–1766. Der erste „Bauernkartograph" von Tirol. Beiträge

fen Blasius Hueber[10] und die Originalaufnahmen zur Generalquartiermeisterkarte von 1830, die Arbeiten Josef Duiles (Brennerstraßen- und Arlbergstraßen-Projekt)[11] und Alois Negrellis[12] zählen zu den Meisterleistungen der Tiroler Kartographie.

In den Jahren 1747 bis 1774 hat Oberarcheninspektor Ingenieur-Leutnant Anton Rangger[13] zu seinen schriftlichen, der Kaiserin Maria-Theresia erstatteten Vorschlägen zur Entsumpfung der Inn-, Eisack- und Etschauen, farbige kartographische Detailaufnahmen der Flußverästelungen und Schwemmgebiete des Inns von Finstermünz bis nach Kufstein (an manchen Stellen hatte der Inn eine Breite von 20 Metern), des Eisacks und der Etsch (letztere von Meran nach Bozen bis Trient) angefertigt. In diesen Kartenblättern sind auch Landstraßentrassierungen, Ortsdurchfahrten und flußnahe Verkehrswege eingezeichnet. Sie sind jedoch nicht mehr vollständig erhalten. Die Baupläne seines Amtsnachfolgers Besser (1789 bis 1792) und der Baudirektion von 1789 bis 1805 und von 1814 bis 1868 wurden, soweit sie nicht bei den jeweiligen Wasser- und Straßenbauakten verblieben, um 1880 in Mappen dem Kartenarchiv angegliedert. Der gesamte Schriftverkehr der älteren Baubehörde beginnt mit dem Jahr 1639 und umfaßt 90 Faszikel.

In der zweiten Hälfte des 18. Jahrhunderts häuften sich die Grenzberichtigungsverhandlungen Tirols mit den Nachbarländern Bayern, Salzburg, Graubünden und Venedig, weshalb frühere Grenzverträge (Urkundenabschriften seit dem 13. Jahrhundert und Originalakten, Kopien und Pläne aus anderen

---

zur Kenntnis seines Lebenswerkes (= Tiroler Wirtschaftsstudien 32), Innsbruck 1976. Max Edlinger, Atlas Tyrolensis / Peter Anich, Innsbruck-Wien-München 1981. Derselbe, Peter Anich, Gebietskarten nach dem Atlas Tyrolensis 1760–1769/1774, Innsbruck 1984. Derselbe, Vollständige Sammlung Umgebungskarten Atlas Tyrolensis und andere historische Karten, o.O. u.J. (1986).

10 Vgl. dazu Anmerkung 9 u. Josef Schaller, Blasius Hueber und seine Familie, in: Programm der k.k. Ober-Realschule zu Innsbruck, Studienjahr 1878/79, S. 3–34. Ernst Attlmayr, Tiroler Pioniere der Technik, in: Tiroler Wirtschaftsstudien 23, Innsbruck 1963. Meinrad Pizzinini, Blasius Hueber – Bauer und Landvermesser: 200 Jahre Vorarlberg Karte, in: Jahrbuch Vorarlberger Landesmuseum 1984, S. 45–56.

11 Helmut Nabl, Erfinder und Techniker, in: Südtiroler Heimatbuch, Wien 1958, S. 203–210. Ernst Attlmayr, Tiroler Pioniere der Technik, vgl. oben Anmerkung 10. Gertrud Pfaundler, Tirol Lexikon, Innsbruck 1983, S. 55.

12 Alfred Birk, Alois Negrelli. Die Lebensgeschichte eines Ingenieurs, 2 Bde., Wien-Leipzig 1915/1925. Paul Herre, Negrelli, der Österreicher, in: Südtiroler Almanach 1949, S. 63–79. Mehrfach erwähnt in der Literatur der Anmerkung 11. Viktor Schützenhofer, Alois Negrelli, ein Großer in der Geschichte der Verkehrstechnik, in: Österreichische Naturforscher und Techniker, 1950, S. 172–174. Derselbe, Alois Negrelli, Ritter von Moldelbe (1799–1858), in: Neue Österreichische Biographie, Bd. 10, 1957, S. 17–29. Qualtiero Adami, In memoria dell'eminente ingenere Luigi Negrelli nel primo centenario dall'apertura al traffico della linea ferrovia Verona-Trento-Bolzano, in: Atti della Accademia Roveretana degli Agiati. Jg. 208, Serie VI, Vol. I, Fasc. A, 1959, S. 65–78. Rein-Keimel, Alois Negrelli, in: Tausend Jahre Österreich, Bd. 2, 1973, S. 133–136, u. Gertrud Pfaundler, Tirol Lexikon, Innsbruck 1983, S. 275–276.

13 Vgl. dazu Otto Stolz, Geschichtskunde der Gewässer Tirols, Schlern-Schriften 32, 1936, S. 144, 288 u. 291.

Aktenselekten (Pestarchiv, Leopoldina, Ferdinandea, Ambraser Memorabilien, Miscellanea usw.) insbesondere aus der Hofregistratur herausgezogen und nach örtlichen Grenzabschnitten geordnet in 76 Faszikeln aufgestellt wurden. Otto Stolz repertorisierte 1910 diesen Archivkörper, der mit einem Ortsindex (Repertorium 31) erschlossen ist. Der Aktenbestand „neuere Grenzakten", der die Staatsgrenzberichtigungen zwischen Tirol, Bayern, der Schweiz und Italien von 1815 bis 1918 enthält, umfaßt 12 Faszikel. Nach dem Ersten Weltkrieg mußten im Jahre 1919 die Akten der Welschtiroler Grenzabschnitte an Italien ausgeliefert werden.

Außer Fragen der Landesgrenzen behandelten die Grenzkommissionen grenzüberschreitende Wald- und Weideangelegenheiten, Zoll- und Verkehrsprobleme, wozu zur Schlichtung langwieriger Rechtsstreitigkeiten die Staaten gegenseitig Grenz-, Straßen- und Zollkarten als Beweismittel beibrachten.

Zahlreiche Farbkarten und Federskizzen von verkehrsgeschichtlichem Inhalt mit Gesuchen und Amtsgutachten liegen in den 430 Faszikeln des Kammereinlaufes von untergeordneten Ämtern und Privatparteien der Jahre 1663 bis 1754 verstreut ein, für die es keine Suchbehelfe gibt. Die korrespondierenden kaiserlichen Verfügungen sind in den 350 Aktenfaszikeln der Hofresolution zu finden. Auch den Kameralakten des Zeitraumes 1570 bis 1730, die in „ältere Kameralakten – Extra-Cameralia – Cameralrelationen – Hofkammer-Zahlmeisteramts-Akten – Bancalakten und Hofkammerselekt" unterteilt sind, wurden gelegentlich schwarz-weiße und farbige Übersichtskarten beigefügt. Die eingehenden Amtskorrespondenzen nehmen vorwiegend auf finanzielle, wirtschaftliche Angelegenheiten Bezug, wie z.B. Straßenbaukostenvoranschläge, Bauabrechnungen, Neubau der Arlbergstraße im Jahre 1733 etc.

Als ergiebige Fundgrube der Handels- und Verkehregeschichte gelten die Zollordnungen des 16. bis 19. Jahrhunderts und die leider nicht jahrgangsweise erhaltenen 700 Rechnungsbücher der Zollämter des 18. Jahrhunderts (chronologisch verzeichnet im Repertorium 275), die der oberösterreichischen Kammer zur Revision vorgelegt und dort aufbewahrt wurden.

Ergänzend zu diesem Archivmaterial bieten die tirolischen Raitbücher von 1460 bis 1751 mit 387 Bänden, die Kopialbücher der Regierung und Kammer von 1490–1784, die pro Jahr ca. 8–10 Bände umfassen, die Bücher „Buch Tirol" und „Causa Domini" 1523 bis 1665, die 402 Bände Hofkammerratsprotokolle, die Hofregistraturprotokolle 1540 bis 1784 (ebenfalls pro Jahr 4 bis 6 Bände mit den dazugehörigen Ein- und Auslaufakten, die Akten Zoll, Handel und Verkehr der Hofregistratur, Reihe A, und der Abteilungen Handel, Zollwesen, Straßen- und Brückenbau der Sammelakten, Reihe A–E von 1565 bis 1848, sowie der riesige Aktenbestand der Abteilung Bau des Gubernialarchivs 1784 bis 1849, wofür es eigene alphabetische Jahresrepertorien gibt, ein bisher fast noch nicht ausgewertetes Quellenmaterial zur tirolischen und außertirolischen Verkehrsgeschichte. Es kann hier auf die weiteren Kleinbestände wie Handschriften, Pestarchivakten, Maximiliana, Sigmundiana, Ferdinandea und Leopoldina nicht näher eingegangen werden, die als brauchbare wirtschaftsgeschichtliche Unterlagen für die Transitverkehrsgeschichte durch Tirol der Forschung zur Verfügung stehen.

Die Brennerstraße war zu Ende des 15. Jahrhunderts noch ein schmaler Saumpfad, der erst 1475 zum Fahrweg verbreitert wurde. Der Weg- und Brückenbau wurde damals vorwiegend im Wege der Mauteinhebung finanziert. Es dauerte nahezu zwei Jahrhunderte, bis man von der althergebrachten Gewohnheit abkam, das bestehende Straßennetz bloß zu reparieren und geringfügig zu verbessern. Zu Beginn des 18. Jahrhunderts und besonders unter Maria Theresia ging man daran, die Straßen kunstgerecht herzustellen. Der bayerische Einfall in Tirol 1703 und die Napoleonischen Kriege brachten die Erkenntnis, daß für rasche militärische Truppenbewegungen und die Nachschubversorgung gut ausgebaute Straßen unerläßlich sind. Das leitete schließlich in den zwanziger Jahren des vorigen Jahrhunderts eine neue Ära des Straßenbaues ein.

Der Straßenzustandsbericht des Jörg Kölderer 1524[14]

Die strategische und wirtschaftliche Brückenfunktion Tirols als Paßland und Drehscheibe des internationalen Handelsverkehrs ist den jeweiligen Tiroler Landesfürsten vom Mittelalter an immer schon bewußt gewesen. Man nahm die Berichte der Landrichter und „Wegbereiter" über die Straßenverhältnisse in ihren Amtssprengeln äußerst ernst und sparte nicht mit dem nötigen Nachdruck, die untergeordneten Ämter aufzufordern, darauf zu sehen, daß die Brücken und Paßstraßen von den zuständigen Behörden bzw. Gemeinden regelmäßig instand gehalten wurden. Die Landstraße, die „gemain lantstraz" oder der „offenleich gemeine Weg" war die Verbindung zwischen den Ortschaften untereinander und diente auch dem Fernverkehr, wie die in großer Zahl überlieferten Weistümer und Rodordnungen bezeugen. Die Bauherstellung und die Reparaturen erfolgten in Gemeinschaftsarbeit der Dorfbewohner. Die Kenntnis darüber, welchen Bauzustand Tirols Hauptverkehrsweg über den Brenner, die Straße in den Vinschgau und im oberen Inntal aufwiesen und wer für Brücken und Straßenausbesserungen aufkommen mußte, verdanken wir einem ausführlichen Inspektionsbericht des Innsbrucker Hofbaumeisters und Hofmalers Jörg Kölderer vom 12. Mai 1524, der mit dem königlichen Diener Hans Rauscher und dem Fischer Konrad Gratz die Fischereireviere und die Festungen des Landesherrn und die Hauptstraßenzüge durchs Wipptal, den Vinschgau und das Oberinntal zu Pferde visitierte und von üblen Straßenstücken Meldung erstattete.

Aus dem Bericht des Besichtigungsrittes der Straßenkontrollkommission, die ihren Weg über den Brenner nach Bozen, von dort nach Meran und durch den Vinschgau einschlug, läßt sich ein lebendiges Verkehrs- und Wirtschaftsbild entwerfen:

Die Brenner-, Vinschgauer- und Oberinntaler Straße waren zu Beginn des 16. Jahrhunderts die am stärksten befahrenen Durchzugsstraßen nach dem Süden. Die starke Frequenz des Frachtfuhr- und Reiseverkehrs belastete die

---

14 Tiroler Landesarchiv, Kodex 4373.

Fahrbahndecke derart, daß an vielen Straßenabschnitten tiefe Rillen und Aushöhlungen entstanden. Für einzelne gefährdete Straßenstücke waren ständig besoldete Wegmacher angestellt. Auch Zöllner bekamen einen prozentuellen Anteil von den Wegmauten und hatten dafür die Wege zu beaufsichtigen und zu warten. Die Fuhrleute und durchreisenden Kaufleute beschwerten sich über den katastrophalen Zustand der Hauptstraßen. Flüche, Beschimpfungen der Zöllner und Wegmacher waren an der Tagesordnung. Der Staat selbst hat nur sehr wenig Mittel für den Straßenbau ausgeworfen. Neben Einzelpersonen waren die Gemeinden generell verpflichtet, in ihrem Wirkungsbereich Brücken und Wege, auch die Haupttalstraße durch Robotschichten auszubessern. Es bedurfte laufender Verhandlungen mit den Gemeinden, sie zur Brücken- und Straßenerhaltung zu zwingen. Auch die Unkenntnis der Straßenbautechnik der Zöllner und Wegmacher erschwerte die fachgerechte Ausführung der Reparaturen.

Im einzelnen rügte die Visitationskommission folgendes:

Die erste gravierende Beanstandung erfolgte im Matreier Wald, wo die Straßendecke eingesunken war: Der Weg an der „Platten" wäre noch nicht gemacht. Der Zöllner weigerte sich, die Straßenausbesserungen durchzuführen, außer man würde ihm zeigen, wie er den Weg machen soll. In Matrei klagten die Wagner, daß die Gassen durch den Markt die schlechtesten Wege auf der „unteren Straße" (Brennerstraße) seien. Der Wegmacher wurde von den Wagnern und Säumern bezahlt, doch wollte er den Dienst aufkündigen, weil er sich nicht zutraute, die ruinösen Wege auszubessern. Die Matreier Bürger meldeten Jörg Kölderer, daß sie kein Geld hätten, die Gassen zu pflastern oder zu beschütten, zumal sie von der Herrschaft keine Hilfe erhielten, keinen Zoll einnähmen und jährlich schwer steuern müßten. In Matrei gab es nämlich sehr viele arme Leute.

Der Wegmacher am Lueg ließ wissen, daß er außerstande sei, die Straße zu beschottern, da die schweren Lastfuhrwerke sie total ausgefahren hätten. Der bescheidene Sold reiche nicht aus. Auch die Regierung wolle den Weg nicht mehr machen. Die Wagner verweigerten ihm den Weglohn. Wenn er sich darum bemühe, so drohten die Wagner ihn zu verprügeln. Er werde durch das ständige Hinrennen zum Lueg um den Weglohn gleich so müd, als bei der Arbeit.

Dieselbe Klage über den miserablen Straßenzustand erhob der Wegmacher Laymer am Schelleberg, der verlangte, daß die Straßendecke neu beschottert werden müßte. Die Fuhrleute schuldeten ihm sehr viel Geld, wenn die Regierung nicht helfe, könne er den Weg nicht mehr machen.

Dagegen spendete Kölderer dem Zöllner am Lueg großes Lob. Er „ist huslich, macht guet archen und weg". An den Wegverhältnissen vom Brenner bis nach Mauls gab es überhaupt nichts auszusetzen. Die Nachbarn von Mauls hatten ausgefahrene Wege mit Wasserpfützen. Die Gasse unterhalb Trens sollte von den dortigen Leuten wegen der ausgefahrenen Wegdecke frisch beschottert und das Wasser abgeleitet werden. Die Wegstrecke bis Mittewald befand die Kommission für mittelmäßig.

Die Rodenecker waren verpflichtet, den Weg vom Weissenbach bis unter dem „Peisser" auf die Platten instandzuhalten. Der Weg sei schmal und das

Brüggele sei schlecht. Der Pfarrer von Rodeneck hatte für die Reparatur der „prugken pey der Pecklhauben" aufzukommen. Er ließ die gemauerten Brükkenunterleger an beiden Ufern der Rienz erneuern und diese auf einer Seite mit Lärchenläden verkleiden.

Im Bereich des Fürstentums Brixen war die Wegmeile von Klausen bis Kollmann recht schadhaft. An etlichen Stellen war der Fahrweg sehr eng und tief, so daß der Bischof von Brixen befahl, jene Wegstrecke zu pflastern, damit die Fuhrleute „nit also hart fluechen". Am Kuntersweg stellte Kölderer fest, daß der Zöllner Hans Kugler wohl mit Umsicht den Weg verbreitert habe, aber er sei noch immer viel zu eng. Zur Verbreiterung der Fahrbahn müßten Felsen ausgebrochen, Mauern ausgetrocknet und mit Mörtelputz abgesichert werden. Steinschläge gefährdeten Passanten, besonders das Teilstück Blumau – Kardaun um den Galtbühel und Hochklausen weist Mängel auf. – Der Zöllner bestellte für diese Bauarbeiten 150 Mut Kalk und verlangte für die Bauüberwachung eine eigene Aufsichtsperson, weil es ihm nicht möglich wäre, täglich an der Baustelle zu sein, weil sie vom Zollamt weit entfernt läge. Es müßten Steine gebrochen und zur Baustelle gebracht werden, man benötige Kalk, Sand, Wasser und Strebholz. Der Zöllner erklärte sich bereit, ein Roß für den Transport der Baumaterialien bereitzustellen. Die empfohlenen Bauarbeiten veranschlagte Kölderer mit 400 bis 500 Gulden. Die zwei Jöcher der Blumaubrücke wurden mit zwei Eisenpfählen verstärkt. Sie bildeten jedoch eine Gefahr, wenn an die Jöcher Holzstämme angeschwemmt würden. Am Breibach bei Tiers sollte die Brücke ohne Pfeiler gebaut werden. Er gab die Bachbreite mit 384 Werkschuh oder 48 Bergklaftern an. Uferschutzbauten aus Steinen seien wie am Kardaunbach zu empfehlen. Während von Bozen bis Meran keine Straßenschäden auffielen, mißfielen die Wegzustände von Meran bis Steinbach, wo in Algund beklagenswerte Zustände herrschten. Obwohl die Gemeinde Algund die kleine Brücke bei Steinach machen sollte, führte die Reparatur der Zöllner an der Töll, Usenwanger, durch. Die Straße in den Vinschgau war vom Regenwasser derart ausgewaschen, daß die Straßendecke zerborsten war. Die Nachbarn sollte man zwingen, ihre Wässer ab- und auszukehren.

Nicht besser stand es um die Straßenverhältnisse zwischen Rabland und Kastelbell. Die Instandhaltungspflicht der Straße in Richtung Naturns bis zur Schnalser Brücke oblag dem Herrn von Schlandersberg und der Nachbarschaft von Annenberg. Seit Jahren wurde dieser Straßenteil nie ausgebessert, die Pflastersteine waren alle zerrissen, im Herbst und Frühjahr versanken „am stiebenden Rain" die Wägen bis auf die Achse. Die Frächter empörten sich an den Zollstätten schreiend und fluchend über die hohen Zölle. Von einem Terfiswagen zum Beispiel (das ist ein Frachtwagen, der von oder nach Treviso fuhr) war der Zoll 19 Gulden. Kölderer rügte den Zöllner zu Naturns, daß er wohl den Zoll einnehme, aber die Straße nicht ausbessere. Dieser rechtfertigte sich damit, daß er nur den zehnten Pfennig einnehme, die Straßenerhaltung gehe ihn nichts an. Schlaglöcher wiesen die Straßen in Schlandersberg und Latsch auf. Die Brücke zu Schanzen traf es die Latscher und Laaser von Grund auf zu erneuern, die sich weigerten, 4 Ensbäume beizustellen, weshalb der Pfleger von Montan die gesamte Etschverarchung und die Brückenverankerung machen mußte, wofür ihn die Schlanderer und Laaser mit 42 Mut Korn und 47 Mut Weizen (2 Mut zu 3 Star) entschädigten.

Die Straße von der Schanzbrücke bis zum kalten Brunnen unter Schluderns, die die Nachbarn von Goldrain, Vezzan, Schlanders, Kortsch, Laas und Eyrs gemeinsam zu reparieren hatten, war vollständig vom Regenwasser ausgewaschen und hatte an vielen Stellen tiefe Löcher. Mit Graf Jakob Trapp, Inhaber der Churburg, verhandelten die Kommissäre hinsichtlich der Wiederherstellung der eingestürzten Brücke oberhalb Burgeis. Die Burgeiser redeten sich darauf hinaus, daß sie drei Brücken und die Straße von Mals „beim Kreiz" bis zur vorgenannten Brücke erhalten müßten.

Die Nachbargemeinde Mals erklärte sich überhaupt nicht bereit, an der Straßen- und Brückeninstandhaltung oberhalb Burgeis mitzuwirken, da sie drei Brücken betreuen müßte. Die Malser baten, man möge ihnen eine Alm in Planail verschaffen, dann würden sie die Brücke machen. Der Besitzer des Stockhofes hatte seit Herzog Friedrich die Straße vom Kalkofen bis zum mittleren See auf der Malser Haide zu erhalten. Die Leute von Haid berichteten, die Wegmacher von Naudersberg seien nie den Weg richten gekommen, vielmehr wäre die Straße vom Stockhof bis zur Schergbrücke oberhalb Finstermünz zerrissen. Kölderer riet dem Landesfürsten, die Baukosten zu übernehmen, weil man ihn sonst übel ausrichte. Gebrechen wiesen auch die Wege und Brücken von Finstermünz bis zum Hohen Weg unterhalb Mils auf; bei letzterem waren etliche gemauerte Stützpfeiler ausgebrochen und die Schranken nicht gemacht worden. Vorher führte die Straße von Imst nach Mils auf dem Talboden der Imster Au. Die konstante Geldknappheit, die Finanzmanipulationen der Regierung, der Ausbruch der religiösen Glaubenskämpfe und die schwelende Gärung in der bäuerlichen Bevölkerung wider die wirtschaftliche Bedrückung durch erhöhte Steuern und Abgaben mögen letzten Endes die eigentlichen Ursachen gewesen sein, daß für die Behebung der eklatanten Straßenschäden in der Folge kaum Geld flüssig gemacht werden konnte.

Dieser Zustandsbericht über die Brenner-, Vinschgauer- und Oberinntaler Straßen beleuchtet schlagartig das Verkehrschaos auf den tirolischen Alpenstraßen am Beginn des 16. Jahrhunderts und räumt mit der nicht haltbaren Meinung auf, daß der Handelsverkehr, das Frächtergewerbe und der Reisende bequeme und tadellos geplegte Straßen im Alpenraum vorfanden.

Vergleiche alpenüberschreitender Verkehrswege untereinander unter Heranziehung der Karten- und Aktenbestände der staatlichen, öffentlichen und gelegentlich auch privaten Archive vermitteln zweifellos neue Erkenntnisse über die Jahrhunderte währender Verkehrs- und Wirtschaftsprobleme. Der Straßenbautechniker kann bei der Verbesserung der Verkehrsverbindungen durch die Alpen schon vor Beginn der Planung durch das Quellenstudium vielfach früher begangene unrationelle, kostspielige Bausünden vermeiden und mit dem nötigen Weitblick dem zukünftigen Verkehrsaufkommen gerechter planen und bauen.

ABBILDUNGEN

Kartenbeispiele aus dem Tiroler Landesarchiv, die zeigen, welche bauliche Veränderungen an Hand der zeitlich verschieden angefertigten Pläne zu ersehen sind, und was Karten und Pläne dem Geographen, Historiker, Wirtschaftshistoriker und Bautechniker aussagen können.

1. Grenzakten Faszikel 56, Pos. 1; Grenzkarte zwischen Bistum Brixen und Venedig, Fassa und Fleimstal ca. 1770–1775.
2. Grenzakten Fasz. 38 (rot) 75, Pos. 2; Straße bei Finstermünz nach 1767, Skizzen Novellaberg-Schalkl-Spiss.
3. Grenzakten Fasz. 38 (rot 75), Pos. 2; Straße bei Finstermünz, 2. Hälfte des 18. Jahrhunderts, Reinzeichnung Novellaberg-Schalkl-Spiss.
4. Grenzakten Fasz. 38 (rot 75), Pos. 2; Staatsgrenze gegen Samnaun (Schweiz), 2. Hälfte des 18. Jahrhunderts.

Quellenlage zur Forschungsgeschichte des Straßenbaues

Abbildung 1

Abbildung 2

Quellenlage zur Forschungsgeschichte des Straßenbaues 85

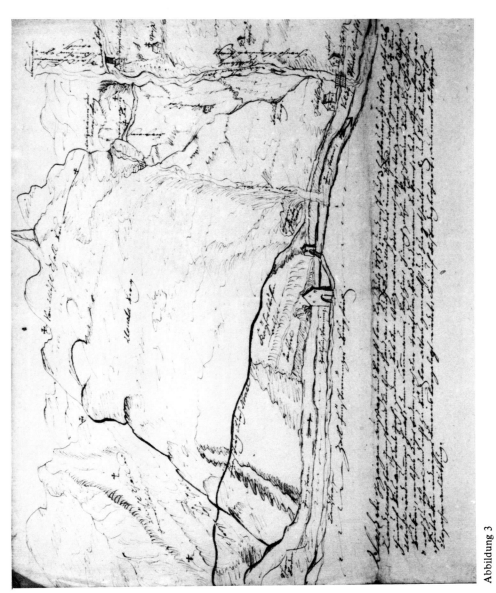

Abbildung 3

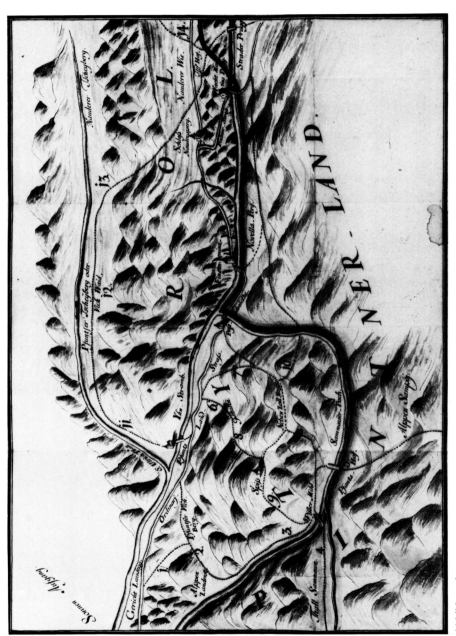

Abbildung 4

Otto Stochdorph

DAS IMHOFSCHE VERZERRUNGSGITTER ALS HILFSMITTEL BEI DER KARTOGRAPHIEGESCHICHTE DER ALPENLÄNDER

In der ersten Hälfte des Zeitabschnittes, dem dieses Symposium gewidmet ist, beruhen Karten nur ausnahmsweise auf eigenen Aufnahmen oder wenigstens auf eigener Kenntnis der Gegend. Eigene Aufnahmen von Bayern haben dem Kartenwerk von Philipp *Apian* zugrundegelegen, eigene Kenntnisse der Topographie von Tirol können wir bei *Ygl* und bei *Burgklehner* unterstellen. Meistens aber waren die Kartenautoren auf ein Vorgehen angewiesen, das Eduard *Imhof* zu der bissigen Bemerkung führte, die Kartographie sei zu allen Zeiten ein Tummelplatz der Plagiatoren gewesen, m.a.W.: man übernahm aus anderen Karten.

Kompilation aus mehreren Quellen verrät sich beispielsweise dadurch, daß einzelne Regionen mit anderer Orientierung oder anderem Maßstab eingetragen sind. Auf solche Einsprengsel kann ein graphisches Verfahren aufmerksam machen, das Eduard *Imhof* in den dreißiger Jahren zur Untersuchung und Veranschaulichung der Kartengenauigkeit erdacht hat und das seitdem für den Kartenhistoriker ebenso geläufig wie unentbehrlich geworden ist, nämlich das Verzerrungsgitter. *Imhof*s Anweisung lautet:

„Die den heutigen Vergleichsnetzen entsprechenden Kilometergitter resp. Gradnetze werden mit Hilfe der topographischen Einzelheiten in die alten Karten übertragen und nachher in einen einheitlichen flächengleichen Maßstab transformiert. – Die Verbiegungen, Quetschungen, Streckungen und Verdrehungen der Gitter lassen auf den ersten Blick die Verzerrungsverhältnisse der Karten und ihre fehlerhaften Orientierungen erkennen. Gelegentlich zeigen solche Gitter Gebietsstauchungen, wie sie durch das Einpassen von Regionalkarten oder von astronomisch bestimmten Punktpositionen dem Kartenmacher aufgedrängt worden sind"[1].

Imhof erläutert dann mit solchen Verzerrungsgittern beispielsweise, daß zwischen der von Jost *Murer* im 16. Jahrhundert durchgeführten Kartierung des Kantons Zürich und dem heutigen Grundrißbild nur eine einzige Neukartierung nachzuweisen ist, nämlich die beachtlich getreue Karte von *Gyger* aus dem Jahre 1667 (Abb.).

Der analysierende Ansatz von *Imhof* läßt sich grundsätzlich zurückverfolgen bis zu den Proportionsstudien von Albrecht *Dürer*. In diesem Jahrhundert ist besonders *D'Arcy Thompson* zu nennen, der in seinem Werk „On Growth and Form" (1917) beispielsweise die Umrisse von Fischrassen durch Verzerrungsgitter zueinander in Beziehung setzte, um die gestaltliche Ableitung voneinander zu demonstrieren.

1 E. Imhof, Beiträge zur Geschichte der topographischen Kartographie. In: Internat. Jahrb. für Kartographie (1964) *IV*, S. 129–151.

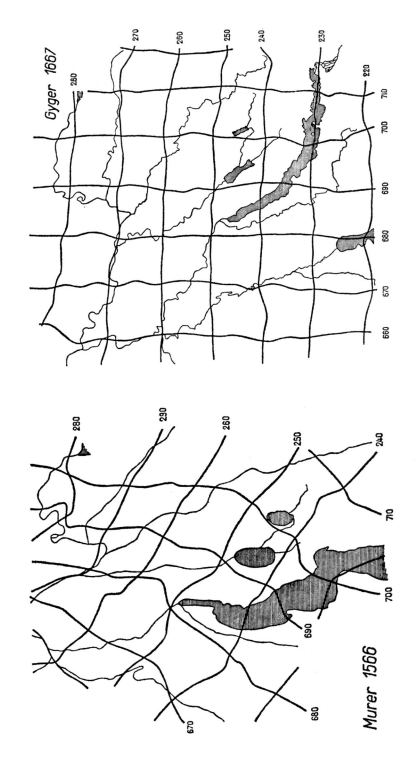

Abb.: Verzerrungsgitter des Zürcher Gebiets bei Murer 1566 (links) und Gyger 1667 (rechts). Aus: E. Imhof, Internat. Jahrb. Kartogr. (1964) *IV*, 129–151.

Die mathematische Grundlage von *Imhof*s Verzerrungsgitter ist die Konstruktion von Isolinien oder Is-arithmen, also die Bezeichnung aller Kartenpunkte, an denen eine bestimmte, stetig veränderliche Größe einen bestimmten Wert annimmt. Allgemein geläufig ist die Darstellung von Isohypsen, also von Höhenschichtlinien. *Witt* zählt im „Lexikon der Kartographie" über 100 für Potentialmodelle irgendwelcher Art verwendete Isarithmensysteme auf. *Imhof*s Verzerrungsgitter ist die Kombination von Isolinien gleicher geographischer Breite mit solchen gleicher geographischer Länge.

Imhof konstruierte seine Verzerrungsgitter durch Abschätzung des Linienverlaufs an Hand topographischer Einzelheiten. Die Rolle, die Isolinien z.B. in der Meterologie als Isobaren oder in der geomagnetischen Forschung als Isoklinen spielen, hat in die Wege geleitet, daß inzwischen Verfahren zur rechnerischen Ermittlung von Isoliniensystemen zur Verfügung stehen. Bei ihnen werden die gesuchten z-Werte für die Gitterpunkte eines kartesischen Netzes interpoliert und dann unter Glättung im gewünschten Ausmaß die Isolinien konstruiert. Der Umfang der benötigten Berechnungen ist sehr groß und nur mit Rechnerhilfe zu bewältigen.

Isolinien sind nicht die einzige Möglichkeit, Verzerrungen eines Kartennetzes zur Darstellung zu bringen. Im Vermessungswesen wird zur Ausgleichung zwischen zwei Dreiecksnetzen häufig die auf der Methode der kleinsten Quadrate beruhende Transformation verwendet, die *Helmert* 1907 publiziert hat. Diese *Helmert*-Transformation gibt als sog. Restklaffungen Abweichungen von Ortslagen vom Sollwert wieder; daneben fallen für den Kartenhistoriker noch die Werte der mittleren Verdrehung und das Verhältnis der Maßstäbe der beiden untersuchten Karten ab. Während das Verzerrungsgitter einen globalen Überblick liefert und Einzelheiten durch die Glättung verloren gehen, machen die Restklaffungen der *Helmert*-Transformation auf singuläre Fehler von Ortslagen und auf teilsystematische Fehler aufmerksam.

Der amerikanische Geograph W. *Tobler* von der University of California hat 1977 ein Computerprogramm erarbeitet, das mit dem Prinzip der bidimensionalen Regression das *Imhof*sche Verzerrungsgitter und die *Helmert*-Transformation in einen noch größeren Rahmen stellt. Mit diesem Programm lassen sich auch noch Vektorfelder der Restklaffungen, Darstellungen der sog. *Tissot*schen Indicatrix der Gitternetzpunkte und Verzerrungen eines Triangulationsnetzes errechnen, die in unterschiedlicher Darstellung und daher mit unterschiedlicher Auflösung und Eindringlichkeit Verzerrungen eines Kartenentwurfes faßbar und sichtbar machen.

Die vielerorts gegebene Verfügbarkeit leistungsfähiger Großrechner gibt Anlaß zu dem empfehlenden Vorschlag, bei der systematischen Erfassung eines Kartenbestandes immer auch ein Verzerrungsgitter oder eine analoge Darstellung zu dokumentieren, wobei das Verzerrungsgitter wohl die nächstliegende Darstellungsart ist. Für T-O-Weltkarten und manche Landtafeln der frühen Neuzeit, die sich auf die Umgebung einer zentralen Ortslage, z.B. einer Reichsstadt, beziehen, wäre die Darstellung als Verzerrungs*kreise* zu erwägen. Die Rechenarbeit für den Übergang von kartesischen zu Polarkoordinaten spielt für den Computer ja keine entscheidende Rolle.

Für die Kartographiegeschichte der Alpenländer wären von einer systematischen Untersuchung mit *Imhof*schen Verzerrungsgittern oder Äquivalenten Hinweise darauf zu erwarten, inwieweit die Aufnahmen von *Ygl* und *Burgklehner* in die niederländischen und auch in die französischen Kartenwerke übernommen worden sind, denn Einzeldaten wie etwa der „Große Ferner" im oberen Ötztal könnten durchaus auch singuläre Entlehnungen gewesen sein und beweisen noch nicht zwingend die Übernahme des kartographischen Entwurfes der ganzen Gegend.

Ivan Kupčík

DIE ENTWICKLUNG DER KARTOGRAPHISCHEN DARSTELLUNG DER ALPENÜBERGÄNGE VON BAYERN NACH ITALIEN BIS 1850

Der kartographischen Darstellung der Alpenübergänge von Bayern nach Italien gingen erste geographische Vorstellungen bzw. Berichte über die Alpen voraus. Unter der Bezeichnung „arkynische Berge" erschienen die Alpen schon bei Aristoteles im 4. Jahrhundert v.Chr., aber in die Erdkunde wurden sie erst durch den griechischen Historiker *Polybios* im 2. Jahrhundert v.Chr. eingeführt. Zu jener Zeit wußte man nichts von den Ostalpen und man kann auch keinen frühen Hinweis auf die Alpenübergänge erwarten. Gewiß sind die Alpenpässe schon seit dem Ausgang der Steinzeit begangen worden, es dauerte aber bis zum Einbruch der Kimbern nach Italien im Jahre 102 v.Chr., ehe die Aufmerksamkeit der griechisch-römischen Welt auf sie gelenkt wurde. Das bedeutendste kartographische Werk aus dem Altertum, die „Geographie" des *Claudius Ptolemäus* aus der Zeit um 150 n.Chr., bringt für unser Gebiet einige brauchbare Angaben über den Wohnsitz der alten Völkerschaften und die Einteilung der Verwaltungsbezirke, aus der Nennung der Orte Inutrium (Nauders) und Medullum im westlichen Nordtirol könnte man aber nur einen Hinweis auf den Weg über den Reschenpaß vermuten. Die römische Straße über den Brenner, die spätestens unter Kaiser Claudius gebaut wurde, findet man mit den wichtigsten Orten erst in der römischen Weltkarte des *Castorius* um 350 n.Chr., die als „Peutingersche Tafel vom 12. Jahrhundert auf uns zugekommen ist. Unter Angabe der Entfernung in Meilen erkennt man Siedlungen wie Tartena (Partenkirchen), Scarbia (Scharnitz), Vetonia (Wilten), Matreio (Matrei), Vepiteno (Sterzing), Sublabione (Säben) u.a. Weitere Angaben über die durchziehenden Straßen enthält das „Itinerarium Antonini Caracallae" aus dem Anfang des 3. Jahrhunderts n.Chr., ein Reisehandbuch mit genauen Entfernungsangaben. Diese handgezeichneten, später gedruckten Reiseschilderungen sind für den Gewinn der kartographischen Informationen über die Ostalpen weniger wert, genauso wie die mittelalterlichen Mönchskarten, die abgesehen von einzelnen geographischen Namen, nicht sehr viel bieten.

Von ersten Landkarten, die zweifellos schon im Spätmittelalter bei Handels- oder Bildungsreisen und Expeditionen über die Alpen behilflich waren, sind keine erhalten geblieben. Für den steigenden Bedarf gab es nicht genug Länderkarten Europas, die die größtenteils veralteten, für die erneuten Ptolemäusangaben gebrauchten Karten, hätten ersetzen können. Das erste brauchbare kartographische Bild von Alpen lieferte Kardinal *Nicolaus Cusa* um die Mitte des 15. Jahrhunderts, der als Bischof von Brixen die Ostalpen gut kennengelernt hatte. Aus dem handschriftlichen Exemplar des *Henricus Martellus Germanus* vor 1490, das dem verlorengegangenen Original der Cusa-Karte besonders nahe steht, treten die wichtigsten Gebirgszüge Tirols, die nördlichen Kalkalpen, die Zentralalpen und die Südalpen hervor. Dazwischen eingeschaltete Haupttäler sind noch zu breit und in die falsche Richtung geraten. Durch die Namen ispruk, matron, lug, prenner, stercing, brixen u.a. ist auffällig der Brennerweg bevorzugt und der im Laufe des 14. Jahrhunderts aufgekommene Name Brenner erscheint hier erstmals auf einer Karte.

Die Einzeichnung der Alpenwege vermissen weiterhin alle Typen der Cusanus-Karte, genauso wie die Karte des *Hieronymus Münzer* in Hartmann Schedels „Weltchronik" vom Jahre 1493. Münzer war in den Jahren 1476 bis 1489 wiederholt in Italien und hatte dadurch die Gelegenheit, das Hochgebirge mit Übergängen zu kennen. Der kleine Maßstab und die Holzschnittechnik konnten aber keine bessere Darstellung des Alpenmassives ermöglichen. Lediglich mit einigen Orts- und Flußnamen erfüllte die Landtafel ihren damaligen Zweck.

Die Herausgabe von ersten Straßenkarten, sog. Pilgerkarten, auf denen man zum erstenmal die Wege über die Alpen verfolgen kann, forderte erst das herannahende Heilige Jahr 1500 und die mit ihm verbundene verstärkte Beteiligung bei den Pilgerfahrten nach Rom. Ihr Hersteller war der Karten- und Kompaßmacher *Erhard Etzlaub,* der in Nürnberg, in der Hochburg der damaligen Kartographie nördlich der Alpen, seine nach Süden georteten Holzschnittkarten nicht nur zusammenstellte, sondern die meisten auch selbst zeichnete. In seiner „Straßenkarte des römischen Reichs" aus dem Jahre 1501 überqueren die Reiserouten, die Bayern durchziehen, an vier Stellen die Alpen: am Semmering, am Radstadt, am Brenner und am Splügen. Der Reschenweg ist nicht eingetragen. Die Entfernungen sind je eines Punktes für eine deutsche Meile versehen (1 milia Germanica = 742 040 cm), wenn zwischen zwei Städten die Meilenpunkte fehlen, ist die betreffende Entfernung unter dem Kartenfeld angegeben.

Das große in Holz geschnittene Kartenbild der Ostalpen in Maulwurfshügelmanier erlaubte noch lange Jahrzehnte keine detaillierte Darstellung der Alpenübergänge. Das gilt sowohl für die Wandkarte „Carta Itineraria Evropae" des *Martin Waldseemüllers* von 1511 bzw. 1520, des führenden Kartographen des beginnenden 16. Jahrhunderts, als auch für die in der Mitte kreisförmige Holzschnittkarte des Baseler Professors *Sebastian Münster* von 1525. Gleichfalls auf der wieder nach Norden orientierten Karte „Gelegenheit Teutscher Lannd ..." des Augsburger Formschneiders *Georg Erlinger* von 1524/30 sind die Alpenwege und das System der Entfernungsangaben fast vollständig aus den Etzlaub-Karten übernommen.

Die italienischen Karten des 16. Jahrhunderts stellen ebenfalls das Tiroler Gebiet als das Land des Brennerweges dar, wie z.B. die Mitteleuropa-Karte des Venezianers *Giovanni Andrea Vavassore* von etwa 1520, die noch von der Holzplatte gedruckt wurde. Immerhin waren es die Italiener, die mit ihrer neuen Drucktechnik – nämlich mit Kupferdruckverfahren – bessere Übersicht, Klarheit und scheinbar auch Genauigkeit erzielten. Die Kupferstichkarte „Nova Germaniae descriptio ..." von *Michael Tramezini* aus Venedig von 1553 ist Zeugnis dafür, obwohl auch hier die Einzeichnung der Straßenzüge fehlt.

Erste Informationen über den Verlauf der Alpenübergänge nach Italien konnte man in den Karten seit der 2. Hälfte des 16. Jahrhunderts gewinnen. Die Vorteile des Kupferstiches, der sich besser für die feine und differenzierte Linienführung eignete, benützte u.a. der Wiener Kartenkünstler und Medizinprofessor *Wolfgang Lazius*. In der Tiroler Karte aus seinem elfblättrigen Atlas „Typi chorographici Austriae" vom Jahre 1561 sind die Alpenüberquerungen nicht nur auf den Brennerweg beschränkt. Als andere Pässe sind Jaufen-Paß, Bernina-Paß u.a. als Gebirgsstöcke eingezeichnet, ihren Namen, mit Ausnahme des Brenners, wurde das Wort „Mons" beigesetzt (Jauffen Mons, Pernina Mons). Verhältnismäßig besser dargestellt als die Brennerfurche ist das Pustertal; eine vielleicht bezeichnende Tatsache, daß *Lazius* als Wiener wahrscheinlich am ehesten von Kärnten her nach Südtirol gekommen sein dürfte.

Lazius' Ergänzungen und leider auch Fehler wurden in die betreffenden Karten übernommen, die in *Ortelius'* und *Mercators* Atlaswerken nach 1570 bzw. 1585 veröffentlicht wurden und durch mehrere Auflagen lange Zeit nachgewirkt haben. Als Ausnahme in der Einzeichnung der Alpenverbindungen in den Atlanten gilt die Tirol-Karte aus dem Atlas „Itinerarium Orbis Christiani" von dem Kölner Kupferstecher *Matthias Quad,* dem ältesten Reiseatlas von 1592. Neben der Brennerstraße sind auch die Straßenzüge über den Reschen-Paß und Toblach mit gestrichelten Doppellinien dargestellt.

Einer von den ersten Zeichnern, die das individuelle Formenbild der Alpenpässe aus der Schrägansicht wiederzugeben versuchten, war der von Volderthurn stammende Hofkammerrat *Warmund Ygl*. In seiner neun Blätter umfassenden selbständigen Holzschnittkarte von Tirol, die 1604/05 in Prag erschien, stellt er die Alpenübergänge und ihre Seitentäler viel genauer dar, der topographische Inhalt mit vielen Orts- und Flußnamen und einigen Bergnamen ist reicher geworden und – was *Ygl* besonders auszeichnet – bei der Wiedergabe der Vergletscherung der Ötztaler Alpen bringt er die bisher erste bekannte kartographische Gletscherdarstellung. Der Weg von Kempten bzw. von Füssen (Fuessen) über den Reutten-Paß (Reütti) nach Lermoos (Lermes) und über den Fern-Paß (Ferrytam) zur Innbrücke bei Magerbach (Magerpach) ist die einzige Kommunikationseinzeichnung auf seiner Karte.

Ygls bedeutende kartographische Leistung ist in Tirol nach wenigen Jahren durch die maßstäblich größere und wirkungsvollere Darstellung der Brenner Partie ergänzt, vor allem auf der Holzschnittkarte in zwölf Blättern vom Innsbrucker Gelehrten *Matthias Burgklechner* vom Jahre 1611, wobei die Wiedergabe anderer Pässe wieder im Hintergrund steht.

Besonders auffallend ist, daß bei beiden Tirolern Kartographen keine Straßenverbindungen in den Alpen zur Abbildung gebracht wurden. Das gelang wiederum im Jahre 1641 den Rothenburgischen Kartenmachern *Johann Georg Jung* und seinem Sohn *George Conrad Jung*. Ihre „Totius Germaniae novum Itinerarium Studio et opera Iungiorum elaboratum" übertrifft alle bisherigen Landkarten mit dem bis zu diesem Zeitpunkt reichsten Straßennetz in den Ostalpen. Die Straßen sind mit gestrichelten Doppellinien markiert, es ist nicht zwischen Haupt- und Nebenstraßen unterschieden. Sie verlassen Bayern bei Lindau, bei Füssen, bei Aach, bei Mittenwald, bei Kufstein und bei Salzburg, weiter südlich laufen die Straßen über den Splügen-Paß, Brenner- und Wurzen-Paß. Das Gebirge ist nur angedeutet, die hohe Zahl von Ortszeichen längs der Straßen ist auf die Auswertung der zur Bearbeitung beigezogenen Wegebücher zurückzuführen.

Weitgehend von *Ygl* bzw. *Burgklechner* beeinflußt ist die Darstellung der Alpenübergänge in den Atlanten des 17. Jahrhunderts, sie enthalten aber bei Namen der Pässe Irrtümer und Verwechslungen. Das ist typisch vor allem für die entsprechenden Atlaskarten von *Guiljelmus Blaeu, Johann Janszoon* und andere niederländische Kartographen, die der Darstellung der Verbindungen über die Alpen keine besondere Aufmerksamkeit widmeten. Erst auf der späteren „Carta Noua accurata del Paßagio . . . via de Allemagna per Italia . . ." von *Frederic de Witt* aus dem Jahre 1671 im Maßstab ca. 1 : 1 170 000 ist nicht nur die Straße über den Brenner (Al Prever) genauer dargestellt, sondern fehlt auch die westliche Verbindung von Bregenz (Bregentz) über Feldkirch (Veldkirg) nach Splügen (Splugen) nicht. Weniger deutlich tritt die Straße von Füssen (Fueßen) über den Fern-Paß weiter ins Inntal hervor. Da diese Karten im Ausland herausgegeben wurden, sind viele Ortsnamen wieder durch Falschschreibung entstellt oder latinisiert worden und toponomatisch ohne Bedeutung.

Bessere allgemeine Information über die Nord-Süd Verbindungen in den Ostalpen konnte man gewinnen seit der 1. Hälfte des 18. Jahrhunderts aus zahlreichen Postroutenkarten, die sich schnell als spezifischer Kartentyp entwickelten. Vor allem in Deutschland wurden durch Aktivitäten von *Johann Baptist Homann, Matthäus Seutter* und *Tobias Conrad Lotter* sowie die Geschäftigkeit der *Homännischen Erben* viele Postroutenkarten erstellt. Auf der von Homann nach 1714 herausgegebenen und verbesserten „Neu vermehrte Post-Charte durch gantz Teutschland nach Italien . . .", deren Autor in Wien und Prag wirkender Feld- und Hauptpostmeister *Johann Peter Nell* von Nellenberg war, sind die Anfänge der temporalen und distanten Elemente auf den Karten zu sehen. Die Brenner Verbindung muß man laut der Zeichenerklärung schon von Füssen bzw. Salzburg über Innsbruck nach Trient und Verona als Straße für die fahrende Post betrachten, währenddessen die von Brixen östlich angeschlossene Strecke durch das Pustatal nach Lienz und Villach oder die westliche Route von Feldkirch aus über Bludenz und Splügen-Paß nach Como nur von den reitenden Posten benutzt wurde.

Mit zunehmender Aufnahmegenauigkeit bereicherte sich im 18. Jahrhundert auch der topographische Inhalt der Karten, in den Vordergrund rückte das Problem der grundrißlichen kartographischen Darstellung des Geländes. Eine Sonderstellung im östlichen Alpengebiet nimmt der „Atlas Tyrolensis" aus dem Jahre 1774 ein, der von dem Tiroler Bauernsohn *Peter Anich* und seinem Gehilfen *Blasius Hueber* stammt. Eine große Anzahl neuer topographischer Symbole im Maßstab 1 : 103 800 bringt eine ganze Reihe nützlicher Informationen. Das Brennergelände wurde, der Zeit gemäß, noch in Maulwurfshügelmanier in schräger Sicht von oben angedeutet, ohne bestimmte Gebirgszüge hervorzuheben, aber schon mit Zeichen z.B. für die senkrechte Lage der Berggipfel (Eisack Ursprung). Bei der westlichen Beleuchtung erscheinen im

Schatten liegende Hänge durch einfache Schummerung dunkler. Unter den weiteren physisch geographischen Elementen steht im Vordergrund das Fluß- und Bachnetz mit dem Dorn See (Brenner See). Den Hauptinhalt der Topographie bilden neben der Landstraße die Zeichen für großes Dorf St. Leonhard (S. Leonhart), falsch nördlich vom Brenner, mittelmäßiges bzw. kleines Dorf Gries oder St. Jakob (S. Iacob), für das Schloß Lueg, für die Weiler, Alpenalmen oder sogar für das Badehaus am Ufer des Eisack. Die Postwechselstation Brenner hatte drei Wirtshäuser, einen Markstein und zum Schutz des Überganges die Grenzfestigungen.

Am Ende des 18. Jahrhunderts sind auch für Alpengebiete erste Routenkarten entstanden, die statt eines gesamten Kartenblattes nur einen Kartenstreifen vorlegen, um eine bestimmte Reiseroute zu veranschaulichen. Sie wurden meistens als Kartenbeilagen bei den ersten Reiseführern beigelegt, wie z.B. die englische Routenkarte der Strecke von Venedig nach Füssen aus dem Reisebuch „Travels through the Rhaetian Alps". in Year MDCCLXXXXVI from Italy to Germany through Tyrol" (Albanis Beaumont, London um 1796) mit schematischen Einzeichnungen der Flüsse, Gletscher, Grenzen und Straße ohne Entfernungsangaben im Maßstab etwa 1 : 650 000.

Zur Bewältigung der Aufgabe, auch die strategisch immer wichtigeren Alpenübergänge von oben richtig zu erkennen, fehlte es den Kartenzeichnern an Beobachtungsmöglichkeiten und an Erfahrungen. Zu den ersten Bahnbrechern gehört der von Napoleon beauftragte Baron *Bacler d'Albe*. Er gab im Jahre 1798 für den nördlichen und mittleren Teil Italiens den Kartensatz im Maßstab 1 : 259 000 heraus, der alle früheren Darstellungsarten verdrängte und das senkrechte und einigermaßen lagerichtige Kartenbild der Alpen mit ihrem nördlichen Voralpenland vermittelte. Das Relief um den Reschen-Paß aus dem Blatt Nr. VIII ist noch mit freien Formschraffen dargestellt, die Straße von Landeck über Nauders weiter nach Unterengadin ist als „zweispurig" gezeichnet, währenddessen ihre Abzweigung von Nauders über den Reschen-Paß und Vintschgau nach Meran nur mit gestrichelter Doppellinie eingezeichnet ist.

Seit der 2. österreichischen Militärmappierung, der sog. Franziszeischen Landesaufnahme im Maßstab 1 : 28 800, die zum Unterschied zur 1. Mappierung auch in Salzburg, Tirol und Vorarlberg durchgeführt wurde, sind die Alpenpässe schon durch Schraffierungen nach der Lehmannschen Methode veranschaulicht worden, d.h. nach der Methode, je steiler desto dunkler. Aus den Blättern der Franziszeischen Mappierung von Vorarlberg, zu deren Teilnehmern der spätere Wegbereiter der Farbenplastik General *Franz Ritter von Hauslab* gehörte, treten klar in Erscheinung die Talbereiche mit dem Wald, das Gewässernetz und das Siedlungsbild. Das Aufnahmejahr 1818 zeigt die Siedlungsausdehnung noch vor Beginn des Bahnbaues, vor der Industrialisierung und vor der als Folge davon einsetzenden Bevölkerungsverdichtung. Die Zufahrtstraße zu dem Arlberg-Paß ist bereits als wichtiger Straßenzug eingezeichnet, nachdem der großzügige Ausbau in die Zeit der Blattaufnahme fällt. Das außerordentliche dichte Netz von Flur-, Wald- und Almwegen ist kaum lesbar, genauso wie die alten Steige- und Saumwege über die Jöcher und die namentlich erwähnten Almen, die heute z.T. nicht mehr in topographischen Karten erscheinen.

Stärkere Berücksichtigung ziviler Belange forderten in der ersten Hälfte des 19. Jahrhunderts die privaten kartographischen Anstalten in Deutschland, Österreich, Schweiz und Italien zur Herausgabe erster Reisekarten, die aber nur zur Gewinnung der allgemeinen Übersicht über die Verbindungen dienten. Das Straßennetz aus dem „Nördlichen Blatt der Post- und Reise-Karte von Italien und den nördlich angrenzenden Alpenländern . . . ", das im Maßstab 1 : 1 800 000 im Jahre 1843 bei der literarisch-artistischen Anstalt der *J. T. Cottaschen* Buchhandlung in München erschien, markiert erheblich größeren Durchgangsverkehr in den Ostalpen zwischen Bayern und Italien und ist in den Hauptzügen bis jetzt praktisch unverändert geblieben.

Die detaillierte kartographische Darstellung der einzelnen Alpenübergänge, die durch staatliche Landesaufnahmen ihren ersten Höhepunkt erreicht hat, wurde in der zweiten Hälfte des 19. Jahrhunderts weiter verbessert in den ersten Alpenvereinskarten mit größeren Maßstäben und detaillierter Felszeichnung, durch die farbenplastischen Methoden mit entwickelten Farbskalen und progressiv wachsenden Abständen von Höhenlinien und schließlich durch neue Landesaufnahmen.

LITERATUR

Wilhelm Bonacker: Das Urbild der modernen Straßenkarte und seine Quellen. In: Straße und Autobahn 9, Bielefeld 1958, 5 S.

Max Eckert-Greiffendorf: Die Kartenwissenschaft. Berlin und Leipzig, 1921 und 1925, 2 Bde.

Arnold Feuerstein: Die Entwicklung des Kartenbildes von Tirol bis um die Mitte des 16. Jahrhunderts. In: Mitteilungen der k.k. Geographischen Gesellschaft in Wien, Band 55, Wien 1912, S. 328–385.

Wilfried Keller: Die zweite Landesaufnahme in Vorarlberg (1818). In: Jahrbuch des Vorarlberger Landesmuseumsvereins, Bregenz 1982.

Hans Kinzl: Der Brenner im Kartenbild. In: Beiträge zur geschichtlichen Landeskunde Tirols. Festschrift Franz Hutter, Innsbruck 1959, S. 163–179.

Eugen Oberhummer: Die ältesten Karten der Ostalpen. In: Zeitschrift des Deutschen und Österreichischen Alpenvereins 38, München 1907, S. 1–14.

Die Entwicklung der kartographischen Darstellung der Alpenübergänge 97

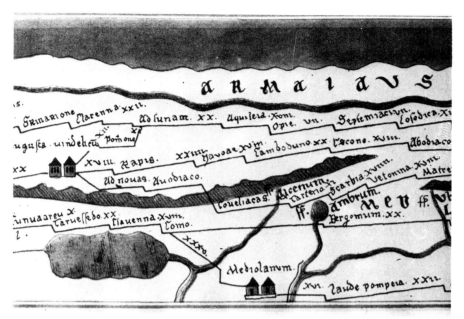

1: Peutinger'sche Tafel, 12. Jahrhundert, Ausschnitt

2: Henricus Martellus Germanus, Manuskriptkarte von Mitteleuropa vor 1490, Ausschnitt

3: Erhard Etzlaub, „Straßenkarte des römischen Reichs...", Nürnberg 1501, Ausschnitt

4: Michael Tramezini, „Nova Gemaniae descriptio...", Venedig 1553, Ausschnitt

Die Entwicklung der kartographischen Darstellung der Alpenübergänge 99

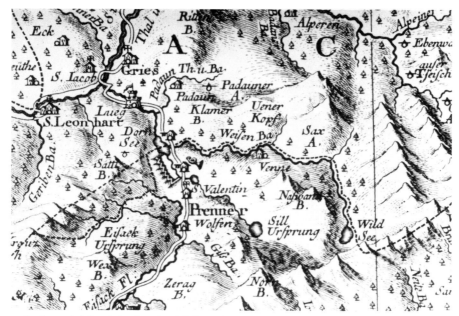

5: Peter Anich, „Atlas Tyrolensis", Wien 1774, Ausschnitt

6: Bacler d'Albe, „Carte Générale Du Théâtre de la Guerre en Italie ...", Mailand 1798, Ausschnitt

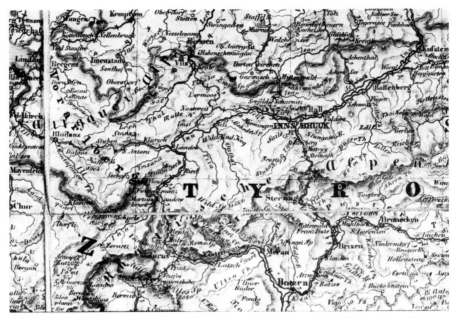

7: „Nördlichen Blatt der Post- und Reise-Karte von Italien . . .", J. T. Cotaschens Buchhandlung München 1843, Ausschnitt

Meinrad Pizzinini

TIROL IM KARTENBILD BIS 1850

Alte Landkarten erfreuen sich zur Zeit einer großen Beliebtheit. Die Verwendung zu dekorativen Zwecken steht dabei sicherlich im Vordergrund. Ihre eigentliche Bedeutung wird dabei leider vielfach übersehen. Gewiß, Details sind falsch oder fehlen; die Einteilung politischer Gebilde stimmt ebenfalls nicht mehr; auch als Wanderkarten sind sie nicht zu brauchen. Die Bedeutung liegt vielmehr im Bereich der Kulturwissenschaft: Alte Karten geben Aufschluß über die schrittweise Entdeckung der Erdoberfläche und über historische Entwicklungsläufe im weitesten Sinn. Selbstverständlich könnte man auch den kunsthistorischen Aspekt anschneiden. Alte Karten geben aber auch Aufschluß über die Methoden ihrer Erstellung vom einfachen „land mallen" des 16. Jahrhunderts bis zu den technisch sich immer mehr verfeinernden Vermessungspraktiken und damit über den sich wandelnden Begriff „Kartographie".

Im Folgenden wird das historische Tirol betrachtet, das vom Karwendel im Norden bis zum Gardasee im Süden reichte.

Auf den römischen Itinerarien ist das Gebiet des späteren Tirol immer mitberücksichtigt, so z.B. in der „Tabula Peutingeriana", einer römischen Straßenkarte des 3. nachchristlichen Jahrhunderts, erhalten in einer Kopie des 12./13. Jahrhunderts. – Antikes Weltbild fand im Mittelalter auch in der „Geographie" des Ptolemaeus seinen Ausdruck, in einem Werk, das immer wieder ergänzt und selbstverständlich verändert worden ist.

Einen deutlichen Fortschritt brachte die Deutschland-Karte des Nikolaus von Kues („Cusanus"). Das Original ist zwar verschollen, doch dürfte die Karte des Martellus Germanus unter all den Nachfolgewerken dem Original am nächsten kommen. – Überhaupt kündigt sich im 15. Jahrhundert der Aufbruch in eine neue Zeit an, gekennzeichnet u.a. durch eine Abkehr von den Autoritäten des Mittelalters. Bezeichnenderweise wird die Kartographie nun auch eine Angelegenheit der Humanisten. Dieser zitierte Nikolaus von Kues hat ja auch ausgedehnte Reisen unternommen und war daher in der Lage, neue geographische Kenntnisse in das Kartenbild Mitteleuropas einfließen zu lassen. – Befruchtend auf die Kartographie wirkte sich im 15. Jahrhundert der zunehmende Verkehr aus, der aufblühende Handel, das Pilgertum. Wenn nun, um 1500, ausgesprochene Straßenkarten entstanden, ist dies eben Ausdruck des intensiver einsetzenden Verkehrs. – Zu den prominentesten Beispielen der Zeit zählt die Straßenkarte des Erhard Etzlaub aus Nürnberg (1501) und die „CARTA ITINERARIA EVROPAE" (1511/20) von Martin Waldseemüller, gebürtig aus Freiburg im Breisgau. Diese Arbeit, die als erste Straßen-Wandkarte des Abendlandes überhaupt zu gelten hat, stellt gleichsam die Zusammenfassung des bisherigen geographischen Wissens dar.

Nach 1500 setzen in Tirol erste einheimische kartographische Leistungen ein. Vielfach waren es Baumeister, die etwas vom Zeichnen verstanden, und Maler, die als Kartenhersteller fungierten. Anlaß zur Verfertigung einer Karte — es handelt sich in diesem Zeitraum immer nur um Detailkarten — gaben Vermurungen durch Bäche und Flüsse bzw. die dadurch ausgelöste Flußverbauung, weiters die Anlage von Fortifikationsbauten und Grenzstreitigkeiten mit einem Nachbarland. Auftraggeber waren in erster Linie der Hof und die Regierungsstellen in Innsbruck. In Hofmalern standen ja auch geeignete Kräfte zur Verfügung, wie zum Beispiel Jörg Kölderer oder Paul Dax. — Paul Dax erfaßte 1544 das tirolisch-bayerische Grenzgebiet mit dem Achental und den anschließenden Gebirgsgruppen von Karwendel und Rofan. Man weiß, daß Paul Dax, dem Auftrag der Innsbrucker Regierung entsprechend, dieses Gebiet und noch jenes des angrenzenden Kufsteiner Raumes in 18 Tagen durchwandert hat. Er nahm Visierungen vor und fertigte Skizzen an. Das Ergebnis, innerhalb von sechs Wochen ausgeführt, sind eine Reliefkarte „erhebt von Lehm gestrichen" und eine Landkarte. Die Art der Ausführung rechtfertigt den zeitgenössischen Ausdruck „land mallen" mit einer perspektivischen Ansicht der Landschaft.

Paul Dax sollte auch eine Karte des nördlichen Tirol erstellen. Man weiß jedoch nicht, ob es dazu gekommen ist. — Die erste Gesamtdarstellung des Landes stammt bezeichnenderweise von einem Humanisten, vom Wiener Wolfgang Lazius (1561). Lazius, vielseitig gebildet, in mehreren wissenschaftlichen Bereichen tätig, schuf einen „Atlas der österreichischen Lande", in dem das siebte Blatt der Grafschaft Tirol gewidmet ist. Selbstverständlich ist diese Karte noch ohne astronomische oder geodätische Messungen zustande gekommen; sie besitzt auch keine Gradeinteilung. Sie enthält viel Wissenswertes, einen Reichtum an topographischem Material, bei jedoch nicht gleichmäßiger Streuung. Die Karte kam aufgrund von Beschreibungen und durch Bereisung des Landes zustande. Die Lazius-Karte von Tirol besitzt nicht nur insoferne Bedeutung, als sie die erste Spezialkarte des ganzen Landes ist, sondern weil sie auch als Kupferstich weiteste Verbreitung gefunden hat. Bis in das 18. Jahrhundert hinein wurde der Druck von auswärtigen Kartographen ausgewertet. Zu den unmittelbaren Nachfolgewerken zählen die Tirol-Karten der Niederländer Abraham Ortelius (1573), der sich auf die verkleinerte Nachbildung der Lazius-Karte des Wieners Johann Major bezog, weiters Gerard de Jode (1578), Gerard Mercator (1595) oder des Venezianers Andrea Bertellus (1595).

Entscheidende Beiträge zur Entwicklung des Kartenbildes von Tirol haben zu Beginn des 17. Jahrhunderts Beamte der Tiroler Regierung geleistet, Warmund Ygl und Matthias Burgklechner. — Ygl, zunächst in Innsbruck, später „Hofkammerbuchhalter" in Prag, hat nach seinen eigenen Angaben nicht nur gedrucktes und handgezeichnetes Kartenmaterial verwendet, sondern er hat auch eigene Aufzeichnungen als Ergebnis von Bereisungen und Messungen eingearbeitet. Da die Holzschnittkarte 1605 in Prag erschienen ist, hat sie in Tirol verhältnismäßig wenig Verbreitung gefunden. Hervorzuheben ist die weitere Zunahme an topographischen Details, die Gebirgsdarstellung in der sog.

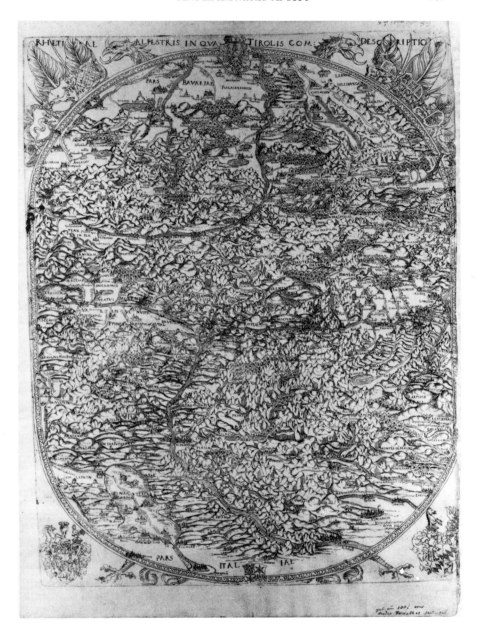

„RHETIAE ALPESTRIS IN QUA TIROLIS COM(ITATUS) DESCRIPTIO" von Wolfgang Lazius. Kupferstich 48,0 × 37,5 cm (Druckplatte). In: Chorographici Prouin(ciarum) Austriae, Wien 1561

Maulwurfshügelmanier und die erste Eintragung von Gletschern auf einer Tirol-Karte überhaupt. — Als ausgesprochenes Nachfolgewerk kann eigentlich nur die Tirol-Karte von Matthäus Merian von 1649 gelten.

Größeren Einfluß auf die Entwicklung übten die Landkarten des Matthias Burgklechner aus. Wie Ygl war er Beamter, ja sogar Kanzler der Regierung. Er kannte das Land sehr gut und nützte alle Reisen für landeskundliche Studien, bes. auf historischem Gebiet. Er verfaßte auch ein mehrbändiges Geschichtswerk. Die kartographischen Arbeiten sah er als Ergänzung seiner historischen Werke an. Selbstverständlich wollte er auch dem drückenden Mangel an brauchbaren Karten des Landes abhelfen. Im Jahr 1607 erfährt man erstmals aus den Akten von einem Plan zu einer Karte, die auf Beobachtung und Orientierung mit Bussole beruhen sollte. Sie erschien 1608. Burgklechner hat zwar selbst gezeichnet, aber zur Ausarbeitung der Druckvorlage hat er Künstler herangezogen. David Zigl, Goldschmied in Hall, gravierte die Druckplatten der „AQVILA TIROLENSIS", die 1609 erstmals erschien. Die Überarbeitung von 1620 und wohl auch jene von 1626 nahm Andreas Spängler in Schwaz vor. Die „AQVILA TIROLENSIS" mit der Kartendarstellung in Form des tirolischen Wappentieres, den Wappen der Städte Alt-Tirols, den „Reichtümern" Tirols und der vier Stände des Landes ist in Nachdrucken bis heute ein sehr dekoratives und beliebtes Blatt geblieben. — Burgklechners Sammelarbeit, die bereits 1608 abgeschlossen war, zeitigte noch ein drittes Werk, die große Landtafel „Die Fürstlich Grafschafft Tirol" (1611) in Holzschnitt. Ohne weitergearbeitet oder auch nur Berichtigungen vorgenommen zu haben, ließ Burgklechner dieselbe Vorlage von Andreas Spängler 1629 in Kupfer stechen.

Die Karten von Matthias Burgklechner, insbesondere natürlich die große Landtafel, blieben wichtigste einheimische kartographische Arbeiten bis zum Erscheinen des „ATLAS TYROLENSIS" von Peter Anich und Blasius Hueber im Jahr 1774! — Für den Süden des Landes spielte eine wichtige Rolle die Karte von Giovanni Antonio Magini, im Atlas „Italia", erschienen zu Bologna im Jahr 1620. — Geradezu als Kopie dieses Blattes könnte man die Karte „TERRITORIO DI TRENTO" von Willem Janszoon Blaeu betrachten, ab 1631 in seinem Atlas eingearbeitet.

Wir haben nun alle wichtigen Kartenwerke der Frühzeit erwähnt. Diese Vorlagen waren es, die in erster Linie von auswärtigen Kartenherstellern und Kartenverlegern verwendet und verarbeitet worden sind. — An dominierender Stelle sind hier die Niederländer zu nennen. Die Namen Mercator und Ortelius wurden schon genannt. Daneben und nach ihnen gab es noch zahlreiche Kartenverleger in den Niederlanden, in deren Atlanten man das Land Tirol aufgenommen findet. Janssonius, Hondius oder Blaeu, auf den die Rechte des Ortelius übergegangen waren. Nach dem Tod des Johannes Blaeu kauften Gerard Valk und Petrus Schenk die Firma auf. Weitere Beispiele sind Cornelius Danckerts und Frederic de Witt.

Weder in Frankreich noch in Deutschland und schon gar nicht in Italien reichte die Produktion an Landkarten und Atlanten an die Quantität der holländischen Verlagswerke. — Als französische Beispiele sind erwähnenswert

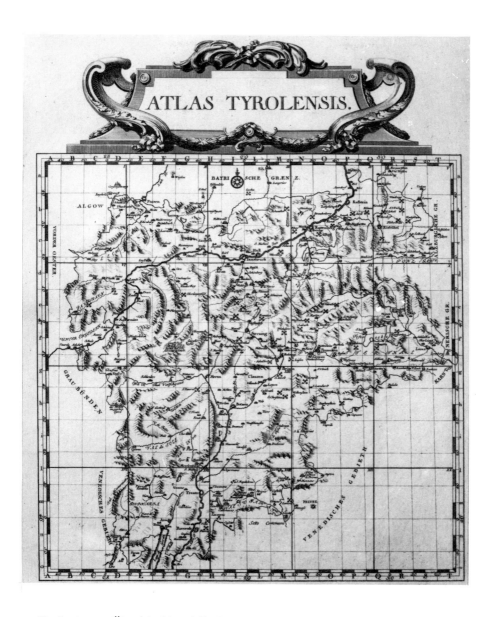

Tirolkarte am Übersichtsblatt („Registerbogen") zum „ATLAS TYROLENSIS" von Peter Anich und Blasius Hueber. Kupferstich von Johann Ernst Mansfeld, 59,2 x 46,1 cm (Druckplatte), ca. 1 : 545.400. Wien 1774

die Blätter von Nicolas Sanson d'Abbeville (1654), Begründer einer kartographischen Schule in Paris, weiters Jean Baptiste Nolin (1701), Hubert Jaillot (1707) und Georges-Louis Le Rouge (1756). — Im deutschen Sprachraum sind es Michael Wening (gegen 1700), Christoph Riegel (gegen 1700), Johann Stridbeck (1703), Christoph Weigel und Gabriel Bodenehr (um 1725) usw. Einen neuen Typus von Tirol-Karte schuf der Nürnberger Johann Baptist Homann, ein Kartenverleger großen Stils. Im Werk „Großer Atlas über die ganze Welt" von 1716 ist die Tirol-Karte erstmals enthalten. — Dieser Typus geht auf Homanns Mitarbeiter Matthäus Seutter (1725/30) über, der bereits nach 1707 in Augsburg eine eigene Offizin eröffnet hatte. Nach Seutters Tod wurde die Firma unter seinem Sohn, der jedoch bald starb, Tobias Conrad Lotter und Johann Michael Probst aufgeteilt. Diese Tatsache spiegelt sich auch in der Verwendung des Kartenbildes von Tirol wider. Lotter ändert eigentlich nur die Vignette (1761), Probst hingegen übernimmt detailliert den erstarrten Typus (1782).

Berufsbedingt befaßten sich die Ingenieure mit Vermessung und dem Zeichnen von Karten. Es handelt sich durchwegs um ungedruckte Detailkarten. Nur Johann Martin Gumpp hat 1674 eine Karte des ganzen Landes herausgebracht. Noch andere Mitglieder der Familie Gumpp haben Detailkarten erstellt, weiters Georg Singer oder Franz Anton Rangger. Er ist bis zum „Oberarcheninspektor" aufgestiegen. Er arbeitete mit erstaunlicher Akribie und großer Präzision.

Der gewaltige Kontrast zum bisher vorhandenen Kartenmaterial mit der Tendenz eher sinkender Qualität, läßt das Werk von Peter Anich und Blasius Hueber umso großartiger erscheinen. Peter Anich ist in Oberperfuss in der Nähe von Innsbruck im Jahr 1723 geboren. Erst ab dem 28. Lebensjahr nahm er Unterricht bei Professor Ignaz von Weinhart SJ an der Innsbrucker Universität. Anichs Einstieg in die Kartographie geschah eigentlich zufällig, denn ursprünglich zeigte er weit mehr Interesse für Mathematik und Astronomie. Der Tiroler Beamte Josef von Sperg(e)s war als Akademiedirektor nach Wien versetzt worden. Er hatte eine Karte des südlichen Tirols angefertigt, wobei der Bereich der Sarntaler Alpen noch ausständig war. Unter der Anweisung von Professor von Weinhart führte Anich 1759 die Arbeit aus, so daß die Karte im Jahre 1762 erscheinen konnte. Nun erhielt Anich von der Regierung den Auftrag, ein Gegenstück zu schaffen, eine Landkarte des nördlichen Tirol. Bei der Präzision seiner Vermessung entschloß man sich jedoch bald, auch den Süden nochmals vermessen zu lassen, was für Anich eine große Anforderung bedeutete.

Die Vermessungsinstrumente schuf er sich zum Großteil selbst: Visierlineal, Bussole und Universalinstrument. Mit den verhältnismäßig einfachen Geräten erzielte er jedoch eine hohe Genauigkeit. Von den beiden Endpunkten einer möglichst langen Grundlinie in ebenem Gelände aus wurden einige Punkte in erhöhter Situation wie Bergspitzen, exponierte Gebäude etc. eingemessen. Diese Methode wird in der Geodäsie als Vorwärtsschneiden bezeichnet. Von diesen vorwärtsgeschnittenen Punkten aus wurden weitere, ebenfalls als Standpunkte geeignete Örtlichkeiten anvisiert und von zwei bereits bekannten Punkten durch eine Horizontalwinkelmessung eingeschnitten. Auf diese Weise wurde das ganze Land mit einem Dreiecksnetz überzogen. Und in dieses Dreiecksnetz hinein wurden die Detailaufnahmen eingefügt. Zur Zeit Peter Anichs war diese Art der Vermessung noch nicht selbstverständlich. Die durchschnittliche Abweichung beträgt in der Breite lediglich + 0,5 Minuten, in der Länge + 0,8 Minuten, was etwa 900 bzw. 1000 m in der Natur oder bezogen auf die Karte 9 bzw. 10 mm entspricht. Besonders genau sind also die Distanzen in Ost-West-Richtung. Die Entfernung Innsbruck-Kufstein ist im „ATLAS TYROLENSIS" nur um 7 mm zu kurz!

Eine große Erleichterung für Anich bedeutete die Beistellung eines Gehilfen, des Blasius Hueber, ebenfalls aus Oberperfuss. Dieser wurde schließlich zum Fortsetzer und Vollender von Anichs Werk. Wir wollen hier nicht die Detailkarten verfolgen, sondern nur das Hauptwerk, den „ATLAS TYROLENSIS", dessen Fertigstellung Anich nicht mehr erlebte. Beim Ausmessen einer Grundstrecke südlich von Bozen wurden Anich und Hueber von einem „hitzigen Fieber" befallen. Anich erholte sich nicht mehr und starb am 1. September 1766 in Oberperfuss. Hueber setzte die Arbeit fort und nahm die Revision der gesamten Karte vor. Den Kupferstich in 20 Teilen, dazu noch ein Übersichtsblatt („Registerbogen"), besorgte Johann Ernst Mansfeld von der Offizin Trattner in Wien, wo das Werk 1774 erschien.

Der "ATLAS TYROLENSIS" hat nicht nur das Kartenbild Tirols entscheidend korrigiert, sondern er stellt auch ein Werk dar, dessen Bedeutung über Tirol hinausreicht. Er war die erste monumentale einheitlich geodätisch erstellte Karte eines Landes überhaupt! Es hatte auch noch nie eine Landkarte mit so vielen Details und Signaturen gegeben. Zum Beispiel werden berücksichtigt Gegebenheit der Wirtschaft, wie Almen, Bergwerke, Schmelzhütten, Glashütten, Pulvermühlen usw., des Verkehrs, wie Poststationen, historischer und kultureller Bereiche, wie Wallfahrten, Einsiedeleien, Burgen, selbst Ruinen. Französische Ingenieure nannten den „ATLAS TYROLENSIS" eines der schönsten Kartenwerke des 18. Jahrhunderts.

Angesichts der Bedeutung und der Aussagekraft wirkte das Kartenwerk im In- und Ausland noch Jahrzehnte nach, z.B. in der Postkarte von Franz Carl Zoller (1799), in den Tirol-Karten von John Cary (1799) oder Karl Joseph Kipferling (1804). In der Napoleonischen Ära, in der Tirol durch seine Situation zwischen den Kriegsschauplätzen in Süddeutschland und Oberitalien eine besondere Bedeutung zukam, wurde die Anich-Karte von Franzosen (1805, 1808) und Bayern (1808) in verändertem Maßstab nachgestochen. Der „ATLAS TYROLENSIS" behielt Gültigkeit bis zur Neuvermessung Tirols durch das Militär.

Eine neuerliche Gesamtaufnahme Tirols erfolgte zwischen 1816 und 1821. Diese Karte in 143 Blättern, im Maßstab 1 : 28 800 ist ein handgezeichnetes Unikat, erhalten im Kriegsarchiv in Wien. – Als Folgewerk ist die „Karte der Gefürsteten Grafschaft Tirol" in 44 Blättern, im Maßstab 1 : 144 000, zu betrachten, im Jahr 1823 im Druck erschienen. – Um die Mitte des 19. Jahrhunderts (1851–1861) wurde der erste bildhafte Kataster, die sog. Urmappe, im Maßstab 1 : 2880 mit der Gliederung nach Gemeinden erarbeitet.

Gewiß, all diese Landkarten entsprechen in ihrer Genauigkeit nicht mehr den heutigen Anforderungen, und dennoch haben sie ihren kulturhistorischen Aussagewert bis heute nicht verloren!

LITERATUR (in Auswahl):

Barbieri, Giuseppe: La Venezia Tridentina nella carta di Giovanni Antonio Magini. In: Atlante toponomastico della Venezia Tridentina, Commento al foglio primo. Firenze 1953.

Dörrer, Fridolin: Neuere historisch-geographische Arbeiten in Tirol. In: Tiroler Heimat, 35. Bd., 1971, S. 77–91.

Dürst-Rangger, Arthur: Peter Anich. Mit einer Einführung über Tirol im Kartenbild vor P. Anich von Erich Egg. Ausstellungskatalog des Tiroler Landesmuseums. Innsbruck 1966.

Edlinger, Max (Hrsg.): ATLAS TYROLENSIS. Innsbruck-Wien-München-Bozen 1981.

Feuerstein, Arnold: Die Entwicklung des Kartenbildes von Tirol bis um die Mitte des 16. Jahrhunderts. In: Festschrift dem Deutschen Geographentag bei seiner XVIII. Tagung Pfingsten 1912 zu Innsbruck. Wien 1912, S. 114–171.

Finsterwalder, Rüdiger: Die Genauigkeit zweier Kartierungen Tirols aus dem 17. Jahrhundert [Ygl, Burgklechner]. In: Studien zur Namenkunde und Sprachgeographie. Festschrift für Karl Finsterwalder (= Innsbrucker Beiträge zur Kulturwissenschaft, Bd. 16). Innsbruck 1971, S. 435–443.

Haberleitner, Odilo: Die Darstellung Tirols im „Theatrum" des Ortelius. In: Kartographische Zeitschrift, 6. Jg., 1917, S. 163–167, S. 177–183.

Hartl, Heinrich: Die Aufnahme von Tirol durch Peter Anich und Blasius Hueber mit einem Anhange: Beiträge zur Kartographie von Tirol. In: Mitteilungen des militärgeographischen Institutes, Bd. 5. Wien 1885, S. 106–184.

Kinzl, Hans: Die Karte von Tirol des Warmund Ygl 1604/05. Begleitworte zur Neuausgabe der Karte anläßlich der Jahrhundertfeier des Österreichischen Alpenvereins im Jahre 1962. Innsbruck o.J.

Kinzl, Hans – Mayr, Franz: Tirol in der Deutschlandkarte des Nikolaus von Kues. In: Cusanus-Gedächtnisschrift, hrsg. v. Nikolaus Grass (= Forschungen zur Rechts- und Kulturgeschichte, Bd. 3). Innsbruck 1970, S. 599–616.

Kinzl, Hans (Hrsg.): ATLAS TYROLENSIS 1774. Faksimileausgabe, mit einem Begleitwort versehen (= Tiroler Wirtschaftsstudien 30). Innsbruck-München 1974.

Kinzl, Hans (Hrsg.): Peter Anich 1723–1766 . . . (= Tiroler Wirtschaftsstudien 32). Innsbruck 1976.

Oberhummer, Eugen: Die Entstehung der Alpenkarten. In: Zeitschrift des Deutschen und Österreichischen Alpenvereins, Bd. 32, 1901, S. 21–45.

Oberhummer, Eugen: Die Entwicklung der Alpenkarten im 19. Jahrhundert, II. Teil (Österreich). In: Zeitschrift des Deutschen und Österreichischen Alpenvereins, Bd. 34, 1903, S. 32–41.

Oberhummer, Eugen – Wieser, Franz von: Die Karten des Wolfgang Lazius. Innsbruck 1907.

Pizzinini, Meinrad: Tirol im Kartenbild bis 1800. Ausstellungskatalog des Tiroler Landesmuseums Ferdinandeum. Innsbruck 1975.

Pizzinini, Meinrad: Blasius Hueber – Bauer und Landmesser. 200 Jahre Vorarlberg-Karte. In: Jahrbuch des Vorarlberger Landesmuseumsvereins 1984. Bregenz 1985, S. 56.

Rangger, Lukas: Warmund Ygl und seine Karte von Tirol. In: Forschungen und Mitteilungen zur Geschichte Tirols und Vorarlbergs, 1. Jg., 1904, S. 183–207.

Rangger, Lukas: Matthias Burgklechner. Beiträge zur Biographie und Untersuchung zu seinen historischen und kartographischen Arbeiten. In: Forschungen und Mitteilungen zur Geschichte Tirols und Vorarlbergs, 3. Jg., 1906, S. 185–221 und 4. Jg., 1907, S. 54–107.

Richter, Eduard: Matthias Burgklechners Tirolische Landtafeln 1608, 1611, 1620. Wien 1902.

Stolz, Otto: Die Darstellung der politisch-administrativen Räume und Grenzen auf den Landkarten Tirols. In: Beiträge zur Landeskunde Tirols. Klebelsberg-Festschrift (= Schlern-Schriften 150). Innsbruck 1956, S. 207–214.

Tomasi, Gino: La concezione della montagna nell'antica cartografia locale. In: Festband der SAT (Società alpina Tridentia) aus Anlaß des 110. Gründungsfestes, 1982. Trento 1984, S. 133–145.

Vergnano, Letizia: Saggio di bibliografia cartografica della Regione Tridentina. In: Atlante toponomastico della Venezia Tridentina, Commento al foglio primo. Firenze 1953.

Hans Wolff

GEOLOGISCHE ALPENREISEN ZUR GOETHE-ZEIT
DIE „ERSTEN" GEOLOGEN BAYERNS UND DER
ÖSTERREICHISCH-UNGARISCHEN MONARCHIE

In der zweiten Hälfte des 18. Jahrhunderts befinden wir uns in einer Zeit, in der sich vielfach Privatgelehrte und Liebhaber, die aus verschiedensten Berufen kamen, der geologischen Forschung widmeten. Nur wenige Männer wie *Werner* und *Flurl* waren dem verwandten Fachgebiet, der Bergbau- und Lagerstättenkunde entwachsen.

Wir befinden uns in der ausklingenden Frühzeit der Geologie, die durch zahlreiche spekulative Erdtheorien geprägt ist und deren Ende sich mit dem Übergang vom 18. zum 19. Jahrhundert ziehen läßt.

Begleiten wir zunächst *Goethe* auf seiner ersten italienischen Reise durch die Alpen. Nicht nur, weil die Reise derzeit ihre Zweihundertjahrfeier erlebt, sondern weil sich auch bereits aus den wenigen Reisenotizen wichtige Aspekte zum geologischen Forschungsstand und der Geistessituation seiner Zeit ergeben.

Goethe querte die „Kalckalpen", die er als solche bezeichnete, von München ausgehend auf der alten Handelsroute Kochelsee, Walchensee, Seefeld, Innsbruck mit der Postkutsche und beschrieb die hohen „Felsklippen" als „Kalck, von dem ältesten der noch keine Versteinerung enthält". Er war der sehr undifferenzierten Ansicht, daß diese „Kalckfelsen in ungeheurer ununterbrochener Reihe von Dalmatien bis nach dem Gothart und auch noch weiter fort" ziehen.

Innerhalb der Kalkalpen beobachtete *Goethe* Lager, Bänke, auch geschwungene Lager, ungleiche Verwitterung und leitete von diesen Erscheinungen das „seltsame Aussehen der Wände und Gipfel" ab. Weiter habe er „wenige Stücke einer Art Gneis in den Giesbächen gefunden". Es handelt sich hier offenbar um Moränenblöcke eines bei Seefeld nach Nord vorstoßenden Astes des Inngletschers. — Doch greifen wir nicht vor. Von Moränen und ihrer Entstehung konnte *Goethe* noch nichts wissen.

Er war sich nicht sicher, ob der zusammenhängende gebirgsbildende Kalkstein bis zum Brennersee hinaufzieht und hatte den Verdacht, daß die Veränderung auch schon früher erfolgen könnte. Dies ist in der Tat richtig.

Goethe war erstaunt, als er im Bereich des Brenners, des Zentralkammes der Alpen, nicht den Granitstock fand, der nach der *Werner*schen Schule auftreten und auf den kristalline Gesteine wie Glimmerschiefer und weiter Sedimente folgen müßten. Schon seine erwähnte Ansicht über die Verbreitung der „Kalckfelsen" steht mit dieser Hypothese in Widerspruch.

Was die Entstehung des Porphyrs bei Bozen betrifft, schloß er sich nicht der Theorie vulkanischer Entstehung an, sondern, wie aus seinen Schriften an anderer Stelle hervorgeht, der Theorie des Niederschlags in einem Urozean. Er erwies sich damit als Vertreter des *Neptunismus,* ebenfalls einer Hypothese *Abraham Gottlob Werners*[1].

Auf wenigen Seiten des Tagebuches von *Goethe*[2] drängen sich somit in raschem Wechsel einzelne und zusammenfassende, grundsätzlich richtige Beobachtungen sowie Ansichten und Hinweise auf Hypothesen, mit denen er seine Beobachtungen verknüpft. Diese dienten in seinen Reisenotizen lediglich der Bestätigung seiner früher gewonnenen Anschauungen. Kritische Betrachtungen sind jedoch nicht festzustellen.

Es sei noch darauf hingewiesen, daß einige der erwähnten problematischen Beobachtungen, die mit *Goethe*s Konzept nicht harmonierten, nur in seinen erst 100 Jahre später herausgegebenen Originalnotizen, nicht jedoch in der redigierten, zunächst publizierten Fassung[3] wiedergegeben sind.

Die Ansichten und Hypothesen, denen sich *Goethe* anschloß — wir nannten die Verbreitung der Kalkalpen, das Fehlen von Versteinerungen, die Abfolge von Gesteinen, die Entstehung von Porphyr —, erwiesen sich übrigens später weitgehend als falsch. Und dies, obwohl er versuchte, Hypothesen mit Beobachtungen zu untermauern, ausgeprägter jedenfalls, als es zu damaliger Zeit Brauch war. Das Charakteristikum der Frühzeit der Geologie war ja vielmehr deduktives Denken, das heißt, man versuchte primär Beobachtungen in vorgegebene Gedankengebäude einzubauen.

Bei unserem Blick auf die geologischen Geistesströmungen, die sich nicht nur bei *Goethe* im Schrifttum niederschlugen, nannten wir den Namen *Abraham Gottlob Werner.*

Werner (1749–1817) hielt seit 1780 an der Bergakademie Freiberg in Sachsen erstmals Vorlesungen über Gebirgskunde oder Geognosie, einen älteren Ausdruck für Geologie und scharte rasch einen Schülerkreis aus aller Welt um sich, aus dem namhafte Forscher wie *Leopold von Buch* und *Alexander von Humboldt* hervorgehen sollten. Auch *Cuvier, Sedgwick* und selbst *Goethe* hörten seine Vorträge. Freiberg entwickelte sich zum Mekka der Geologen.

Obwohl Beobachtung und Erfahrung für *Abraham Gottlob Werner* als Fundament seiner damals mustergültigen Gesteinsklassifizierung und Formationskunde galten, entfernte er sich in einerseits merkwürdigem Gegensatz in der Theorie jedoch leider von seinen empirisch-induktiven Grundsätzen. Hier leitete er nahezu alle Gesteine von der Tätigkeit des Wassers ab und wurde damit, von Vorläufern abgesehen, Begründer und Hauptvertreter des schon ge-

---

1 Vgl. *Helmut Hölder:* Geologie und Paläontologie in Texten und ihrer Geschichte, Freiburg u.a.: Alber 1960, 566 S. – Ders.: *Goethe* als Geologe, Z. dt. geol. Ges., 136 (1985), 1–21. Mit weiteren Literaturangaben zum Thema *Goethe* als Geologe. – Zu *A.G. Werner* und Neptunismus vgl. auch *Wolf v. Engelhardt:* Neptunismus und Plutonismus, Fortschritte d. Mineralogie, 60 (1982), 1, 21–43.
2 *Johann Wolfgang Goethe:* Tagebuch der italienischen Reise 1786. Notizen und Briefe aus Italien mit Skizzen und Zeichnungen des Autors. Hrsg. u. erl. von *Christoph Michel.* Frankfurt a.M. 1976 (Insel-Taschenbuch 176). 401 S., hier S. 20–51.
3 *Johann Wolfgang Goethe:* Italienische Reise. Mit 40 Zeichnungen des Autors. Hrsg. u. mit einem Nachwort versehen von *Christoph Michel.* Frankfurt a.M. 1976 (Insel-Taschenbuch 175). 447 S., hier S. 18–51.

nannten Neptunismus. Ja selbst der Basalt sollte durch Ausscheidung im Wasser entstanden sein. Wie damals so häufig, und damit auch wieder verständlich, wurde ein Prinzip verabsolutiert und zwanghaft den vielfältigsten Erscheinungen übergestülpt.

Aufgrund der Überzeugungskraft, der Begeisterung und Faszination, die *Werner* jedoch bei seinen Schülern zu entfachen verstand, sollte seine einseitige Denkrichtung jahrzehntelang in Deutschland vorherrschen und auch mitunter als Hemmschuh weiteren wissenschaftlichen Fortschritts wirken. Er prägte eine ganze Forschergeneration. Selbst so bedeutende Männer wie *Goethe* schlugen sich, wie angedeutet, vornehmlich zugunsten des Neptunismus.

Soweit zum geistigen Vorfeld zweier Pragmatiker, auf die wir im folgenden eingehen wollen, und die neben der Empirie am Handstück und im Labor ganz besonders auch die Beobachtung im Feld, sowohl lokal als auch regional als wesentlich, als Grundlage einer anzustrebenden Theorie erachteten. Den Stellenwert des induktiven Denkens gegenüber dem deduktiven drehten die beiden Forscher generell um; von nun an sollte dich diese Denkrichtung in der Alpenforschung zunehmend verbreiten.

Während hier für die bayerischen Alpen an *Mathias von Flurl* zu denken ist, muß für den Bereich der österreichischen Monarchie zweifellos *Belsazar Hacquet* genannt werden.

Flurl (1756–1823) bereiste ganz Altbayern zum Zweck bergbaukundlicher, mineralogischer und geologischer Studien, reihte sich zur Abrundung seiner Kenntnisse in den Schülerkreis *Werners* in Freiberg ein und schrieb 1792 in der damals beliebten Briefform seine „Beschreibung der Gebirge von Baiern und der oberen Pfalz"[4]. Er war seit 1780 Professor für Physik und Naturgeschichte an der herzoglich-marianischen Landesakademie und übernahm 1797 die Professur für Naturgeschichte und Chemie bei der bayerischen Akademie der Naturwissenschaften. 1808 wurde er geadelt. Als eine der herausragenden Gestalten der Aufklärung in Bayern trieb *Flurl* die Forderung nach exakter Beobachtung der Phänomene auf dem Gebiet der Naturwissenschaften sowie die naturkundliche Bildung voran und setzte sich für die Förderung der bayerischen Volkswirtschaft ein. Auch dazu hatte er als oberster Bergbeamter enge Beziehungen[5].

Wenn er mit seinem geologisch-mineralogischen Hauptwerk als dem Ergebnis einer zehnjährigen Forschungszeit als erster einen für die damalige Frühzeit umfassenden, in vielen Einzelheiten ausgeführten und anregend geschriebenen Überblick über das Gesteinsinventar der Bayerischen Kalkalpen schuf, so konnte er eine Stratigraphie, das heißt eine zeitliche Gliederung, wie sie heute für uns selbstverständlich ist, natürlich noch nicht liefern. Die Voraus-

---

4 *Mathias Flurl:* Beschreibung der Gebirge von Baiern und der oberen Pfalz . . . Mit 4 Kupfertaf. u. einer petrograph. Karte. – München: Lentner 1792. 642 S. – Ein unveränderter Nachdruck erschien 1972 in München, hrsg. durch d. Vereinigung d. Freunde d. Mineralogie u. Geologie Heidelberg, besorgt von *E. Preuss.*

5 Vgl. *Heinrich Laubmann:* Mathias von Flurl, der Begründer der Geologie Bayerns, sein vaterländisches Mineralienkabinett und sein Reisetagebuch aus dem Jahre 1787, München: Bayer. Akad. d. Wiss. 1919.

setzungen hierzu wurden erst nach und nach im 19. Jahrhundert entwickelt. Wie *Goethe* bedauerte er den Mangel an Fossilien im „Kalkgebürg", die sich jedoch auch dort in den meisten Einheiten, teilweise sogar reichlich finden und eine wesentliche Grundlage der bis in die neueste Zeit zunehmend verfeinerten Stratigraphie bilden.

Flurl postulierte trotzdem mit Recht, daß die Gesteine des Kalkgebirges wesentlich älter sein müssen als jene des Alpenvorlandes.

Er erwies sich als vorsichtiger und selbstkritischer Deuter zum Beispiel im 15. Brief bei der Frage der Entstehung von Erzen im Kalkstein des Rauschberges bei Inzell, als er anführte, daß die unterirdischen Schätze in ihren verborgenen Werkstätten noch zu wenig belauscht sind, um sagen zu können, daß die dargelegten Vermutungen untrüglich sind. Das war ihm auch bewußt, als er im ersten Brief schrieb, er könne nur Grundsteine liefern, worauf sich mit der Zeit ein vollständiges Gebäude erheben mag.

Was vorgegebene Gedankengebäude betrifft, distanzierte sich *Flurl* in seiner Vorrede von theoretischen Kontroversen mit den Worten: „Mögen es die großen Gelehrten unter sich noch ferners ausstreiten, ob der Basalt vulkanischen Ursprungs sey oder nicht usw."

Seine „Gebürgskarte von Baiern und der Oberen Pfalz"[6] zeigt übersichtsmäßig eine Gliederung in zwei geographisch-geologische Einheiten, nämlich „Hoches Kalkgebürg" und „Niedere Kalk und Santflötze". Freilich sind hier die stratigraphisch-paläogeographisch-tektonischen Zonen des späteren Kalkalpins, des Flysches, des Helvetikums und der Molasse, um die wichtigsten zu nennen, noch nicht richtig voneinander getrennt, eine Aufgabe, die auch nur von einer Reihe von nachfolgenden Forschergenerationen gelöst werden konnte.

Dem Hauptwerk *Flurl*s folgten Lokalstudien, die die früheren Angaben ergänzten und teilweise in neue Zusammenhänge rückten. *Flurl* begrüßte die Ende des 18. Jahrhunderts und Anfang des 19. Jahrhunderts zweifellos auch durch seine Regionalgeologie animierte und rasch zunehmende Lokalforschung als Grundlage eines später zu fordernden Systems, das seine 1805 erschienene Zusammenfassung „Uiber die Gebirgsformationen in den dermaligen Churpfalzbaier. Staaten" nur andeutungsweise sein konnte[7]. Hier schied *Flurl* neben einer „Grundgebirgsformation" (Zentralalpen) eine „Alpenkalksteinformation" (Kalkalpen), eine „Formation der Lager mit thonigkörnigen Eisenstein" (Flysch und Helvetikum) und die „Formationen mit den Steinkohlenflötzen" (Molasse) aus. Der Bereich nördlich davon bis zur Donau wird dem „aufgeschwemmten Gebirge" zugeordnet oder als Berge, „die ihr Entstehen späteren Wasserfluthen oder einem Niederschlage aus dem Wasser zu verdanken haben". Die Deutung der Moränen, erratischer Blöcke und fluviogla-

---

[6] Handkolorierte Beilage zum Hauptwerk *Flurls*, in dessen Titel *petrographische Karte* genannt. – Nachdruck 1972 (vgl. Fußn. 4). – Verkleinert abgebildet in *U. Lindgren:* Alpenübergänge von Bayern nach Italien, 1500–1850. Landkarten, Straßen, Verkehr. München, Hirmer u.a. 1986. 208 S., hier Taf. 11.

[7] *Mathias Flurl:* Uiber die Gebirgsformationen in den dermaligen Churpfalzbaier. Staaten. – München 1805. 83 S., hier S. 29–30.

zialer Ablagerungen als Eiszeitbildungen war *Flurl* noch nicht möglich, er betrachtete sie vielmehr wie seine Zeitgenossen als durch einen „Fluthensturm", einen Einbruch des Ozeans, entstanden. Die Eiszeittheorie war zu seiner Zeit noch nicht geboren. Als dem Alpenkalkstein untergeordnete Gebirgsarten gelang es *Flurl* „Salzsteinlager", „verhärtete Mergel", „Sandsteinlager" und „Gypslager" auszugliedern.

Und nun zu *Belsazar Hacquet* (1739—1815). *Hacquet* war zunächst Professor für Anatomie, Chirurgie und Hebammenkunst am Lyceum in Laibach, später (1788) nahm er die Berufung an die Universität Leopoldstadt (Lemberg) an. Die freie Zeit nützte er zu zahlreichen und ausgedehnten Reisen in einem großen Teil der Ostalpen und anschließenden Südalpen, aber auch in Ländern Ost- und Nordeuropas mit wissenschaftlichen, insbesondere jedoch mineralogisch-geologischen Zielsetzungen. Dabei überschritt er nicht nur eine Reihe von Pässen, sondern bestieg auch als begeisterter Bergsteiger eine Vielzahl von Bergen und Gipfeln. 1779 gelang ihm bei seinem zweiten mühevollen Versuch die Besteigung des Triglav. Wenn die Erstbesteigung ein Jahr zuvor von einem seiner Schüler erfolgte, so ist die geistige Vorbereitung hierzu doch großenteils ihm selbst zuzuschreiben. Seine alpinistischen Schilderungen von der Vorbereitung über die Probleme bis zur Durchführung machten ihn zum maßgeblichen Wegbereiter des Alpinismus in den Ostalpen. Reise- und Expeditionsberichte sowie die wissenschaftlichen Ergebnisse legte er in einer Reihe von größeren Werken und zahlreichen kleinen Aufsätzen nieder.

Auch *Hacquet* erkannte die Gefahr von Lehrmeinungen und hofft, „ziemlich leidentlich behandelt zu werden", da er sich „nicht schuldig weiß, weder ein System, noch ein Lehrbuch, das die menschlichen Sinnen verwirren könnte, geschrieben zu haben".

Wie der *Hacquet*-Biograph *Georg Jakob*[8] hervorhob, beschränkte sich die Forschung in den Ostalpen vor *Hacquet* im wesentlichen auf drei geologische Probleme: auf die Karstphänomene, die Wirkungen des fließenden Wassers und die Gletscher, wobei die einschlägigen Arbeiten räumlich begrenzter Art waren und überwiegend praktische Zielsetzung aufwiesen. Die Reisen *Hacquets*[9] boten erstmals an Umfang und Tiefe in seiner Zeit unerreichte wissenschaftliche Informationen über die gesamten Ostalpen: Auch gebührt *Hac-*

---

8 *Georg Jakob:* Belsazar Hacquet und die Erforschung der Ostalpen und Karpaten. — Münchener Geograph. Studien, 27, 1913, 127 S., 3 Abb.
Georg Jakob: Belsazar Hacquet. Leben und Werke. Bearb. u. eingeleitet v. *Georg Jakob.* — München: Rother 1930. 249 S., 16 Bilder.
9 *Belsazar Hacquet:* Mineralogisch-botanische Lustreise von dem Berg Terglou in Krain, zu dem Berg Glokner in Tyrol, im Jahr 1779 und 1781. — Wien 1784.
Physikalisch-Politische Reise aus den Dinarischen durch die Julischen, Carnischen, Rhätischen in die Norischen Alpen, im Jahre 1781 und 1783 unternommen. 1. u. 2. Tl. — Leipzig: Breitkopf 1785.
Oryctographica Carniolica, oder Physikalische Erdbeschreibung des Herzogthums Krain, Istrien, und zum Theil der benachbarten Länder. 4 Teile. — Leipzig: Breitkopf 1778—1789.
Reise durch die norischen Alpen. Physikalischen und andern Inhalts unternommen in den Jahren 1784 bis 1786. 1. u. 2. Tl. — Nürnberg: Raspische Handlung 1791.

quet, wie *Jakob* rühmt, das Verdienst, zum ersten Mal unzweideutig die *Dreigliederung der Ostalpen* von Nord nach Süd, nämlich nördliche und südliche Kalkalpen sowie kristalline Zentralalpen, ausgesprochen und damit seine Beobachtungen sinnvoll in einen größeren regionalen Zusammenhang eingeordnet zu haben. Näheres findet sich am Ende seiner „Reise durch die Norischen Alpen" (1791)[10]. Wenige Jahre zuvor war *Goethe* diese Gliederung, wie wir gesehen haben, noch unklar.

Das umfassendste Werk *Hacquet*s ist die „Oryctographia carniolica . . ." mit dem Schwerpunkt Krain und Istrien (vgl. Fußn. 9).

Seine geologischen oder genauer gesteinskundlich-lagerstättenkundlichen Karten führen uns zu einem ersten Überblick über die Verbreitung der vorgefundenen Gesteinsarten und der in ihnen enthaltenen Minerallagerstätten. Im Gegensatz zur Karte *Flurl*s, die bestimmte geologische Zonen durch farbige Flächensignatur anschaulich zusammenfaßt, kennzeichnete *Hacquet* die örtlichen Vorkommen nur durch Buchstaben oder graphische Symbole. Ihre Häufung läßt in einfachen Fällen die regionale Ausdehnung bestimmter Gesteinsvorkommen recht gut erkennen. So ist auf der Karte der slawischen Länder Österreichs der ungefähre Grenzverlauf zwischen Kalkgebirge und Kristallin im Raum Lienz-Klagenfurt oder die Verbreitung der Südkalkalpen angedeutet[11]. Damit war ihm die kartographische Trennung der letzteren von den kristallinen Zentralalpen möglich. Exakte Grenzen konnten natürlich ohne Lokalkartierung noch nicht angegeben werden (Abb. 1). In den Zillertaler Alpen gelang es ihm, die Mineralvorkommen nördlich des westlichen Hauptkammes durch Symbole festzuhalten und verschiedene Mineralgruppen auszuscheiden[12] (Abb. 2).

Über die organisatorischen Voraussetzungen und Hilfsmittel für Reisen in den Alpen, so Verkehrsverhältnisse, Straßen, topographische Karten, Ausrüstung, Gefahren usw. kann hier nicht eingegangen werden.

Wir begleiteten *Mathias Flurl* und *Belsazar Hacquet* als Exponenten der Frühzeit der Regionalen Geologie der Ostalpen und halten noch einmal fest, daß ihre Tätigkeit durch Beobachten, Sammeln, Beschreiben, Vergleich geprägt war, wobei die theoretische Betrachtungsweise gegenüber früheren Zeiten bewußt zurücktrat. Zu einer Synthese sahen sich *Flurl* und *Hacquet* aufgrund der vielen mehr geahnten als bewußten Probleme — seien sie exogener oder endogener, chemisch-physikalischer oder biologischer Natur — nicht in der Lage. Ein wirkliches Verstehen war den Pionierforschern aufgrund der fehlenden Voraussetzungen unmöglich. All dies soll die Verdienste *Flurl*s und *Hacquet*s indes nicht schmälern, die mit Recht dazu führten, ihnen das Prädikat „Begründer der Geologie Bayerns bzw. Österreichs" zuzuerkennen. *Flurl* und *Hacquet* sind Pioniere moderner geologischer Alpenforschung.

Bei einem Vergleich mit den heute bekannten geologischen Verhältnissen läßt sich nach allem erahnen, welch unsichere Pfade ein Alpengeologe Ende

---

10 *Hacquet* (1791) S. 260.
11 Beilage im Hauptwerk: Oryctographia Carniolica . . . (vgl. Fußn. 9 (3)).
12 Beilage in: Physikalisch-Politische Reise . . . (vgl. Fußn. 9 (2)).

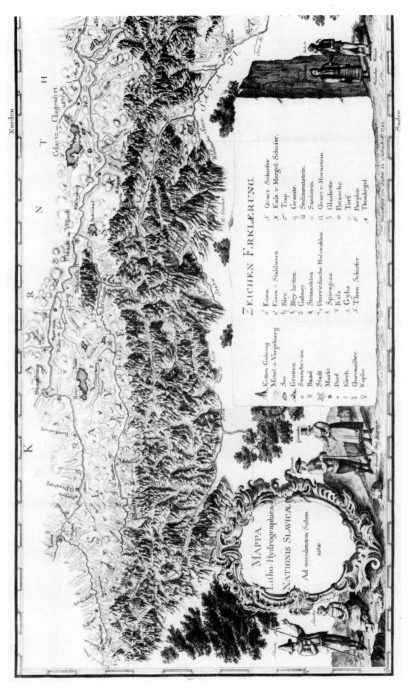

1. Kartographische Darstellung des Raumes Lienz-Klagenfurt und der anschließenden Südalpen. Berge der Karnischen Alpen, Karawanken und Julischen Alpen mit ihren hochalpinen Formen individualisiert aus perspektivischer Vogelschau. Gailtaler Alpen und Kristallin nördlich der Linie Lienz-Villach-Klagenfurt als sanfteres Hügelland mit Hilfe einfacher Schraffen in Aufsicht wiedergegeben. Gesteine, Mineralvorkommen und sonstige Lagerstätten durch Zeichen und Buchstaben gekennzeichnet. Das Kristallin der Zentralalpen wird durch den vorherrschenden Buchstaben „G" erkennbar. (Ausschnitt aus: Mappa Litho-Hydrographica Nationis Slavicae. Beilage in B. Hacquet: Oryctographia Carniolica ..., 3, Tl., Tab. 1, 1784).

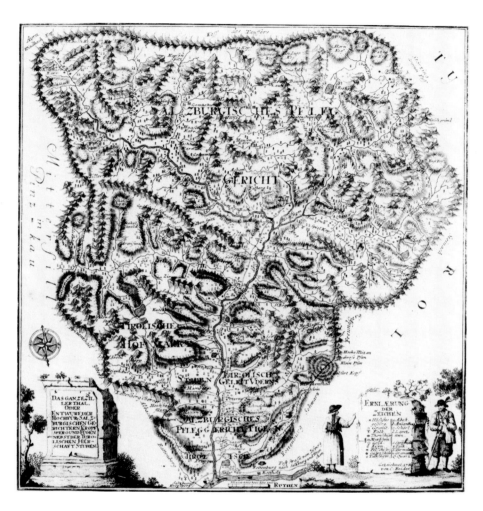

2. Die Gesteinsverbreitung im Zillertaler Gebiet von der Zillermündung bis zum Zentralkamm und die Minerallagerstätten der berühmten „Greiner Schieferserie" aus der Sicht *B. Hacquets*. Die Berge sind in traditioneller Maulwurfshügelmanier sowie in Aufsicht mit einfachen Hangschraffen dargestellt; letzteres gilt auch für die Gletscher. (Aus *B. Hacquets:* Reise durch die norischen Alpen ... in den Jahren 1784 bis 1786. 2. Tl., Taf. 2, Nürnberg 1791).

des 18. Jahrhunderts verfolgte und wie schwierig es — auch psychologisch und wissenschaftstheoretisch — gewesen sein muß, sich von vorgegebenen Gedankengebäuden zu distanzieren und weitgehend induktive Wege einzuschlagen.

Der Geologe sah sich etwa einer Situation gegenüber, in der sich vergleichsweise ein Historiker befindet, der vor einem Haufen Urkunden und sonstigem Quellenmaterial steht, das teilweise zerkrümelt, zerrissen, verfaltet und lückenhaft ist und wobei er selbst die Möglichkeit der geschichtlichen Überlieferung erst ergründen und die nötigen Hilfsmittel, die Hilfswissenschaften aufbauen muß.

Jean-François Bergier

DIE AUSWIRKUNGEN DES VERKEHRS AUF DIE BERGBEVÖLKERUNG IM MITTELALTER

Es ist an der Zeit — auch wenn es stets eine Aufgabe historischer Arbeit bleiben wird, neues Quellenmaterial zusammenzutragen — sich ebenfalls über den Standort der historischen Alpenforschung zu besinnen und einige neue Ansätze zur Problematik und zur Orientierung der Forschung über die Alpenübergänge im Mittelalter zu erläutern.

Seit den bahnbrechenden Werken von Aloys Schulte (die unser Jahrhundert eröffneten) und Werner Sombart hat sich die Forschung sehr darauf konzentriert, einerseits den transalpinen Verkehr aus der Sicht der Endstationen zu betrachten, d.h. die Ströme der Reisenden bzw. der Waren zwischen den großen Zentren und Märkten südlich und nördlich der Alpen zu beschreiben. Andererseits hat die Forschung die Geographie des Verkehrs mit viel Akribie analysiert, teilweise auch unter geopolitischen Gesichtspunkten, mit dem Begriff der sog. „Paßstraßen". In neuerer Zeit hat sie auch versucht, den Warenverkehr quantitativ zu messen. Es bleibt bestimmt in dieser Richtung noch viel zu erarbeiten, neues Material zu entdecken — nicht wie früher nur Urkunden, sondern auch archäologische Spuren an Ort und Stelle — oder bekanntes Material zu überprüfen und neu zu bewerten. Doch sind wir schon jetzt über die Struktur und auch über die Konjunktur, die Schwankungen des mittelalterlichen Verkehrs über die Alpen, mindestens ab dem 13. Jahrhundert relativ gut informiert. Dieser Band enthält verschiedene Beiträge zu diesem Thema.

Es ist jedoch nicht zu bezweifeln, daß viele Forscher etwas schnell auf das Gebiet der Alpen übergesprungen sind. Die einen haben die Kette einfach als eine Linie, einen Horizont betrachtet, ein natürliches Hindernis, eine rein physische Grenze zwischen zwei Räumen, die allein Beachtung fanden, als ob die Alpen ohne Dichte gewesen wären, keinen eigenen Raum bilden würden. Die anderen haben den Raum in seiner Tiefe schon als eine Reihe von Bergen und Tälern erkannt, ohne aber deren menschliche Besiedelung in Betracht zu ziehen, als ob die Alpen ohne Leben gewesen wären — oder erst durch die Reisenden ins Leben gerufen worden wären.

Ich übertreibe vielleicht etwas, aber kaum zuviel. Erst seit einigen Jahren (mit wenigen früheren Ausnahmen) hat sich das Interesse der Geschichtsforschung auch für die innere Geschichte der Alpenbevölkerung entwickelt, im Zusammenhang mit dem Verkehr. Welcher Art die Auswirkungen dieses Verkehrs auf die Leute gewesen sind, die entlang der Wege lebten und wirkten, wissen wir aber noch viel zu wenig.

Meines Erachtens sollte man das Problem mit einer doppelten Fragestellung angehen:

1. Welche Teilnahme hatte die Bergbevölkerung an der Entwicklung des Verkehrs? Wieweit hat sie durch eigene Initiative und Leistungswillen den transalpinen Verkehr ermöglicht oder gefördert?
2. Welche Auswirkungen positiver oder negativer Art hatte der Verkehr für die Bergbevölkerung, und zwar sowohl für diejenigen Leute, die direkt, beruflich an der Durchführung des Verkehrs beteiligt waren, als auch für diejenigen, die nur indirekt, also passiv, von ihm beeinflußt werden konnten: in ihrem materiellen, sozialen oder politischen Dasein, oder in ihrer Weltanschauung, ihren Werten, ihrer Mentalität und Sensibilität?

Diese beiden Fragekomplexe kann man allerdings nicht völlig voneinander trennen.

Daß ein Teil der Bevölkerung entlang der zu einem Paß führenden Täler im Dienst des Verkehrs stehen konnte und davon eine Einkommensquelle erzielte, ist selbstverständlich und auch dokumentiert. Der Verkehr brauchte passende Transportmittel, vor allem Saumtiere. In den Voralpen waren schon im Frühmittelalter wichtige Pferdezuchtanstalten vorhanden, z.B. beim Kloster Einsiedeln. Pferde sind aber auf Bergwegen nur bedingt geeignet. Sie wurden allmählich, im Laufe des Mittelalters, durch Maultiere ersetzt, die aus dem Mittelmeergebiet stammten, und deren Zucht sich in den Tälern allgemein verbreitete, um sowohl die lokalen landwirtschaftlichen Bedürfnisse als auch die Bedürfnisse des Fern-Verkehrs zu decken. Weiter brauchte der Verkehr Verpflegungsmöglichkeiten, für die Tiere wie für die Reisenden. Viele Dörfer entwickelten sich zu Stapelplätzen, wo die Einwohner Übernachtungsmöglichkeiten und Verpflegung anboten. Im savoyischen Chablais und im Freiburgerland wurde der Anbau von Hafer im 14.–15. Jahrhundert überdurchschnittlich gefördert, was sehr wahrscheinlich mit der Verpflegung der Tiere entlang der Straßen vom Simplon und Großen St. Bernhard zu tun hat.

Auch Säumer und Bergführer waren nötig, um den Verkehr sicher zu bewältigen, umsomehr, weil die Wege meistens nicht im modernen Sinn befestigt waren und nicht einmal eine eindeutige Trasse hatten; unter Umständen waren Umwege nötig. Nur ortskundige, einheimische Leute konnten den Verkehr sicher führen und im Notfall Rettungsmannschaften bilden. Solche Führer, „Marrones", wurden schon 1129 am Großen St. Bernhard erwähnt, als einige von ihnen durch eine Schneelawine ins Tal gerissen wurden.

Auf der Paßhöhe wurden bekanntlich Hospize durch die Kirche errichtet, um den Reisenden den physisch und psychisch schwierigsten Teil der Reise zu erleichtern. Über die Mönche, die sich dort oben aufhielten, wissen wir wenig – aber sicher waren die meisten von ihnen Einheimische, wie Bernard von Aosta (gestorben 1081), der das Hospiz am Großen St. Bernard gründete und so, laut einer Liturgie des 13. Jahrhunderts, „eine Hölle zerstörte und ein Paradies erbaute".

Wie die Säumer in den Bündner Tälern, am Gotthard, im Wallis, im Tirol usw., sich gegen Ende des Mittelalters organisierten, um ein Monopol über das Transportwesen zu üben, ist jetzt wohl bekannt, insbesondere durch Arbeiten von Prof. Pio Caroni. Er hat darauf hingewiesen, daß Interessenkonflikte entstanden sind zwischen Gemeindesäumern, die das Transportmonopol in ihrem

Wohngebiet („longeria") beanspruchten, und fremden Kaufleuten, die vorzogen, eine größere Strecke in einem Zug zu bewältigen, („Strackverkehr"), mit weniger Verzögerung und größerer Sicherheit für die Waren.

Die Auswirkungen dieser Partizipation auf die gesamte Bevölkerung bleiben aber noch schwer zu ermessen. Einerseits können wir feststellen, daß die alpine Wirtschaft sehr früh vom Verkehr belebt worden war, auch früh und stark monetarisiert wurde. Andererseits war die Verteilung des durch den Verkehr erzielten Profits ungleich. Allerdings stellt sich hier die Frage, ob Monetarisierung und ungleiche, soziale Verteilung nicht noch früher entstanden sind, und zwar mit der Vermarktung der Viehzuchtproduktion: zuerst herrschte im Frühmittelalter die Wollproduktion vor, die überall in den Alpen zwischen dem 9. und 12. Jahrhundert eine breite Ausdehnung kannte, die aber ab dem 12. Jahrhundert insbesondere in den Zentralalpen durch die Rinderzucht ersetzt wurde. Es ist höchst wahrscheinlich, daß die Erschließung der Gotthardstraße etwa um 1220/30 nicht durch die Feudalherren der Gegend, auch nicht durch die Kaufleute aus Mailand und Como, sondern in erster Linie durch die Viehzüchter aus dem Urnerland und der Umgebung realisiert wurde, und zwar technisch wie auch finanziell: Viehzüchter und -händler waren unmittelbar darauf angewiesen, einen bequemen Weg nach der Po-Ebene zu erschließen, um den bevölkerungsreichen Städten ihre Produkte zu hohen Preisen zu verkaufen.

Auf der anderen Seite scheint es nicht so zu sein, daß der Verkehr einen starken Einfluß auf die Lebensweise und Weltanschauung der betroffenen Bevölkerung ausübte. Die Reisenden hielten sich so kurz wie nur möglich in den Bergen auf: sie fühlten sich in diesem ungewöhnlichen, bedrohenden Raum nicht wohl. Es gab also relativ wenig dauernde Kontaktmöglichkeiten – sie wurden auch wenig gesucht. Die Einheimischen haben bestimmt von den Reisenden vieles gehört und sich dadurch eine bestimmte Vorstellung der äußeren Welt geformt. Ideen, Traditionen und Bräuche anderer Völker haben sie sich ab und zu gemerkt, sie haben sie verarbeitet und an den eigenen Bedürfnissen oder Traditionen angepaßt. Bekanntlich hat die Tell-Legende einige fremde Züge (etwa der Apfelschuß): diese wurde aber im lokalen kollektiven Gedächtnis übernommen und integriert. Oder die damalige kommunale Bewegung in Italien hatte politische Argumente geliefert, um die eigene Autonomie der Tal- und Dorfgemeinschaften zu verteidigen. Doch war diese Autonomie der Ertrag einer eigenen, inneren Entwicklung, die viel älter war als die der italienischen Kommunen.

Im Grunde genommen wurden tiefere Einflüsse der äußeren Welt und die nicht wirtschaftlichen Auswirkungen des Verkehrs so weit wie möglich abgelehnt oder verdrängt.

Solche kurze Hinweise bleiben zur Zeit Hypothesen. Um sie zu bestätigen oder wahrscheinlich zu nuancieren, ist eine breit angelegte Forschung notwendig, eine Forschung, die aus offenbaren Gründen in einer breiten Zusammenarbeit der Historiker aller Alpenländer vielversprechend werden kann. Es könnte ein Ziel dieses Symposiums sein, die Voraussetzungen einer Forschungsgemeinschaft zu schaffen und ein Arbeitsprogramm zu skizzieren. Auf jeden Fall ist dies meine Hoffnung.

LITERATUR

Die Alpen in der europäischen Geschichte des Mittelalters. Reichenau-Vorträge 1961–1962, Sigmaringen 1965.

Actes du Colloque international sur les cols des Alpes, Bourg-en-Bresse 1969.

Le Alpi e l'Europa, 4 Bde, Bari 1974–75 (Bd. 3, Economia e transiti, Aufsätze über Verkehr von J.F. Bergier, G. Guderzo, G. Schmiedt u.a.).

Histoire des Alpes, perspectives nouvelles – Geschichte der Alpen in neuer Sicht, hrsg. J. F. Bergier, Basel 1979 (Aufsätze von F. Glauser, Der Gotthardtransit von 1500 bis 1660; K. Aerni, Die Entwicklung des Gemmipasses; P. Caroni, Zur Bedeutung des Warentransportes für die Bevölkerung der Paßgebiete; u.a.m.)

Wirtschaft und Gesellschaft in Berggebieten. Kolloquium von Graz 1985. Basel 1986 (Reihe Itinera, nr. 5–6).

Robert-Henri Bautier et Janine Sornay, Les sources de l'histoire économique et sociale du Moyen Age. Provence, Comtat Venaissin, Dauphiné, Etats de la Maison de Savoie, 3 Bde, Paris 1968–74.

Aloys Schulte, Geschichte des Mittelalterlichen Handels und Verkehrs zwischen Westdeutschland und Italien, mit Ausschluß von Venedig, 2 Bde, Leipzig 1900; Berlin 1966[2].

Werner Schnyder, Handel und Verkehr über die Bündner Pässe im Mittelalter, 2 Bde, Zürich 1973–75.

Rudolf Laur-Belart, Studien zur Eröffnungsgeschichte des Gotthardpasses, Zürich 1924.

Uta Lindgren, Alpenübergänge von Bayern nach Italien 1500–1850, München 1986.

Otto Stolz, Geschichte des Zollwesens, Verkehrs und Handels in Tirol und Vorarlberg, von den Anfängen bis ins 20. Jahrhundrt, Innsbruck 1953; id., Quellen zur Geschichte..., Wiesbaden 1955.

Herbert Hassinger, „Zollwesen und Verkehr in den österreichischen Alpenländern bis um 1300", in Mitt. des Instituts für österreichische Geschichte, 73 (1965); id., „der Verkehr über Brenner und Rachen vom Ende des 13. bis in die 2. Hälfte des 18. Jahrhunderts", in Festschrift Huter, Innsbruck 1970.

Herbert Hassinger, „Die Alpenübergänge vom Mont Cenis bis zum Simplon im Spätmittelalter", in Festschrift Hermann Kellenbenz, Bd. 1, Nürnberg 1978.

Jean-François Bergier, „Le Cycle médiéval", in Histoire et Civilisation des Alpes, hrsg. P. Guichonnet, 2 Bde, Lausanne - Toulouse 1980.

Jean-François Bergier, Genève et l'économie européenne de la Renaissance, Paris 1963.

Jean-François Bergier, Hermès et Clio. Essais d'histoire économique, Lausanne 1984.

Jean-François Bergier, „Simplon ou Mont-Cenis? Deux mémoires sur la concurrence des voies transalpines vers 1600", in Festschrift Herbert Hassinger, Innsbruck 1977.

Albert C. Leighton, Transport and Communication in Early Medieval Europe, A.D. 500–1100.

Anselm Zurfluh, Une population alpine dans la confédération. Uri aux XVIIe et XVIIIe siècles. Démographie et mentalités. Thèse Université de Nice, 1983 (im Druck).

Chantal Fournier

WARENVERKEHR AM GROSSEN SANKT-BERNHARD AM ENDE DES XIII. JAHRHUNDERTS: EIN OFFENES PROBLEM

Die Quellen, die einem Mediävisten zur Verfügung stehen, wenn er sich mit dem Umfang und der Natur des Warenverkehrs über einen Alpenpaß befassen möchte, stellen einige interessante Probleme dar.
Auch wenn die Frage des Warenverkehrs schon immer die Historiker, die sich für die Alpen interessiert haben, beschäftigt hat, kann man staunen, daß einige wichtige Pässe, wie der Große Sankt-Bernhard, für die lange Periode des Mittelalters unter diesem Gesichtspunkt noch nicht systematisch behandelt worden sind, da die Quellen, die eine solche Untersuchung erlauben, vorhanden sind. Auch wenn die Aufzählung einer Problemreihe keine historiographische Lücke ersetzen kann — ich denke, sie kann die Komplexität einer solchen Analyse erklären und sie könnte auch dazu dienen, einige Aspekte dieser Forschung zu ändern, wenn man eine ähnliche Arbeit überhaupt unternehmen möchte.
Wenn man die Historiographie der Pässe oder des Warenverkehrs durch die Alpen betrachtet, kann man im allgemeinen feststellen: es sind die Pässe als lokale Übergangsorte und nicht die Straßen, die das Zentrum solcher Untersuchungen bilden. Ich hoffe zeigen zu können, daß man genauere Ergebnisse bekäme, wenn man zuerst die einzelnen Straßen und nicht die einzelnen Pässe für das ganze Alpengebiet systematisch untersuchen würde. Dieser Ansichtspunkt ist ja nicht neu; er ist von M.C. Daviso di Charvensod in ihren Studien der Zölle im westlichen Alpengebiet schon gebraucht worden[1].
Als ich mich mit dem Warenverkehr über den Großen Sankt-Bernhard für eine erste Zeitspanne (1280–1300) beschäftigte, bestand mein Ziel darin, den Umfang und die Natur der Waren festzustellen, die über den Paß gefahren waren, sobald Dokumente, die quantitative Angaben enthalten, vorhanden sind[2]. Diese Quellen sind die Zollrechnungen, die im Archivio di Stato von Turin aufbewahrt sind[3].
Der erste Schritt dieser Arbeit bestand aus der Wahl der Zollposten, die zwei Bedingungen erfüllen mußten. Die Rechnungen dieser Zölle mußten quantitative Angaben enthalten und die Zollposten mußten so nah beim Paß wie möglich liegen. Die einzigen Posten, die diese Bedingungen erfüllten, wa-

---

[1] M. C. Daviso di Charvensod, I pedaggi delle Alpi occidentali nel Medioevo, Turin 1961; „La route du Valais au XIVe siecle", in Revue suisse d'histoire, 1951, S. 545–561.
[2] C. Fournier, Le trafic commercial par le col du Grand-Saint-Bernard à la fin du XIIIe siecle, Université de Fribourg 1979 (Photokopien).
[3] Archivio di Stato di Torino, Sezioni riunite, inv. 68 und 69.

ren derjenige von Bard, südlich vom Paß, im Aostatal, und diejenigen von Saint-Maurice und Villeneuve, nördlich vom Paß.

Die Rechnungen dieser Zölle sind auf Pergamentrollen aufgeschrieben worden. Sie bilden Reihen, die mehr oder weniger lückenlos sind seit 1272 für Bard, 1281 für Saint-Maurice und 1284 für Villeneuve. St-Maurice und Villeneuve waren direkt von der Rechnungskammer der Grafen von Savoyen verwaltet, wie die Rechnungen der einzelnen Kastellaneien. Hingegen bildete die Rechnung des Zolles von Bard einen Abschnitt der Gesamtrechnung des Kastellans, der für seine Verwaltung verantwortlich war.

Die Rechnungen dieser drei Zölle enthalten gemeinsam folgende Angaben, die den Warenverkehr betreffen: die Aufzählung der einzelnen oder gruppierten Waren, die Zahl der Einheiten, die während der Dauer der Rechnung vorbeigefahren sind, die Geldsumme, die für jede Einheit am Zoll bezahlt worden ist. Diese letzte Summe ist in mehreren Geldsorten angegeben; glücklicherweise enthalten die Rechnungen manchmal Kursangaben, die diese Geldsorten betreffen. Ein Teil der Einnahmen der Zölle wurde für die nötigen Ausgaben des Kastellans oder des Grafen gebraucht; die Aufzählung dieser Ausgaben bildet den letzten Teil der Rechnungen.

Auch wenn die Rechnungen der Zollposten von Bard, St-Maurice und Villeneuve die nötigen Angaben enthalten, die eine quantitative Untersuchung ermöglichen, bildet die geographische Lage dieser Zölle ein erstes Problem, wenn man die Natur und die Menge der Waren erfahren möchte, die über den Großen Sankt-Bernhard transportiert worden sind. Diese Zollposten liegen alle drei stromabwärts einer Stadt, in der die Straße des Großen Sankt-Bernhards mit einer anderen Paßstraße zusammentrifft. Beim Zoll von Bard sind Waren vorbeigefahren, die genauso vom Kleinen wie vom Großen Sankt-Bernhard kommen konnten. St-Maurice und Villeneuve liegen stromabwärts von Martigny, wo sich die Straßen vom Großen Sankt-Bernhard aber auch vom Simplon und anderen Pässen sich treffen. Übrigens ist es fast nie möglich, die Richtung der vorbeifahrenden Waren aus den Rechnungstexten zu erfahren.

Andere Angaben, die in den Rechnungen enthalten sind, bilden für den Vergleich der Waren und ihrer Mengen an den drei Zollposten weitere Probleme.

Für den gleichen Zoll und von einem Zoll zum anderen ist die Dauer der Rechnungen nie die gleiche. Mehrere Historiker haben verschiedene Lösungen zu diesem Problem vorgeschlagen, die aber nicht sehr befriedigend sind[4]. Der Tagesdurchschnitt der Warenmengen könnte eine rationelle Lösung anbieten, wenn man auf die Schwerfälligkeit der Zahlen in den verschiedenen Tabellen verzichten will.

---

4 Vgl. die Abschnitte, die dieses Problem betreffen, in folgenden Werken: M. C. Daviso di Charvensod, I pedaggi delle Alpi occidentali nel Medioevo, Turin 1961; V. Chomel, J. Ebersolt, Cinq siècles de circulation internationale vue de Jougne, Paris 1951; H. Hassinger, „Die Alpenübergänge vom Mont Cenis bis zum Simplon im Spätmittelalter", in: Wirtschaftskräfte und Wirtschaftswege. Festschrift für Hermann Kellenbenz, Bd. 1, Nürnberg 1978.

Eine andere Frage bildet die verschiedene Art und Weise der Zählung der Waren von einem Zoll zum anderen. Es ist unmöglich zu erfahren, ob eine *chargia* die gleiche Tüchermenge in Bard und in Villeneuve enthält, da die *chargia* mit Tüchern an den zwei Orten verschiedene Beträge bezahlen mußte.

Ein weiteres Problem bildet die Benennung der Waren. Textilien, Kurzwaren, Felle, Fische, Öl werden nördlich des Passes in *ballae* oder in *chargiae* gezählt. Hingegen in den Rechnungen von Bard werden sie in „*chargiae* nach Aosta" und „*chargiae* in Richtung der Lombardei" geteilt. Damit ein Vergleich möglich wurde, bestand die einzige Lösung darin, Warengruppen nach dem Kriterium der Strecke, die die Waren vor der Ankunft an den Zoll gefahren waren, zu bilden. Die Länge dieser Strecken durfte dank unveränderlichen Angaben, die in den Rechnungen vorhanden sind, bestimmt werden. Man merkt, daß für die Produkte der Landwirtschaft und der Tierzucht, die sicherlich keine lange Strecke bis zum Zoll gefahren waren, dort eine niedrige Taxe bezahlt wurde. Diese Produkte wurden auch systematisch am Schluß des Rechnungstextes eingetragen. Hingegen sind die Waren, die im ersten Teil des Rechnungstextes aufgeschrieben worden sind, diejenigen, die die höchsten Beträge am Zoll bezahlten. Daraus kann man also schließen, daß es die Waren sind, die die größte Distanz bis zum Zoll gefahren sind. Dank dieser Gruppierung der verschiedenen Waren ist dann ein Vergleich möglich gewesen.

Die Zahl der Einheiten der Produkte, für die die höheren Taxen an den drei Zöllen bezahlt wurden, wird systematisch angegeben, was nicht der Fall für die Produkte der Landwirtschaft und der Tierzucht ist. Es ist darum nicht mehr möglich gewesen, die Zahl der Einheiten dieser Waren für einen Vergleich zwischen den drei Zöllen in Betracht zu ziehen. Deshalb wurden nur die Geldbeträge als Arbeitsmaterial betrachtet. Da die gleiche Ware an jedem Zoll einen anderen Betrag kostete, darf man die Ergebnisse über den Umfang des Verkehrs nicht als sehr genau ansehen.

Diese Wahl der Geldbeträge an der Stelle der Einheitszahlen der Waren brachte ein weiteres Problem mit sich, das aus der Verschiedenheit der Geldsorten bestand. Eine Umrechnung dieser Geldsorten wurde notwendig und ist dank der in den Rechnungen vorhandenen Wechselangaben möglich.

Weitere Probleme bleiben beim jetzigen Stand der Untersuchung noch offen. Man kann sich, zum Beispiel, fragen, ob für die vorbeifahrenden Waren eine Zolltaxe an jedem Zoll oder nur an bestimmten Orten bezahlt werden mußte. Nur eine genaue Untersuchung der Verträge zwischen den verschiedenen Gemeinschaften von Kaufleuten, den Grafen von Savoyen und dem Bischof von Sitten, so wie die Untersuchung der Verkehrsorganisation durch die lokalen Gemeinschaften werden vielleicht eine Antwort bringen, so weit in den Quellen brauchbare Elemente dazu vorhanden sind.

Die zwei Ergebnisse dieser ersten Untersuchung bilden das letzte Problem, das ich hier darstellen möchte.

Zuerst konnte ich feststellen: der Umfang des Warenverkehrs, der durch die globalen Zolleinnahmen bezeugt ist, ist ungefähr zehn Mal größer im Rhônetal, also nördlich des Passes, als im Aostatal, südlich des Passes. Die Art der Waren, die die Mehrheit des Verkehrs auf jeder Seite des Passes bilden, ist ganz verschieden. In St-Maurice und in Villeneuve verkehren am meisten Textilien und in Bard sind es Pferde. Nach diesen Ergebnissen kann man also behaupten, der Große Sankt-Bernhard liegt zwischen zwei Verkehrslinien, die sehr verschieden sind. Es scheint, dieser Paß habe keine sehr große Rolle im Verkehr gespielt, den man in der Gegend des Passes messen kann: auch wenn man annimmt, daß alle Waren, die am Zoll von Bard aufgeschrieben worden sind, über diesen Paß gefahren sind, bilden sie nur ein Zehntel des Verkehrsumfangs, den man im Rhônetal für die gleiche Periode beobachten kann. Daß dieses ganze Zehntel ausschließlich über den Großen Sankt-Bernhard gekommen ist, ist auch kaum anzunehmen, da die Zollrechnungen von Châtelargent, an der Straße vom Kleinen Sankt-Bernhard, aber die Angaben von einem wichtigen Pferdeverkehr enthalten. Pferde bilden aber die Mehrheit der Produkte, für die eine Zolltaxe in Bard bezahlt werden mußte.

Selbstverständlich ist die Frage der Rolle des Großen Sankt-Bernhard im gesamten Warenverkehr durch die westlichen Alpen mit dieser Untersuchung der Zollrechnungen bis 1300 längst nicht gelöst. Ich glaube aber, durch die Aufzählung der Probleme, die man bei einer solchen Untersuchung trifft, deutlich gezeigt zu haben, daß die Ergebnisse für diese Periode viel genauer wären, wenn man zuerst die Straßen und die Zölle untersuchen würde. Dies würde zuerst erlauben, die wichtigen Verkehrsströme zu bestimmen, was die Deutung der wichtigen Alpenübergänge für eine zweite Etappe der Arbeit erleichtern würde.

Ich glaube, um zu versuchen, die Frage des Warenverkehrs durch die Alpen im Mittelalter zu beantworten, sollte man auf die zweifellos bezaubernde Untersuchung der Pässe unter dem Gesichtspunkt ihrer manchmal berühmten Benützer wie Kaiser, Päpste oder Elefanten, verzichten und die Straßen systematisch betrachten. Diese Untersuchung wäre trockener, langweiliger, aber bestimmt näher der Realität.

Frank Hieronymus

DIE ALPENÜBERGÄNGE AUS DER SICHT DES FRÜHEN BASLER BUCHDRUCKS

Vom Blickpunkt des Basler Buchdrucks aus und vor allem von seiner Verbreitungsgeschichte her kann man ein paar sonst vielleicht unbekannte und auch wohl unvermutete Ergänzungen zum Thema „Alpenübergänge" beisteuern, wobei man dies durch weitere verwandte Quellen in einen größeren Zusammenhang wird stellen müssen. Dabei wird man auch einige neue Fragen und Widersprüche in den Quellen entdecken.

Zwischen 1501 und 1505 ist der erste mehrerer Drucke der beiden deutsch-lateinischen Scherzreden der Heidelberger magistri Paulus Olearius (Oelscleher) und Jacob Hartlieb „De fide concubinarum in sacerdotes" und „De fide meretricum in suos amatores" in Basel erschienen. Zur Disputation Hartliebs „Warum die blinden Liebhaber die Frauen mehr verehren und lieben als Gott", in der die Jünglinge auf städtischen Straßen, allenfalls im abendlichen Dunkel, um die Häuser ihrer Liebsten wandeln, bringt der Illustrator, der Meister DS (wohl Daniel Schwegler), eine alpine Darstellung dreier junger Männer, die auf dem Wege zu ihrer ‚Alpenlorelei' hoffnungsvoll eine Felswand emporklettern, blind auf einer brüchigen Brücke eine Schlucht überqueren und schon von dieser in die Tiefe gestürzt sind. Dürfen wir aus der nicht so nahe liegenden Motivwahl auf Teilnahme des Künstlers an einem der vorangehenden Italien-Kriegszüge – über den Gotthard – schließen, wie sie vom vielleicht etwas jüngeren Urs Graf bekannt ist? (Abb. 1).

Im Herbst 1510 hat der Nürnberger Dominikaner Johannes Cuno nach sechs Italienjahren zur Weiterbildung im Griechischen von seinem Orden die Bewilligung erhalten, sich im Basler Kloster niederzulassen, wo er die reichen griechischen Handschriften bearbeiten und für den Buchdruck bei Johann Amerbach verwerten will. Er sendet seine Bücher – Handschriften und Drukke – durch einen Faktor der Nürnberger Kaufleute Hirschvogel – wohl zu günstigem Preis als Zuladung – wohl von Ferrara aus nach Bassano voraus, wohl zu einem dortigen Freund. Bassano liegt nordwestlich Padua an der Route aus dem Venezianischen über den Brenner nach Nürnberg. Denkbar auch, daß Bassano ein Umladeplatz aus größeren Wagen für den Eintritt ins Gebirge war. Kopien von Inschriften aus Como und Umgebung zeigen uns dann aber, daß Cuno seine Bücher in Bassano geholt und eine direktere Route nach Basel eingeschlagen haben muß. Man nimmt an: über den Gotthard – von Como aus sind aber ebenso Splügen und Septimer denkbar: auf Etzlaubs nicht so lange vorher entstandener Romweg-Karte treffen sich die Wege von Ulm - Bregenz - Feldkirch und Trier - Schlettstadt - Breisach - Basel - Zürich - Einsiedeln in Chur, um von dort nach Chiavenna - Como - Mailand weiter-

Questio minus principalis ad me data fuit hec. Cur ceci amatores mulierū easdē plus colunt venerātur τ amāt q̄ deū optimū τ verū. Patres τ dn̄i prestātissimi prote/ stor in primis me nō de his verbis aut dictionibus deus amor mulier locuturū/licet his verbis vsurus ssim/sed de reb⁹ p ea si/ gnificatis/q̄s eñ tā bēs τ insanus cū loquar de deo/de ei⁹ amo, re solum in aio suo cogitet τ oīa referat ad nudas lr̄as/ad nomē masculini gn̄is quale est de⁹ quale ē amor/ad scōam τ tertiā de/ clinationes β loquar de ente primo τ sūmo quo meli⁹ excogitari nō pōt/de passione animi q̄ est amor/de qua sctūs Thomas in j.ij.q.xxiij.p totū. Et de muliere mala de qua Prouerb.vij.dz.

1. Aus Jacob Hartlieb, De fide meretricum in suos amatores, Basel o. J. (vor 1505), siehe S. 127.

zuführen. Etzlaub kennt auch den Mons Sancti Bernhardi, aber keinen Sankt Gotthard. Spätestens im November ist Cuno in Basel eingetroffen[1].

Neue Venezianer Bücher — Drucke — soll der Basler Verleger und Buchhändler Wolfgang Lachner, der Schwiegervater Frobens, im September 1515 an der Frankfurter Herbstmesse für Bonifacius Amerbach, den jüngsten Sohn des 1513 verstorbenen Druckers, besorgen, doch werden dort diesmal nur die von der vorangehenden Fastenmesse — die im Februar über die Alpen transportiert worden sein müssen — nochmals angeboten. Im Oktober 1516 — nach der Frankfurter Messe — kauft Glarean in Basel Bücher für Zwingli, damals noch Leutpriester in Einsiedeln: u.a. Venezianer Drucke, und rät jenem, allfällig weitere Venezianer Drucke bei Lachner oder Froben vorauszubestellen, denn Lachner habe Leute zum Einkauf nach Venedig gesandt, bei deren Rückkehr man sich jeweils um die Bände reiße (Abb. 2).

1512 erhalten die eidgenössischen Stände für ihre tatkräftige Hilfe von Papst Julius II. jeder ein neues Banner. Diese sind sämtlich auf einem Flugblatt dargestellt, das 1513 in Zürich, mit Holzschnitten vielleicht von den in Basel tätigen DS oder Urs Graf, erscheint. Der Gesandte der zugewandten Elsässer Stadt Mülhausen, deren Stadtschreiber Hannsz Oswald Gamszharst, der ab 1492 in Basel studiert hatte, ist erst am 19. Oktober 1512 zur Einbringung des Banners und anderer Dinge nach Rom geritten, wohl gemeinsam mit den eidgenössischen Gesandten, die um diese Zeit zu neuen Verhandlungen nach Rom geritten sind, die Basler Gesandtschaft unter Leitung des Juristen Lienhart Grieb nach Beschluß vom 16. Oktober[2]. Am 20. November sind sie in Rom angelangt. Von Gamszharst ist die bei der Heimkehr abgelieferte Abrechnung seiner Spesen erhalten, mit Orts- und z.T. Datenangaben[3]. So ist er in einem Tag von Luzern nach Flüelen gefahren und weiter nach Altdorf geritten, am nächsten Tag nach „Urselen" — Andermatt im Urserental; hier hat er zum erstenmal sein Roß beschlagen lassen; hier nimmt er sich für „iiij batzen i Schilling Augster ein(en) knecht über den gothart zů furen"; in Hospenthal und Airolo wird gerastet, hier auch wieder beschlagen, in Faido das nächste Mal übernachtet. Die nächsten Nächte: am „mont kenel" (Ceneri) nach Abendessen in Bellinzona, in Lugano, Como (nach Fahrt über den Luganersee) und Mailand, wo der Sattel „verbletzt" wird und Roßnägel gekauft werden. Das nächste Mal zu beschlagen scheint erst fünf Tage später in Bologna wieder nötig gewesen zu sein. Interessanter für uns ist der Rückweg. Nachdem die meisten der eidgenössischen Gesandten Rom am 27. Dezember wieder verlassen haben, blieben Grieb und Gamszharst noch länger. Eine andere

---

1 M. Sicherl, Johannes Cuno, Heidelberg 1978, S. 45, 108/09, 112, 115, 119.
2 Basler Chroniken, Bd. 6, bearb. von A. Bernoulli, Leipzig 1902, S. 40–42 und 39: aus den Marginalien eines Magisters Berlinger im Exemplar der 1507 in Basel gedruckten Chronik Petermann Etterlins im Besitz des Basler Staatsmanns Adelberg Meyer zum Pfeil und aus der sog. Beinheimhandschrift Meyers von derselben Hand; von Bernoulli zurückgeführt auf eine unbekannte anonyme Chronik der Mailänder Kriege. Zu Etterlin und Beinheimhandschrift vgl. O.B.2 (s. Anm. 11), Nr. 43 bzw. 481a.
3 Gamszharsts Abrechnung erhalten im Stadtarchiv Mülhausen, Lade No. 2, No. 3076; abgedruckt, nicht immer korrekt gelesen, bei Matthäus Mieg, Der Stadt Mülhausen Geschichte bis zum Jahre 1817, Tl. 2, Mülhausen 1817, S. 116–21.

2. Hainrich Kepner (um 1500 bis 1536), Buchführer zu Nürnberg. Nach einem Bildnis im Brüderbuch der Landauer Stiftung zu Nürnberg, Pergamenthandschrift in der Stadtbibliothek Nürnberg.

Abordnung eidgenössischer Gesandter hat sich am 2. Dezember in Altdorf versammelt und um die Jahreswende mit Herzog Maximilian von Mailand um dessen Wiedereinsetzung verhandelt; eine Basler Urkunde hierzu ist von Mailand 7. Januar 1513 datiert. Grieb ist, vielleicht gemeinsam mit der Basler Gesandtschaft aus Mailand, „ann der pfaffen fasznacht", d.h. am 6. Februar wieder in Basel eingetroffen — am selben Tag ist auch Gamszharst in Basel eingetroffen und hat zwei Basler Söldnern einen Dicken für Beschlagen und andere Dienste auf dem Wege geschenkt. Am 10. Januar hat er Rom verlassen, am 16. in Florenz übernachtet, „am sattel und sporen verbletzt", am 17. in Scarperia am Fuß des Apennin, wo er „ij Carlin dem Smit ein nüwes und iij alte Isen uffzuschlahen" bezahlt, „j Carlin umb j fierling nagel uber das ruch gepirg" und „vij quadrin fur sporleder die wereten nur ein tag". Nach Aufenthalt in Mailand auf Einladung des Kardinals vom 24. bis 28. Januar reitet er am 29. bis Perlysin, das als traditionellen Rastort auch Tschudi auf seiner Schweizerkarte noch eingetragen hat (heute Barlasina)[4], Lugano (über See), Clösterly (bei Biasca), am 1. Februar mit Imbiß in Faido, wo er „ij crüzer Ruchnagel zu slahen" zahlt, nach Oriens (Airolo). Am Mittwoch Purificatio marie (2. Februar) „uber den gothart hand wir bestellt iiij knecht und iiij ochssen mit Slitten und knechten den berg zu brechen. cost vj gulden. geburt mir j guldin zubezalen. Item j guldin und j betzen von eim Slitten der mich hinüber fürt. Item i bezten an den win der uff dem berg getrunken ward". Daß Gamszharst am Spuren sich nur mit einem Sechstel wie am Wein zu beteiligen hat, deutet auf gleichzeitige andere Reisende: unter ihnen dürfte u.a. sich die Basler Gesandtschaft befunden haben. Nach der Überquerung wird in Hospenthal übernachtet (auf dem Hinweg im Oktober hatte der Überquerungsweg von Andermatt bis Faido geführt). Am darauffolgenden Donnerstag hat er „v betzen die Schellenen zubrechen. Item iiij betzen von eim Slitten bisz an die schellenen" ausgelegt, darauf in Göschenen zu Mittag gegessen und in Altdorf übernachtet. Geritten ist man oben offenbar nicht, aber die Pferde sind mitgekommen. Und mit Schlitten ging es von Airolo bis an die Schöllenen, nicht aber diese hinunter.

Was schon ein Aufbruch Ende Oktober nach Rom oder Anfang Dezember nach Mailand gezeigt hat, wird auf dem Rückweg deutlich: winterliche Verhältnisse behindern — normale Wetterverhältnisse vorausgesetzt — den Paßwie den Flachlandverkehr überhaupt nicht (ab Altdorf geht's wieder in einem Tag über den See nach Luzern, am nächsten nach Aarburg, von dort nach Basel). Und wenn die Feldzüge auch in die gute Jahreszeit gelegt wurden: die Truppe, die am 30. April 1410 aus Zürich und der Innerschweiz über den Gotthard ins „Bommat" gezogen ist, wird sowohl über den Gotthard wie über

---

4 Als Berlasina auch verzeichnet in einer Itinerarrolle der Zeit: vgl. A. Wolkenhauer, Eine kaufmännische Itinerarrolle aus dem Anfang des 16. Jahrhunderts, in Hansische Geschichtsblätter, Jg. 1908, S. 151–95 (190/91: in der Route „Von Ulm gen Mayland": . . . „Kur – Dusses 2 Meilen – Spreuer 2 Meilen – ubern berg gen Bampolschin 3 Meilen – Kloffe 2 Meilen – tu Riben uber see gen 2 Kom 13 Meilen – Berlasina 1 1/2 Meilen – Mailand 1 1/2 Meilen"). Den Apennin hat Gamszharst beide Male über den Passo del Giogo überquert.

den Passo San Giacomo nicht trockenen Fußes in das Walsertal gelangt sein[5]. Auf eine regelrechte Organisation zur Offenhaltung zumindest der wichtigen Pässe im 16. Jahrhundert weist aber auch deren Beschreibung durch Josias Simler in seinem „De Alpibus Commentarius", der zusammen mit seiner „Vallesiae Descriptio" 1574 bei Froschauer in Zürich erschienen ist[6]. In seinem Kapitel De itinerum Alpinorum difficultatibus & periculis, & quomodo haec superari possint[7] weiß er nicht nur von stellenweise herausgehauenen Wegen zu berichten, oft so schmal, daß Lasttiere kaum passieren können, von Stämmen und Balken, die Spalten zwischen Felsblöcken überbrücken, von glatten Felswänden, die durch Stämme auf Stützen „bewehrt" werden, die durch Grasstücke und Reisig als „hängende Straßen" begehbar gemacht werden, sondern ebenso von auch in weitem Berggelände im Schnee sicher aber schmal gespurten Wegen zwischen hohen, unbegehbaren Schneemassen, vom Führerwesen, von der Organisation der Überführung von Herden zur Kreuzung an hierfür geeigneten Orten, von Dreizacksteigeisen für Reisende, Hirten und Jäger, von Bergstöcken mit Eisenspitzen, von der Überwindung vereister Abschüsse zu Fuß oder durch Wagen mittels Abseilen, von Seilpartien auf Gletscherpässen, besonders nach Schneefällen, von der Psyche bergungewohnter Reisender, von der Markierung der Wege für den Winter (die aber bewußt nicht zu sorgfältig ausgeführt wird, um sich nicht um den Führerlohn zu bringen ...), von behördlich festgelegter Fronarbeit der nächsten Anwohner zum Wegunterhalt das Jahr durch und zum Spuren nach Schneefall mit Ochsen und einem von diesen nachgezogenen „Balken", wohl flachem Schlitten, wie von Gamszharst erlebt, von Schneetellern, von Gefährdung durch und den Arten der Lawinen und deren Tageszeiten, von Schutzwäldern, von einem eigentlichen Lawinenrettungsdienst, vom Schutz der Augen gegen Erblindung wie von der Behandlung unterkühlter oder angefrorener Glieder, von Schneestürmen und unfreiwilligem Aufenthalt in den zu diesem Zweck errichteten Hospizen auf den Pässen, bis die Anwohner die Wege wieder geöffnet haben.

Kehren wir vom Zürcher Druck eines Zürchers, der immerhin in Basel studiert hat, zu in Basel wirkenden Autoren und Druckern zurück. Im Sommer 1504 hat der Franziskaner Conrad Pellican, der als castigator für Amerbach, Froben und andere Basler Drucker tätig war, mit andern Geistlichen Basels zusammen den päpstlichen Legaten Kardinal Raymundus Peraudi auf dessen

---

5 Petermann Etterlyn, Kronica von der löblichen Eydtgnoschaft ... , Basel bei Michael Furter 1507, Bl. LXI r°/v°; abgedruckt in Quellenwerk zur Entstehung der Schweizerischen Eidgenossenschaft, Abt. III: Chroniken und Dichtungen, Bd. 3: Petermann Etterlin, bearb. von E. Gruber, Aarau 1965, S. 180. Von einem besonderen Warentransport über den Gotthard vor dem Bau der ersten ‚Teufelsbrücke' berichtet der Luzerner Gerichtsschreiber auf Bl. XXXIII v° (Quellenwerk ib. S. 67): vom Transport eines Teils der Reliquien der Heiligen drei Könige 1152 für Erzbischof Rainald von Dassel von Köln „über den Gothart in einem ballen, als ob es kouffmanschatz were, gefürt, unnd ... über See gen Lutzern".
6 Bl. 65–154 dieser Erstausgabe. Deutsche „Bearbeitung - Einleitung, Übersetzung und Erläuterungen etc." von A. Steinitzer, München 1931.
7 Bl. 110 r°–116v°. In der Übersetzung: S. 124–40 „XIV. Schwierigkeiten und Gefahren der Reisewege in den Alpen und wie man sie bewältigt".

Rückreise nach Rom von Basel bis Pallanza zu begleiten gehabt. Obwohl er, wie die meisten andern Basler Begleiter, gern vor dem Gotthard in Altdorf umgekehrt wäre, gelang ihm das nicht, da er ihm noch den Bundesbrief zu übersetzen hatte. Vom Paß bis Airolo wird der schon gebrechliche Kardinal von zwei Mannschaften von je acht Schweizer Söldnern abwechslungsweise in einer Sänfte getragen. Am Lago Maggiore packt Pellican ein Fieber. Auf dem Rückweg wird er mit seinen Begleitern und ihrem Luzerner Führer aus Furcht vor möglicher Pest jeweils nicht oder nur mit Mühe zur Nacht aufgenommen; in Flüelen müssen sie mit einer Schifferin fürliebnehmen und im Sturm schon in Sisikon an Land, mit Händen und Füßen kletternd über Morschach ihren Weg nach Brunnen fortsetzen[8]. Erasmus von Rotterdam war im Herbst 1506 von Paris über Turin – wo er sein Doktorat in Theologie erhielt – nach Italien geritten, im Spätsommer 1509 aus Rom über Bologna, die Rhätischen Alpen, Chur, Konstanz, Antwerpen nach England gereist[9]. Im September 1522 weilt er mit Rhenanus auf Besuch beim Domherrn Johannes Botzheim in Konstanz, der sich seine Begleitung für eine kirchliche Reise nach Italien wünscht; aus Kriegsgründen muß diese – was als Umweg empfunden wird – über Trient (und somit wohl Arlberg - Reschenpaß) führen; nur sechs Tage würde der Ritt dauern, die Alpen lächeln ihm zu und laden ihn ein, doch die Freunde – wohl Rhenanus, bei dem er schon im Frühling aus Gesundheitsgründen eine Reise in die Niederlande schon in Schlettstadt abgebrochen hatte – raten ab, aber nur sein Blasenleiden bewegt ihn dazu, nach Basel zurückzukehren[10].

1538 hat Sebastian Münster in Basel die Schweizer Karte des Glarner Staatsmanns und Historikers Gilg Tschudi mit dem Basler Maler und Illustrator Conrad Schnitt fertiggestellt und bei Michael Isingrin zum Druck gebracht, gleichzeitig mit Schnitt den ersten heute bekannten gedruckten Stadtplan angefertigt und von seinem Stiefsohn Heinrich Petri drucken lassen: eine zweiteilige Karte (nicht Vedute!) der Stadt Basel mit ihrer Rheinbrücke und der weiteren Umgebung[11]. Kaum eine zufällige zeitliche Parallele, wie auch nicht die des Brückenbaus in Basel um 1225 und der Gangbarmachung der Schöllenen durch einen ersten Steg an der kürzesten Verbindung von der Rheinebene nach Italien. Tschudis Karte begleitet seine Schrift „Die uralt warhafftig Alpisch Rhetia", die ebenfalls bei Isingrin im selben Jahr deutsch und in lateinischer Übersetzung Münsters erschienen ist[12]. Da erfahren wir, daß die rhätischen Alpen zwar höher als die Gräischen (M2 r°/v°), aber doch „summers und winters zyt gantz gemein und brüchig" begangen seien – so

---

8 Das Chronikon des Konrad Pellikan, hg. von B. Riggenbach, Basel 1877, S. 31–34.
9 Opus epistolarum Des. Erasmi Roterodami, hg. von P.S. Allen, Bd. 1, Oxford 1906, Nr. 198–200 mit Kommentar, bzw. Nr. 216 und Nr. IV Z. 216–21 (S. 62).
10 Opus epistolarum Bd. 5, Nr. 1342 Z. 442ff.: „Invitabant Alpes e propinquo arridentes, dehortabantur amici: sed frustra, ni calculus violentus rhetor persuasisset Basilea repetita revolare in nidum".
11 Vgl. Oberrheinische Buchillustration 2: Basler Buchillustration 1500 bis 1545, Basel 1984 (O.B.2), Nr. 472b. Ein Faksimile des nur in einem Exemplar erhaltenen Erstdrucks (koloriert) ist ebenfalls 1984, in 2. Aufl. 1985 erschienen.
12 Vgl. O.B.2 Nr. 472a.

der Splügen, daß der Ritt von Mailand zur Rheinquelle zur Sommersonnenwende zwei Tage brauchte (Chiavenna - Chur 14 Stunden), je einen weiteren Tag brauchte es nach Chur und Bregenz (G v°/G2 r°). Der andere – ältere – Bündner Übergang nach Italien ist der Septimer – der weitere Julier – nur für das Oberengadin – gilt ihm „nit alweg wandelbar, von wegen siner höhe und wilde" (L2 v°). Vorsicht gilt seiner Bezeichnung „Strasse": er verwendet diesen Begriff auch schon, wo er von der Einwanderung der Thuscier nach Rhetien spricht (B4 v°), und von „karren" spricht er nur – und ausdrücklich – beim niedreren und wegsameren Kleinen St. Bernhard (O3 v°). Hierzu sei auf seine plausible Theorie hingewiesen, daß alle transalpinen Völkerwanderungen nur durch vorherige Paßkenntnis von lokalen Anwohnern veranlaßt bzw. ermöglicht worden sein können, wie etwa auch den „schwitzer Elico", der bei seiner Rückkehr aus Italien „etlich susz frücht usz Italia in Galliam bracht" und so Italien seinen Leuten schmackhaft gemacht habe[13].

„Die gemein gewerbstrasz über dise obersten Alp gepirg, das ist Summas Alpes, ist der Gotthart", lesen wir im Kapitel „Summe alpes, das ist der Gotthart" (N3 v°), doch kennt Tschudi natürlich auch die Nebenpässe wie Furka, Theodul (Gletscherpaß), ins Eschental (wohl Simplon) und ins Vall Vechia (aus dem Binntal: N4 r°). Auch daß Paßwege im Sommer und besonders im Winter Unterhalt bedürfen, ist ihm durchaus geläufig: schon in vorrhätischer Urzeit seien die Alpentäler bewohnt gewesen, haben „lüt darinn gehuset, doch nit die vile, als yetz, ouch nun hin und har, den strassen zůdienst, usz Gallien in Italiam herbergen, zů underhaltung der wandleren und gewerben" (M3 r°, ähnl. M3 v°); oder von Rheinwald, wo die Lepontier zuoberst sitzen: „in obersten wilden höhinen, zů grosser notdurfft die ban und strassen, steg und weg, so etwa durch schnee, und sunst verwüstend, zůerhalten, dann söllichs můsz man haben, möcht sunst im winter niemand gewandlen, dann zů gůt der strassen, hat man sy da müssen lassen blyben" (als vorrhätische „deutsche" Ureinwohner: M4 r°). Und genau seinem Text entspricht auch der Aufbau der begleitenden riesigen Schweizerkarte, die von neun Stöcken auf neun Blätter gedruckt ist. Hatte der Ptolemaeus-Druck von Strassburg 1513 für das Heremum Helvetiorum noch eine südgerichtete Aufsicht ganz in der Art der Schwabenkrieg-„Karten" geboten, mit den Alpen gerade noch am oberen Rand, dessen zweiter Druck von 1520 nur eine stilistische Anpassung dieser Karte an die übrigen des Bandes, so bieten Tschudi/Münster nun die gesamte Eidgenossenschaft mit den nächstumliegenden Ländern, in deren Zentrum sich „Summae Alpes, der Gothart" findet, umgeben von seinen Nachbarpässen Furcken, Grimsel und Crispalt mons (Oberalp); auch alle übrigen bedeutenderen Pässe im Wallis und Bündnerland sind richtig verzeichnet, die wichtigen Orte, besonders auch die üblichen Etappenorte der Reisenden, bis z.B. nach Mailand[14].

---

13 Nach Plinius (auf dessen Buch 12 Kap. 1 er hinweist), nat.hist. 12,2 (5). „Strasse" ebenso für die Albula: „Uber disen Elbelen ist die gmein strasz von Chur in Engadin zů wandern" (L2 v°).
14 K.H. Burmeister, Sebastian Münster, Versuch eines biographischen Gesamtbildes, Basel 1963, S. 130. Die „umgekehrte Reiseroute", die für Burmeister auch in Betracht

Sebastian Münsters neue westorientierte Schweizer Karte in seiner Ptolemaeus-Ausgabe von 1540 (wiederverwendet in den späteren wie in seiner „Cosmographie" ab 1544) zentriert die Schweiz wie Tschudi am „Gothard", reicht ebenfalls von Basel bis Mailand, und verzeichnet – soweit im stark reduzierten Format möglich – ebenfalls die weiteren wichtigen Pässe. In der Einführung weist Münster auf Tschudi als Quelle für die Karte, Glarean für die Zeitgeschichte. 1544 führt Münster in seiner Cosmographie in der Beschreibung des Wallis, die ihm Bischof Hadrian von Sitten und Landvogt Johannes Kalbermatter vermittelt haben, alle nur einigermaßen bedeutenden Pässe genau auf: die nach seinen Worten nur im Sommer begehbare Furka – die auch 1779 zu Goethes Zeit nur die Einheimischen für den Ziegenfellhandel im Winter regelmäßig benützen, während sie Gäste nur nach strenger Wahl hinüberführen, während auf dem Gotthard gleichzeitig ganze Maultierkolonnen unterwegs sind – neben dem Gotthard, Grimsel, Gries und Nufenen, Simplon, Saaser und Matter Berg (Antrona oder Monte Moro und Theodul), Lötschberg (heute Lötschenpaß) und Gemmi, Sanetsch und Arollagletscher sowie Großer St. Bernhard. Daß Nebenübergänge wie der Griespaß damals durchaus benützt wurden, wissen wir schon aus Etterlins Chronik vom Passo San Giacomo. Im Sommer 1546 besucht Münster selber das Wallis. Seine Erfahrungen von diesem Besuch haben sich in der stark erweiterten Ausgabe der Cosmographie von 1550 niedergeschlagen: hier hat er erfahren, daß die Furka höher ist als der zentrale Gotthard, nur im Sommer dem Verkehr dient, und hat selber am 4. August noch „über drey oder vier schnee und ysz reiten" müssen, während ein Spaziergang gegen den Gotthard hin bedeutend weniger kalt ausfiel (CCCXCI). Er fügt zur Grimsel ein, daß sie „nit (mag) übersteigen werden on grosz müh und arbeit" (ib., nochmals CCCC unten). Für die Gemmi fügt er einen Verweis auf „hie unden" ein, „dann ich bin jn uffgestigen". Die Beschreibung der Felswand und des Weges folgt dann auf S. CCCCV/CCCCVI. Über seinen Rückweg von Ursellen und seinem Gotthard-Spaziergang bis nach Basel hat Münster keine Silbe verloren; Burmeister nimmt, ohne Begründung, an, er sei über Zürich zurückgekehrt – was wohl heisst: über die Oberalp und dem Vorderrhein entlang[14]. Außerdem dürfen wir wohl annehmen, daß Münster – wie „ein wunderbarlich bruck" bei Visp sein Interesse geweckt und ihn speziell hierfür eine Meile hat marschieren lassen, da er „nit underlassen" wollte, sie zu sehen – daß er die Schöllenen nicht unerwähnt gelassen hätte. Bei der „wunderbarlich bruck" muß es sich um die tollkühne Brücke bei Stalden über die Mattervispa am Eingang ins Saaser Tal gehandelt haben, die soeben 1544 Uhrich Ruffiner erbaut hatte, und auf die man umso stolzer den interessierten Fremden hingewiesen haben dürfte.

Vier Jahre vor Münsters Wallis-Reise ist ein anderer – sonst nicht in Basel ansässiger – Autor eines berühmten Basler Drucks dieser Jahre im Spätherbst

---

kommt, ist wohl durch die Reihenfolge der Furka- und Gotthardbegehung ausgeschlossen. Zudem war Münster zuvor in Bern. Briefe sind von der Reise keine erhalten.

oder Frühwinter aus Padua/Ferrara nach Basel gekommen: Andreas Vesal, der mit einem Begleitbrief vom 24. August 1542 die in Venedig fertiggeschnittenen Holzstöcke zu den sieben Büchern seiner „Humani corporis fabrica" abgesandt hat, nach Erledigung verschiedener Obliegenheiten (u.a. Besorgung von Privilegien) „selber baldigst kommen wollte", um dem Druck des Riesenwerkes tätig beizuwohnen, das dann im Juni 1543 bei Oporin erschienen ist; in der Matrikel der Basler Universität hat er sich erst zwischen dem 1. und 16. Januar 1543 eingetragen, so daß anzunehmen ist, daß er erst gegen Ende 1542 die Alpen überquert hat. Die Stöcke sind übrigens schadlos in Basel eingetroffen — aber man hat ja schließlich auch Werke der Glasmalerei durch Boten zu Roß transportiert.

Im Jahre 1387 haben Bischof Johann von Chur und Graf Rudolf von Montfort an Jacob von Castelmur den Auftrag erteilt, den Septimer, dessen Weg in schlechtem Zustand war, fahrbar zu machen „Also das man mit wägen wol darüber gefaren und gewandlen mug", wonach auch mitfestgelegt wird, welche Last ein Wagen in den beiden Richtungen transportieren können müsse. Dasselbe gilt für den Unterhalt durch Castelmur und seine Nachfahren, wofür sie festgelegte „weglösin" einnehmen dürfen: „Das man mit wagen darüber gefaren und gewerben mag". Die Abgaben würden wegfallen bei mangelndem Unterhalt und wieder bewilligt, wenn die Straße wieder instand gestellt wird „das man aber mit wägen darüber gefarn mag"[15]. Dieser Ausbauauftrag betrifft die Strecke von Tinzen bis Plurs, und es sind Urkunden sowohl für weiteren Säumer- wie für Wagenverkehr bis auf die Paßhöhe erhalten, wie für das Verbringen von Zugtieren auf diese zum Wechsel[16].

Nicht so für die Viamala an der Splügen- und San Bernardinoroute. Zwar haben am 25. April 1473 Graf Jörg von Werdenberg-Sargans, Herr zu Ortenstein und am Heinzenberg, und die anliegenden Dörfer unterhalb und oberhalb der Viamala beschlossen, zu ihrem wie zum Nutzen der durchreisenden Kaufleute, „Die richstras und den weg enzwüschend Tusus und Schams, Soman nempt Fyamala zůhowen uffzůrichten und zemachen, damit ein Jeder fromm mann, frömde oder heimsche person, kouflüt oder ander mit Jerem libe und gůt dester bas sicher und frye wandren hin Jn und har usz ungefarlichen ... "[17]. Die Viamala gilt von diesem Ausbau — Aushauen, Aufhängen

---

15 S. W. Schnyder, Handel und Verkehr über die Bündner Pässe im Mittelalter zwischen Deutschland, der Schweiz und Oberitalien, Bd. 1, Zürich 1973, S. 163/64 Nr. 143. Bauvertrag original abgedruckt in Codex diplomaticus, Sammlung der Urkunden zur Geschichte Cur-Rätiens und der Republik Graubünden, hg. von C. von Moor, Bd. 4, Chur 1865, S. 135–38 Nr. 105.
16 S. Schnyder S. 309 Nr. 467 (Säumen) bzw. Bd. 2, 1975, S. 502 Nr. 975: diese Septimer-Ordnung von 1498 abgedruckt bei G. Börlin, Die Transportverbände und das Transportrecht der Schweiz im Mittelalter, Diss. München, Zürich 1896, S. 79–82 (u.a. „fourlon ... von Visperon bysz ze oberst an die winden und ... bysz zu der kirchen ... ", „ ... schicke uf dem berg so vil ross oder ochsen ... ").
17 S. R. Wagner, Der Viamala-Brief vom Jahre 1473, in Zeitschrift für das Gesammte Handelsrecht, Bd. 30, N.F. Bd. 15, 1885, S. 60–68: 63. Wenn Schnyder (ib. S. 343 Nr. 551) zusammenfaßt „damit jedermann, fremde und einheimische Personen ... mit Leib und Kaufmannsgut ... sicherer und freier hinein- und hinausfahren können, als es bisher üblich gewesen ist", so interpretiert er unzulässig auf eine Fahrbarkeit

und Stützen des Weges — an als befahrbar, und in den folgenden Artikeln der Urkunde deuten auch manche Äußerungen zumindest auf diese Absicht oder Möglichkeit hin, obwohl in der Absichtserklärung zu Beginn nur von „wandren" die Rede ist: so bei der Festlegung der Entschädigung verunfallter Kaufleute „ . . . Das Einer oder mer einem koufman sin gůt verfalte oder sust zů schaden brecht mit verwaren läszlichen dingen der ochsen, der rossen mit wegnen, mit schlitten oder mit knechten oder sust mit andren sachen . . . " (Art. 1), oder „ . . . Das wier alle mit sampt den kouflüten und den fůrlüten er, nutz und frommen haben mügen" (Art. 7), oder „Item wier Sullen öch mer . . . betrachten und fürdren das Jederman frömdem und haimschem widervarn muge der stras und fůr halben, was billich und erber sye ungefarlichen" (Art. 8), in einem Abschied vom 28. Juni 1557 aber ist nur von Säumern die Rede: „Weiter haben wir gesetzt, dasz ein ieder säumer, und welcher der were, der guott von einem Kauffman uffneme zuo ferkhen, der soll seinem geheisz genuog thuon, und ihme sein guot uff endt und ohrt, auch uff zil und tag, wie er verheissen hat, unverzogenlich antwortten . . . "[18].

Aber sogar ein Plan, einen Schluchtweg fahrbar zu machen, und das Erreichen wirklicher Fahrbarkeit sind zweierlei, nochmals ein Drittes, eine etwa erreichte Fahrbarkeit in einer äußerst steinschlag- und lawinengefährdeten Schlucht über längere Zeit zu erhalten. Im Jahre 1600 hat der Basler Handelsherr Andreas Ryff, durch seine Frau Teilhaber der Silbergruben von Giromagny in den Vogesen, die er nicht weniger als 65 mal inspiziert hat, seine Reisen, die er z.T. auch als Unterhändler im Auftrag der Basler Regierung unternommen hat, teils sehr summarisch, teils recht ausführlich in seinem 1972 von Friedrich Meyer publizierten „Reiss Biechlin" festgehalten[19]. Wie er von 1582 bis 1585 die vom Basler Juristen, Kunstsammler und Antiquar Basilius Amerbach angeregte Ausgrabung der römischen Ruinen (vor allem derjenigen, die sich dann als die eines Theaters erwiesen) von Augusta Raurica an Ort und Stelle geleitet hat (die zeichnerischen Aufnahmen besorgte der Maler und Landvermesser Hans Bock)[20], wie er 1596 das Bergwerk im elsässischen Lebertal besucht, wie auch seine Reise über die Gemmi im Mai 1591 zum Bischof von Sitten mit seiner Bergbautätigkeit zusammenhängt, so haben ihn auf seinen Reisen Weg- und Straßenbauten besonders interessiert. Die Augster

---

der zukünftigen „Strasse" hin; daß eine „strasz" in dieser Zeit nicht fahrbar sein muß, zeigt uns Münsters Beschreibung des Großen Sankt Bernhards: „Von Intremont gegen mittag ghat ein strasz über den grossen sant Bernhardsberg . . . man můsz alle nottürfftige ding (zum spittal auf dem Pass) vj meylen ferr über ruck der thiernn herzů bringen" (1544: S. CCCLVII).

18 Abgedruckt bei Mani (s. Anm. 26) S. 158–60, und — sprachlich leicht modernisiert — bei Wagner (s. Anm. 17) S. 65 Anm. 12. Auch hier ist im folgenden von „Strasse" die Rede: der Port soll eingezogen werden von einem Jeden „damit sich die straszen erhalten".

19 UB Basel: A λ II 44a: Andreas Ryff (1550–1603), Reisebüchlein. Hg. u. eingel. von F. Meyer mit einem Beitrag von Elisabeth Landholt, in Basler Zeitschrift für Geschichte und Altertumskunde, Bd. 72, 1972, S. 5–135.

20 S. Colonia Apollinaris Augusta Emerita Raurica, Katalog einer Ausstellung zur Geschichte der Ausgrabungen in Augst, Basel 1975, S. 8–12.

Ausgrabungen sind zudem wohl die ersten systematischen Grabungen außerhalb Italiens gewesen. Wir dürfen Ryffs Schilderungen somit, als denen eines Bergbau- und Grabungsfachmanns, trauen, eher als Ausbauplänen und Schilderungen mancher anderer Reisender. Sachlich beschreibt er den Gemmiweg aus eigener Begehung. Eine wenn auch unkünstlerisch-unbeholfene Zeichnung deutet die unzähligen Serpentinen über Leukerbad an der Felswand an. Auf halbem Weg „hangt ein bricklin, zweyer schuoch breit und 10 oder 12 schuo lang, an 4 isenen kettin von eim felsen in den anderen. Dariber muosz man gon . . . 2 wechterheuslin hat esz in disen felsen gehouwen, das ein ob dem bricklin, das ander im anderen felsen underhalb dem bricklin . . . " Bei Kriegsgefahr sind beide durch einen Wächter besetzt, und wenn ein Überfall befürchtet wird, „so heben si das bricklin ab; so ist do das land beschlossen . . . "[21]; dasselbe zeigt die Pinselzeichnung. Also eine Kettenbrücke, aber nicht, wie romantische Reisende sie am Gotthard gesehen haben wollen, sondern im Sinne einer Zugbrücke zur Sicherung im Kriegsfall: der Weg kann unterbrochen werden, und die Brücke muß dennoch zu diesem Zweck nicht zerstört werden (Abb. 3).

Sachlich auch die Schilderung der Schöllenen, die man zu Roß ab Altdorf erreicht. An einem jähen, stotzigen hohen Stalden gelangt man an einem Rank des Felsens unversehens „zuo des teiffels brucken, Al Ponto Dilfernno genannt. Das ist ein sollche brucken, die hoch ob dem wasser mit einem eintzigen bogen oder gwelb von einem felsen in den anderen gebouwen ist." Zur rechten rausche einem die Reuss entgegen, stürzt unter der Brücke nieder „und stypt das wasser so seer . . . dasz esz einem rouch oder tanff und näbel gleich sicht." Und wegen des Rauschens und Stiebens haben die Landleute den Ort „Infernno, die hell, und die brucken El Ponto Dilferno, die hellbrukken oder des teuffels brucken genent". Jeder Fremde erschrickt beim Anblick der hohen schmalen Brücke: sie ist nicht mehr als fünf oder sechs Schuh breit; doch „sonderlich diewyl länen oder nebenwend doran sind (und die fachmännisch erfragte Begründung:) wie man auch keine do machen kan, diser ursachen: das landtvolck muosz doselbsten all ir bouw- und brenholtz die Schellenen uff und über dise brucken schleiffen . . . dan sonst do nienen kein holtz verhanden ist. Und wan sy mit einem boum oder holtz uff die brucken komen, so miesen sy das holtz uff der brucken strags von mittag gegen nidergang der sonen, also gantz insz krytz (d.h. um 90°) wenden und khören von wegen der krumen strosz, und ist anderst kein mittel do, dasz also man diser ursach halben keine länen oder wend an der brucken haben kan." Und er fährt fort „Sobald man nun über dise brucken und ein wenig den felsen auff kompt, so hat man die Schellene überstigen und ist man in der schönnen und fuoszebnen, grasreichen wilde Urssren und gleich beim dorff Urssellen" (Andermatt). Es folgt die Beschreibung der weiteren Route bis Mailand, wovon nur noch der Abstieg vom Paß hier wiedergegeben sein soll: „Ist gäch hinab, auch winters- und frielingszeithen sorglich, der schnelouwinen halben, ze wandlen"[22]. Irgendwelche besonderen Kunstbauten, die ihn stets interes-

---

21 Ryff S. 96/97.
22 S. 45–47.

3. Der Gemmiweg oberhalb Leukerbad. Zeichnung des Basler Handelsmanns, Bergbauunternehmers und Ratsherrn Andreas Ryff (1550–1603) zu einer Reise im Jahre 1599 in seinem Reiss Biechlin von 1600.

sieren, erwähnt Ryff weder in der Beschreibung dieser Italienreise vom Mai 1587 oberhalb der Teufelsbrücke, noch in der vom Juni 1593[23], noch auf deren Rückreisen, die beide Male auf demselben Weg erfolgt sind, noch bei der Reise nach Italien vom Juni 1599, die ihn bis nach Venedig, Florenz und Genua geführt hat, und auf der er für den Rückweg eine andere Route hat kennenlernen wollen: „Von Meilandt nach Chuur durch die 3 Pindt". In Como trennt sich diese Route von der über den Gotthard. Wir beschränken uns hier auf die Paßstrecke: „Von Cleven ausz tritt man gleich das gebirg, den Spligenberg, ahn, ist ein böser sorglicher berg zuo reissen. Fir mein theil wolt ich lieber den Gothart 2 mol dan disen 1 mol reisen, nit allein von wegen der bösen, stutzigen und hochen stalden und bergen enenvohr gegen Cleven; sonderen hiedisent dem Spligenberg hat es uff dem hinderen Rihn in der enge zwischen den engen, hochen felsen gantz sorgliche, von holtz gemachte strossen, so ahn die felsen gekleibt sind, so do der lenge noch gar hoch ob dem wasser des hinderen Rihns ahn den felsen kläben wie ein schwalmennäst an einem trom (Balken), und sind nit breitter, dan dasz blosz ein soumrosz passieren kan. Wan dan einem die soumrosz oder sonst reither entgegen koment, so hat man nit platz, ein pferd umbzuokhören oder onne gfohr usz dem weg zuo wychen"[24]. Saumpferde begegnen ihm, Reiter – kein Wagen; und seine technische Beschreibung des Viamalaweges scheint uns auch Wagen völlig auszuschließen; sie sind bis Thusis – und dann wieder ab Zillis, wo sich eine Sust befindet wie in Andeer, gefahren. Zumindest zur Zeit der Reise Ryffs. Aber auch gut fünfzig Jahre später, als Jan Hackaert Partien der Schlucht dokumentarisch zeichnete, machen diese Partien keineswegs einen Eindruck von Fahrbarkeit; nicht nur weil nur Säumer auf ihnen dargestellt sind. Und auch 1608 schrieb der Engländer Thomas Coryat: „Die Weine werden auf Mauleseln befördert, nicht auf Wagen, denn die Wege sind zu schmal, um den Gebrauch von Fuhrwerken zu erlauben"[25]. Und S. Stelling-Michaud bestätigt diese Aussage sowohl durch die geringe Breite einer erhaltenen Halbgalerie von 1,20 m wie auch durch die Beschränkung der Lasten, die auf Lasttiere, nicht auf Wagen oder Schlitten zugeschnitten sind, welche die von Ryff beschriebenen und von Hackaert gezeichneten an den Fels geklebten Holzstege auch kaum getragen hätten[26].

23 S. 49/50. So hält er auch in Venedig technisch ungewöhnliche Brücken in einer Skizze fest: S. 69 und 71 (von 1599).
24 S. 94/95.
25 Nach S. Stelling-Michaud, Die Via Mala im Jahre 1655, wie sie Jan Hackaert sah und zeichnete, in Anzeiger für Schweizerische Altertumskunde, N.F. Bd. 38, 1936, S. 261–73: 270 mit Anm. 21.
26 Ib. S. 270/71. Die beiden Stellen, die Chr. Simonett. Due Viamala, in Bündner Monatsblatt, 1954, S. 209–40, auf S. 220 anführt („uff ander Märkt hinweg wyl füren zu verkauffent" und „das wider Haim füren, tryben oder tragen wyl" besagen für Fahrbarkeit gar nichts, ebensowenig die Punkte, die B. Mani, Von der alten Splügen- und Bernhardinstraße, ib. 1936, S. 129–60, auf S. 154 gegen Oswald anführt. Und L. Joos bleibt uns in San Bernardino-Strasse – Avers – Splügenpaß, Bern (PTT) 1951, S. 53, den Beleg dafür schuldig, daß „nach einem Bericht von 1498 ... die Via Mala sogar in der Nacht für Eilwagen fahrbar (war)". Schließlich soll auch schon 1401 ein

Dies wären die drei Pässe — und ihre verschiedene Benützbarkeit — über die transportiert werden mußte, was die Bewegungen anregen konnte, die in einer Basler Dissertation schon vor über dreißig Jahren untersucht worden sind: Friedrich Luchsinger, Der Basler Buchdruck als Vermittler italienischen Geistes, 1470–1529, Basel 1953, und die auch noch späteren Basler Reisenden sich ganz ähnlich darboten, wie Verena Vetter in einer weiteren Dissertation untersucht hat: Baslerische Italienreisen vom ausgehenden Mittelalter bis in das 17. Jahrhundert, Basel 1952. Daß nicht nur der Geist und der textliche Inhalt der in den Fässern nach Basel geschleppten Bücher in Basel und von Basel weiter nach Augsburg, Nürnberg, Köln gewirkt hat, sondern auch ihre fortschrittliche Druckform und ihr moderner Buchschmuck in Renaissanceformen, das haben wir vor zwei Jahren in Basel in einer größeren Ausstellung zeigen können. Auch wenn die Viamala trotz allen lokalen Publikationen in jener Zeit nie fahrbar gewesen sein sollte, sie war damit gar nicht in schlechter Gesellschaft: auch der Gotthard war es ja noch bis ins letzte Jahrhundert nur unterhalb Altdorf und Airolo, und auch die Teufelsbrücke hat noch im Sommer 1786 nur ein „niedrig gemauertes Geländer", über das einen Reisenden wie Saumtiere der Sturm hinabschleudern könne; auch das Urnerloch ließ damals noch keinen Wagen passieren, wie wir von Christian Gottlieb Schmidt erfahren[27].

Oxforder Jurist im März (!) im Ochsenwagen (!) über den Gotthard gefahren sein, während ein spanischer Ritter sich im August (!) 1438 im oberen Teil einem Ochsenschlitten habe anvertrauen müssen ... (O. Beyeler, Gotthard, Saumweg, Straße und Bahn, Thun 1935, S. [17]). Auf Mani, Simonett und Joos beruft sich R. Jenny, Graubündens Paßstraßen und ihre volkswirtschaftliche Bedeutung in historischer Zeit, mit besonderer Berücksichtigung des Bernhardinpasses, 2. Aufl. Chur 1965, S. 43/44.

27 Von der Schweiz, Journal meiner Reise vom 5. Julius 1786 bis den 7. August 1787. Aus dem Nachlaß von Günther Goldschmidt hg. von Theodor und Hanni Salfinger, Bern 1985, S. 91–100.
Kaum zufällig hat in dem Jahr 1556, in dem das Tor der Zollbrücke in Göschenen neu erstellt worden ist (vgl. A. Kocher, Der alte St. Gotthardweg; Verlauf, Umgehung, Unterhalt, in Historisches Neujahrsblatt des Kantons Uri, H. 40/41 = N.F. H. 4/5, 1949/50, S. 7–125: 81), der Ort Göschenen eine eigene Kuratkaplanei erhalten (ständiger Kaplan in Göschenen dann ab 1641: vgl. E. Muheim, Alte Kirche von Göschenen, Göschenen 1982).

Marie-Louise Schaller

ALPENÜBERGÄNGE IM BILD
(Kurzfassung)

Vorbemerkung: Der unter diesem Titel in München gehaltene Lichtbildervortrag besprach vor allem bildliche Darstellungen von Alpenübergängen in der Schweiz. Mit Hilfe von 80 Diapositiven wurde versucht, Einblick zu geben in die reichen Bestände schweizerischer Sammlungen. Da nun in der vorliegenden Publikation auf die Reproduktion dieses meist farbigen Bildmaterials aus Kostengründen verzichtet werden muß, ist es angebracht, den Vortrag in einer Zusammenfassung wiederzugeben.

Die Landschaft als eigenständiges Thema in der bildenden Kunst gewann ebenso wie das Portrait seine Bedeutung zu Beginn der Neuzeit. Als Hintergrundkulisse tritt sie auf Gemälden der italienischen Frührenaissance ins Blickfeld; zum prägenden Ambiente wird sie im Sakralbild Mantegnas und Giovanni Bellinis; als Stimmungsträger wird sie ins Werk integriert bei Giorgione und Tizian. Die real erfaßte Landschaft tritt in der Malerei des frühen Cinquencento noch nicht direkt in Erscheinung, sie bleibt vorerst noch gebunden in ein ikonographisches Programm. Durch glückliche Umstände sind einige Studien Dürers erhalten geblieben: Aquarelle, auf der Reise nach Venedig 1494/95 gemalt im wahrsten Sinne „nach der Natur". Einige dieser Veduten aus der Gegend des Brennerpasses verwendete der Künstler später als Kompositionselemente in Gemälden und graphischen Blättern. So ist auf dem Kupferstich „Das große Glück" deutlich, wenn auch seitenverkehrt, die Gegend von Klausen erkennbar. Dürers atmosphärisches Erfassen einer Gebirgslandschaft und im engeren Sinn eines Paßüberganges wirkt umso moderner im Vergleich mit gleichzeitigen oder gar späteren Darstellungen von Berggebieten in illustrierten Büchern. Darin werden die Alpen noch als etwas Furchterregendes, meist nur vom Hörensagen Überliefertes, gezeigt, so in Kaiser Maximilians „Theuerdank" von 1517 und in Sebastian Münsters Ausgaben der „Cosmographie" ab 1544.

Alpentäler wurden bis weit ins 18. Jahrhundert hinein weniger vom künstlerischen, häufiger vom militärischen und kommerziellen Gesichtspunkt aus als Verkehrswege erfaßt. Eine Pioniertat des dokumentarischen Aufzeichnens in Verbindung mit ästhetischem Gespür für Gebirgsformationen leistete Jan Hackaert, der nach dem Dreißigjährigen Krieg wohl im Auftrag von holländischen Kaufleuten die sicherste und kürzeste Handelsstraße Rhein, Aare, und Limmat aufwärts über Zürich- und Walensee, über den Splügen nach Italien auskundschaftete. In topographisch genauen Zeichnungen schenkte Hackaert den strategisch wichtigen Punkten der Wasser- und Gebirgsstraße seine Aufmerksamkeit. Insbesondere die Viamalaschlucht hielt er in mehreren Registrierungen fest. Der Einfluß des Amsterdamer Künstlers wirkte nachhaltig auf die Landschaftsdarstellung in der Schweiz.

Johann Rudolf Schellenberg. Ein Holzgeleit in den Höchsten Gebirgen. Radierung, 17,8 x 22,3 cm, Falttafel in: Hans Rudolf Schinz, Beyträge zur nähern Kenntniss des Schweizerlandes. Drittes Heft. Zürich 1784.

Den Zusammenhang von geologischer Beschaffenheit und Eignung für Warentransporte eines Tales erkannte auch der Zürcher Johann Rudolf Schellenberg. Er unternahm im Jahr 1770 eine Wanderung über den Gotthard. Er interessierte sich für das ausgeklügelte System der Holzgeleite in den steilen Wäldern der Leventina. Die entsprechende Radierung erschien in den „Beyträge(n) zur nähern Kenntniss des Schweizerlandes" von Hans Rudolf Schinz, gedruckt 1784 in Zürich (Abb.). Schellenberg erfaßte auch die Bedeutung des Urnerloches, jenes Felsdurchbruches in der nahezu senkrechten Wand der Schöllenenschlucht. Eine weitere Darstellung dieses wichtigen Nadelöhrs im Nordabschnitt der Gotthardroute findet sich in Zurlaubens „Tableaux topographiques, pittoresques, physiques, historiques (...) de la Suisse", erschienen 1780 in Paris. In diesem mehrbändigen, reich illustrierten Werk zeigt eine Doppelansicht den damals noch sehr engen Tunnel, zuerst von Norden, dann von Süden.

Als die napoleonischen Kriegszüge sich auf das Gebiet der Eidgenossenschaft ausweiteten, wurde dieses von zahlreichen Künstlern gewählt als Schauplatz von dramatisch-heroischen Handlungen. So gebärdet sich Napoleon auf dem Großen St. Bernhard im Jahre 1800 als Alpenbezwinger, als Beherrscher Europas, allegorisch von Jacques-Louis David dargestellt als ein zweiter Hannibal, ein wiedererstandener Karl der Große. Auf Zeichnungen, Aquarellen und graphischen Blättern jener Zeit prallen französische und russische Truppen im Nahkampf in der theatralisch beleuchteten Szenerie der Schöllenenschlucht aufeinander, mitten auf der halb zerstörten Teufelsbrücke.

Zu Beginn des 19. Jahrhunderts wurden die wichtigsten, bis anhin an den schwierigen Stellen nur mit Saumtieren begehbaren Alpenübergänge ausgebaut zu befahrbaren Straßen. Als technische Wunderwerke wurden sie besonders von einheimischen Künstlern gefeiert, so auch vom Berner Gabriel Lory, der im Jahr 1811 ein luxuriöses Prachtalbum in Folioformat mit kolorierten Aquatintablättern herausgab: „Voyage pittoresque de Genève à Milan par le Simplon". Mit Text und Bild rückte er die neuen Brücken und Galerien der auf Geheiß Napoleons ab 1801 gebauten Simplonstraße in ihr bestes Licht. Über die Große Galerie in der Gondoschlucht berichtete er, man habe 18 Monate lang Tag und Nacht von beiden Seiten her den Tunnel in den Fels getrieben, die Öffnung sei außergewöhnlich breit, so daß darin sogar Fuhrwerke kreuzen könnten, und zur Vermeidung großer Dunkelheit habe man zwei Fensteröffnungen seitlich ausgebrochen. Gemäß der damaligen touristischen Erschließung der Schweiz für ausländische Gäste ließ der Berner sein Werk in Paris verlegen und betonte im Begleittext die Bedeutung der neuen Paß-Straße für Vergnügungsreisen, deren militärische Funktion hingegen erwähnte er nur beiläufig in einer Fußnote mit dem Hinweis, daß das Wallis im Jahr 1810 zum französischen Departement Simplon umgewandelt worden war. Das Eingehen auf die Käuferschaft dieses Albums wird besonders deutlich in der folgenden, für einen Schweizer ungewöhnlichen Lobpreisung: „Il n'appartenoit qu'au souverain d'un grand empire et au vainqueur de l'Italie de concevoir et d'exécuteur une pareille entreprise. (...) La postérité verra toujours dans cette route un des beaux monuments du regne de Napoléon-le-Grand, un monument utile et durable de son génie et de sa gloire."

Bald bekundeten auch ausländische Künstler reges Interesse für die neue Anlage dieser Nord-Süd-Traversierung. So ließ der Engländer William Cockburn 1822 in London ein illustriertes Album herausgeben: „Views to illustrate the route of the Simplon. Drawn from nature, by Major Cockburn and on stone, by J. Harding."

Gabriel Lory erarbeitete 1829 einen weiteren farbig illustrierten Luxusband, die „Souvenirs de la Suisse". Darin zeigte er im nostalgischen Rückblick die alte Teufelsbrücke, begangen noch ausschließlich von Saumtieren, danach die eben errichtete neue Brücke, nun befahren, talwärts von einer Reisekutsche, bergwärts von einem sechsspännig gezogenen Fuhrwerk. Lorys weitsichtige Überlegungen dazu: „Notre vieux Suisse compare tout pensif ces deux routes qui se ressemblent si peu: l'une etait pénible et dangereuse; mais le commerce l'animait et faisait circuler l'abondance au milieu de ces roches arides: maintenant une voie plus large est ouverte à l'industrie et à la curiosité étrangère; peut-être la richesse, le luxe et les misères qui l'accompagnent, arriveront chez nous avec plus de facilité." Ein weiteres koloriertes Aquatintablatt stellt den wichtigen und zugleich malerisch gelegenen Umschlagplatz Flüelen am Beginn des Vierwaldstättersees dar. Dieser büßte seine Bedeutung mit dem Ausbau der Gotthardstraße noch nicht ein. Die Waren mußten nach wie vor hier umgeladen werden, da sie von und nach Norden per Schiff transportiert werden mußten. Die neue Axenstraße wurde erst 1864 aus dem Fels gesprengt.

Das Interesse für das topographisch genaue Erfassen der Alpentäler mit ihrem zunehmenden Fahrverkehr schlug sich nieder in der stetig wachsenden Zahl von illustrierten Beschreibungen der neuen Straßen. In den zwanziger und dreißiger Jahren des 19. Jahrhunderts erschienen Bilderbücher mit erklärenden Texten, meist verfaßt von Ortsansässigen, welche mit genauen Kenntnissen der lokalen Geschichte und Geographie aufwarteten.

Die mit der Verbesserung der Verkehrswege erzielte Verkürzung der Reisezeit über die Alpen rief aber nicht nur die an der Technik Begeisterten herbei. Gleichzeitig verbreitete sich eine entgegengesetzte Betrachtungsweise: Gebildete und Vergnügungsreisende setzten sich bewußt ab von der ständig zunehmenden Geschwindigkeit des Fortkommens. Sie bewegten sich schauend und verweilend langsam fort, hielten ihre Beobachtungen in Reisejournalen fest und ließen diese oft in Buchform erscheinen. Persönliche Erlebnisse auf Fußreisen durch die Schweiz, auch über Alpenpässe von eher lokaler Bedeutung, wurden in Text und Bild festgehalten. Als „Souvenirs" von den sogenannten „merkwürdigen" Gegenden, erst in zweiter Linie als Kunstwerke, kursierten solche Darstellungen aus der Schweiz in ganz Europa nördlich der Alpen. Amateure, angeregt durch die Schweizer „Kleinmeister", zeichneten „nach der Natur". Jedes noch so bescheidene Motiv wurde darstellungswürdig, wenn es der Forderung des „Malerischen" entsprach. Wanderer, das Ränzlein auf dem Rücken, selten in einem Fuhrwerk oder zu Pferd, erlebten im Schritt-Tempo den reizvollen Wechsel von Tal zu Tal über waldige oder felsige Barrieren. Auf kleinformatigen, meist farbigen Arbeiten auf Papier bewegen sich die dargestellten Reisenden: Sie verweilen, ruhen, weisen mit der ausgestreckten Hand in Richtung einer „pittoresquen" Stelle.

Die in Mode gekommene Reisefreudigkeit war bald der Kritik ausgesetzt. So dramatisierte George Barnard in seinem Bildband „Switzerland. Scenes and incidents of travel in the Bernese Oberland", London 1843 den Abstieg auf dem Felsenpfad von der Gemmi nach dem Leukerbad auf karikierende Weise und ließ erschreckte Touristinnen die Brücken der Grimselstraße passieren, welche sich miniaturhaft geländerlos über wilde Bergbäche wölben.

Die Maler der heroischen Landschaft und die Vertreter des Realismus entdeckten im 19. Jahrhundert die alpine Bergwelt. Wasserfälle, Gletscher, Felsmassive, selten jedoch Paß-Straßen, wurden gewählt als Sujets für jene Bilder, welche in den europäischen Salons die Naturschönheiten der Alpen wiedergaben.

Um illustrierte Berichte von Alpenreisen in Buchform zu edieren, wurden so bald als möglich die modernen technischen Reproduktionsverfahren eingesetzt. Bereits 1859 erschien in Paris und London das Album „La Suisse et la

Savoie par Eugene Ciceri d'après les vues photographiées par Martens, photographe de S.(a) M.(ajésté) L'Empereur". Die Publikation kommt einem aufwendigen Prospekt einer Reiseagentur gleich.

Die Photographie kam nach 1850 der Begeisterung für die spektakulären Alpendurchstiche der Eisenbahngesellschaften entgegen. Um das Außergewöhnliche des modernen Tunnel- und Brückenbaus vor Augen zu führen, wurde 1906 in Genf ein Album herausgegeben mit dem Titel: „Tunnel du Simplon, Souvenir de la fête d'inauguration". Technisch hervorragende Photographien, reproduziert in gepflegten Heliogravuren, stellten den Maschinenpark vor. Aufnahmen, hergestellt unter schwierigsten Bedingungen während der Tunnelarbeiten im Berg, zeigen Lokomotiven mit Sauerstoffbomben und das System der Kühlwasserröhren. Die Gefährlichkeit des Unternehmens wird vor Augen geführt mit Aufnahmen von unterirdischen Wassereinbrüchen.

In der Pionierzeit des Schweizerplakates schufen bekannte Künstler Lithographien, später Photographien für die Straßenkunst. Im Bewußtsein der technischen Meisterleistung wurden einzelne Viadukte der Rhätischen Bahn dem Publikum in Weltformat farbig vorgestellt. In expressionistischer Perspektive von unten gesehen, ragen Brücken in handbehauenem Stein oder in Eisenkonstruktion in schwindelerregende Höhen. Auf ebenso beeindruckende Art ließ die Reisepost für ihre Autokurse über die Alpenstraßen werben: Vollbesetzte Wagen fahren mit offenem Dach bei prächtigem Sommerwetter über Bogenbrücken, unter denen Wildwasser stieben. Photomontagen zeigen phantastische Bilder von Alpenstraßen, welche im Passanten vor der Plakatwand gleichzeitig die Bewunderung für den modernen Tiefbau und den Kitzel des Kurvenfahrens am Berg wachrufen. In außergewöhnlichen Blickwinkeln setzen Plakatphotographien alte Brücken der Gotthardstraße modernen Spannbetonkonstruktionen gegenüber, die ihrerseits nur wenige Jahre später entlastet wurden durch eine noch aufwendigere Bauweise, durch den Gotthard-Autobahntunnel.

Franz-Heinz Hye

GRUNDZÜGE DER ALTEN TIROLER VERKEHRSGESCHICHTE – DARGESTELLT ANHAND VON RELIKTEN IN SAMMLUNGEN UND IM GELÄNDE

Der Grundgedanke der folgenden Ausführungen ist es, die Entwicklung der Hauptstraßenzüge im Paß- und Verkehrsland Tirol sowohl anhand museal oder archivmäßig verwahrter, als auch solcher Denkmäler aufzuzeigen, die sich noch an Ort und Stelle im Gelände befinden, wobei gleich vorweg festgestellt werden muß, daß dabei keine Vollständigkeit angestrebt wurde – dies wäre in diesem Rahmen auch unmöglich –, sondern daß für diese Zusammenstellung nur einige besonders illustrative Beispiele ausgewählt worden sind.[1] Zeitlich erstreckt sich die Darstellung von der Römerstraße, dem ersten bewußten Straßenbau in unserem Raum, bis zur Mitte des 19. Jh. Der Bau der Eisenbahnen wird hier nicht mehr berücksichtigt.

Bekanntermaßen durchzog den Tiroler Raum die um das Jahr 46 n.Chr. angelegte VIA CLAUDIA AUGUSTA (im folgenden abgekürzt als: V.C.), wobei darüber Uneinigkeit besteht, ob es sich dabei nur um einen oder doch um zwei voneinander getrennt verlaufene Straßenzüge gehandelt habe. Über jeden Zweifel erhaben ist dabei der von Ostiglia am Po über Verona und Bozen dem Etschtal aufwärts zum Reschenpaß und von dort über Landeck und Imst zum Fernpaß und weiter nach Augsburg führende Straßenzug „a flumine Pado at flumen Danuvium", welche Streckenbeschreibung uns durch die Inschrift eines 1552 in Rabland ausgegrabenen und heute im Museum in Bozen verwahrten Meilensteines von 46 n.Chr. überliefert ist. Im Gelände erinnern an diesen Straßenzug der V.C. Padana in Tirol noch heute das in Steinquadern aufgebaute Widerlager einer Etschbrücke in Algund westlich von Meran, sowie – abgesehen von noch heute benützten Straßenabschnitten, wie z.B. in Mals und Burgeis – ein Stück in den Fels am Milser Berg westlich von Imst eingemeißelte Gleisstraße (Spurweite 100 cm).[2]

---

1 Das noch immer grundlegende Standardwerk zu unserem Thema ist Otto *Stolz',* Geschichte des Zollwesens, Verkehrs und Handels in Tirol und Vorarlberg. = Schlern-Schriften Bd. 108, Innsbruck 1953.
2 Karl *Völkl,* Der Obere Weg. Die VIA CLAUDIA AUGUSTA auf der Strecke von Bozen bis Landeck. In: Jahrbuch d. Südtiroler Kulturinstitutes Bd. 5–7, Bozen 1967, S. 89–102. – Reimo *Lunz,* Urgeschichte des Raumes Algund-Gratsch-Tirol. Bozen 1976, S. 92f. Franz-Heinz *Hye,* Geschichte von Algund bei Meran. Algund 1986, S. 15–30 mit einer generellen Darstellung der Verkehrs- und Straßengeschichte über die Töll und das dortige lf. Zollamt. Über den Verlauf der Römerstraße auf der Strecke von Burgeis bis Imst vgl. – jedoch im einzelnen mit Vorbehalten – Armon *Planta,* Neues von der Via Claudia Augusta. In: Veröffentlichungen des Tiroler Landesmuseums Ferdinandeum Bd. 60, Innsbruck 1980, S. 155–187.

Bezüglich des zweiten Stranges der V.C. gehen die Meinungen auseinander. Entscheidender Ansatzpunkt beider Theorien ist ein Meilenstein, ebenfalls von 46 n.Chr., in Cesio Maggiore am rechten Talhang des Piavetales zwischen Feltre und Belluno u.a. mit der Streckenangabe „munit ab Altino usque ad flumen Danuvium". Während nun die auch von mir vertretene These im Hinblick auf die klare Nennung von Ausgangs- und Endpunkt beider Straßenzüge auf den Steinen von Rabland und Cesio, weiters im Hinblick auf den Standort des einen Meilensteines im Piavetal und endlich auch wegen der Tatsache, daß der Straßenzug durch das Cadore als „Strada d'Alemagna" auch im Mittelalter stark frequentiert war, diesen zweiten Strang der V.C. ALTINATE durch das Cadore, das Pustertal und über den Brenner und die Scharnitz verlaufen läßt, besagt die andere These, daß dieser zweite Strang in einem weiten Bogen vom Praderadego-Paß quer über den Piave und dann westwärts über Cesiomaggiore weiter ansteigend nach Croce d'Aune (1010 m), hoch über Feltre, und von dort weiter nach Telve und Torcegno an der Nordseite des Val Sugana geführt habe, um von dort oben endlich über Levico nach Trient und damit zum obbeschriebenen ersten Hauptstrang der V.C. herabzusteigen.[3] Ohne nun hier über diese Hochlagen-Panorama-Straßentheorie weiter diskutieren zu wollen, sei an dieser Stelle nur angemerkt, daß diese Straße, die Hauptorte wie Feltre und Belluno nicht berührt hätte, auf der Strecke von Levico nach Pergine nur im Zuge eines unnötigen Umweges den Meilenstein in Tenna zwischen den beiden Seen berührt haben würde, während die Landstraße zwischen Levico und Pergine stets an der nördlichen Talseite bzw. am Nordufer des kleineren Sees verlaufen ist. Der Meilenstein von Tenna kann daher nicht als Argument für die Hochlagen-Straßentheorie herangezogen werden, sondern ist vielmehr der Beweis dafür, daß die im Itinerarium Antonini erwähnte Straße von Oderzo (= OPITERGIUM) nach Trient[4], so wie auch die spätere Landstraße über Bassano und die Val Sugana geführt habe und die südlichste Querverbindung zwischen den beiden Hauptsträngen der V.C. gebildet hat.

Vom Verlauf der V.C. ALTINATE durch das Pustertal in Richtung Sterzing (VIPITENUM) und ihrer ostwärts nach AGUNTUM (bei Lienz) führenden Querverbindung zeugen noch heute mehrere Meilensteine, von denen jener, der am Westfuß des Klosterhügels von Sonnenburg steht, nur eine Kopie ist (Orig. im Tiroler Landesmuseum Ferdinandeum in Innsbruck).[5] Ein Stück

---

3 Eine wesentliche Detail-Information über diese Theorie bildet für mich ein Brief, den mir Herr Ludwig *Pauli* am 18.2.1986 aus München in dankenswerter Weise zugesandt hat und worin er sich vor allem auf Alberto *Alpago-Novello*, Da Altino a Maia sulla Via Claudia Augusta. Mailand 1972, sowie auf die Tabula Imperii Romani, Fol. L 32 u. 33, Rom 1966 u. 1961 stützt. Im Beitrag L. *Paulis*, Wege und Reisen über die Alpen von der Urzeit bis ins Frühmittelalter. In: Uta *Lindgren,* Alpenübergänge von Bayern nach Italien 1500–1850, S. 11–19 hatte der Autor räumlich leider nicht die Möglichkeit auf diese Details einzugehen.
4 Freundliche Mitteilung von L. *Pauli* in seinem obzitierten Brief.
5 Über römische Meilensteine im Pustertal und generell in Südtirol vgl. Maria *Außerhofer,* Die römischen Meilensteine in Südtirol. In: Der Schlern, Jg. 50, Bozen 1976, S. 3–34.

Gleisstraße der V.C., welches sich am Brennerpaß erhalten hat, wurde im Zuge des Autobahnbaues zum Autobahn-Rastplatz bei der Europabrücke in Schönberg verlegt und befindet sich unmittelbar neben dem heute als Wanderweg benutzten Verlauf der V.C. Am unteren Ende der von dort oben ziemlich steil zum Weiler Unter-Schönberg absteigenden Partie der V.C. befindet sich übrigens in Gestalt des sogenannten „Papstl" ein sehr originelles Denkmal, welches der damalige Straßenbaudirektor J.A. Laicharding 1782 sowohl zur Erinnerung an eine von ihm durchgeführte Straßenreparatur, als auch und vor allem zur Erinnerung an die im genannten Jahre erfolgte Hin- und Rückreise Papst Pius VI. von Wien über München nach Italien errichten ließ, wobei in der Inschrift ausführlich auf die römische Vergangenheit dieser Straße und die bis ins 16. Jh. an dieser gestandenen Meilensteine (seither in Schloß Ambras) Bezug genommen wird.[6] Bei der Station VELDIDENA (= Wilten/Innsbruck) zweigte vom Hauptstrang der V.C. eine Querverbindung Inntal-abwärts gegen Osten ab: An diesem noch heute benützten Straßenzug erhielt sich an der Wiesengasse in Innsbruck/Amras-Pradl in situ ein unbeschrifteter Meilenstein, welcher 1254 als Grenzpunkt zwischen den Pfarren Wilten und Ampass urkundlich genannt wird. Überdies wurde 1983 in Ampass/Häusern ein Stück Gleisstraße entdeckt, aber wieder zugeschüttet; — es liegt unmittelbar unter der dortigen Landesstraße.[7]

Der Hauptstrang der V.C. ALTINATE führte von VELDIDENA/Wilten entlang dem südseitigen Talrand westwärts, um nach Querung des Michelfeldes zwischen Völs und Kematen, wo noch 1825 ein römischer Meilenstein verbürgt ist[8] (vermutlich dem Bau der Arlbergbahn zum Opfer (1882/84) gefallen), über den Inn in das Gemeindegebiet von Zirl nordwärts überzusetzen, in dessen Ortsnamen sich das römische TERIOLIS, eine Station am St. Martinsbühel zwischen der Martinswand und dem Innufer, erhalten hat.[9] Von Zirl stieg die V.C. auf der Trasse der noch heute befahrenen und gefürchteten Zirler Bergstraße hinauf zum Seefelder Sattel und weiter in die Scharnitz. In Reith, wenige Kilometer südöstlich von Seefeld hat sich an dieser durch den Ortskern führenden Altstraße ein noch in situ befindlicher Meilenstein ohne Inschrift erhalten. Eine von Armon Planta entwickelte Theorie, wonach die V.C. nicht gleich von Zirl, sondern erst einige Kilometer westwärts von Zirl/Eigenhofen durch den Wald gegen Seefeld aufgestiegen, und wonach der genannte Meilenstein erst im Mittelalter von dieser Planta-Trasse an seinen jetzigen Standort verfrachtet worden sei, um der nach Planta erst jüngeren Zir-

---

6 Vgl. dazu F. H. *Hye*, Zur Geschichte des Hauptstraßennetzes im Innsbrucker Becken. Das Verkehrsdreieck Matrei-Innsbruck-Ampass/Hall. In: Tiroler Wirtschaftsstudien Bd. 33, Innsbruck 1977 (= Festschrift Herbert Hassinger), S. 175—197, die „Papstl"-Inschrift auf S. 179f.; sowie Georg *Wacha*, Pius VI. in Österreich. Die Reise des Papstes zu Kaiser Joseph II. im Jahre 1782. In: Österreich in Geschichte und Literatur Jg. 26, Wien 1982, S. 265—283.
7 Tiroler Tageszeitung 1983, Nr. 212, Beilage „Innsbruck aktuell" S. 1.
8 Franz Carl *Zoller*, Geschichte und Denkwürdigkeiten der Stadt Innsbruck. 2. Theil, Innsbruck 1825, S. X.
9 Paul v. *Molajoni*, Des alten Teriolis archäologische und historische Bedeutung. In: Tiroler Heimatblätter Jg. 13, Innsbruck 1935, S. 414—419.

ler Bergstraße den Anschein römischer Antiquität zu verleihen, sei hier nur erwähnt, um einmal mehr zu zeigen, daß selbst verdiente Altstraßen-Forscher manchmal glauben, daß dabei der Fantasie keine Grenzen gesetzt seien.[10] Ausgangspunkt seiner Überlegungen war das Fehlen von Gleisstraßen am Zirler Berg, wobei Planta übersah, daß sich dieselben sicherlich unmittelbar unter der heutigen Zirler Bergstraße befinden, so wie dies auch in Ampass/Häusern zu beobachten war (vgl. oben !).

In Zirl — nicht erst in Seefeld[11] — zweigte von der V.C. ALTINATE eine weitere Querverbindung zur V.C. PADANA ab, welche über Telfs und das Mieminger Plateau bzw. über den Holzleiten-Sattel nach Nassereith verlief. Westlich von Holzleiten gemahnt daran ein noch heute in situ befindlicher Meilenstein ohne Inschrift an der alten Landstraße.[12]

Ihre erste erhebliche Abwertung erfuhr die V.C. PADANA im Bereich zwischen Bozen, dem Reschenpaß und Imst als spätestens zu Beginn des 4. Jh. n.Chr. infolge des Baues der Straße durch die Eisackschlucht zwischen Bozen und Kollmann (SUBLABIONE) die kürzeste Verbindung von Ostiglia nach Ausgburg geschaffen worden war. Davon erhalten hat sich einerseits ein Meilenstein von 312 n.Chr., welcher um 1500 am Gallbichl in Blumau gefunden worden ist und heute im Bozener Museum verwahrt wird.[13] Andererseits ist es die sogenannte Tabula Peutingeriana, die im Tiroler Bereich allein den Straßenzug Verona-Bozen-Brenner-Scharnitz aufzeigt und die Straßen durch den Vinschgau und das Pustertal bzw. durch das Cadore ignoriert. — Soviel zum Netz der Römerstraßen in Tirol, deren Trassen vielfach noch heute als Verkehrswege unterschiedlicher Ordnung in Verwendung stehen. Selbstverständlich hat der Volksmund darüber hinaus auch anderen Straßen die Bezeichnung „Römerstraße" gegeben, so z.B. für die in der Innau von Rum nach Hall i.T. verlaufende, erst gegen Ende des 16. Jh. angelegte „Alte Landstraße" — so die Bezeichnung derselben Straße in Hall[14] — oder für einen zweifellos bereits vorgeschichtlichen Verbindungsweg von Matrei a. Br. (MATREIUM) an der östlichen Talseite des Wipptales durch die Ellbögen nach Patsch-Lans-Ampass, wo leider nicht näher untersuchte Reste von Gleisstraßen gefunden wurden und Leo Feist auf eine in Galzein befindliche, auffallend schlanke Stele hingewiesen hat, die er als römischen Meilenstein bezeichnet.[15] Die V.C. ging aber,

10 A. *Planta*, Straßenforschung in Tirol. Zum Verlauf der neuen Via Claudia Augusta bei Zirl. In: Veröff. d. Tiroler Landesmuseums Ferdinandeum Bd. 62, Innsbruck 1982, S. 99–116. Als „neue V.C." meint der Autor die von ihm für den Verlauf der V.C. propagierte Trasse. Überraschenderweise hat auch Peter W. *Haider*, Von der Antike ins frühe Mittelalter. In: Geschichte des Landes Tirol Bd. 1, Bozen 1985, S. 159 diese Thes Plantas übernommen.
11 Es wäre interessant zu erfahren, wie L. *Pauli*, Die Alpen in Frühzeit und Mittelalter. München 1980, S. 238 zur Auffassung gelangen konnte, daß die Via Decia nach Bregenz in Seefeld von V.C. abzweigte und von dort durch die Leutasch nach Ehrwald geführt habe. Auch diese Behauptung fand bereits ihre Epigonen.
12 Walther *Cartellieri*, Die römischen Alpenstraßen. Leipzig 1926, S. 82.
13 M. *Außerhofer*, a.a.O., S. 17f.
14 F.H. *Hye*, Stadtgrundriß und Siedlungsentwicklung. In: Stadtbuch Hall in Tirol. Innsbruck 1981, S. 35–42.
15 Leo *Feist*, Vom Saumpfad zur Tiroler Autobahn. Innsbruck 1980, S. 489.

wie wir durch eine Reihe von Meilensteinen wissen, nicht durch die Ellbögen, sondern von MATREIUM über den Schönberg (vgl. oben) nach VELDIDENA/Wilten.

Überall dort, wo die Römerstraße in stark exponiertem Gelände als Kunststraße angelegt worden ist, war sie hinsichtlich ihrer Erhaltung auf organisierte, regelmäßige Pflege angewiesen. Unterblieb diese, verfiel die Straße infolge von Witterungs- und Erosionseinwirkungen. Das bekannteste Beispiel hierfür aus Tirol ist — abgesehen von der V.C. zwischen Nauders und Finstermünz — der zuletzt geschilderte Abschnitt der Römerstraße in der Eisackschlucht oberhalb von Bozen. Der Verfall dieses Straßenstückes namentlich auf der kurzen Strecke zwischen Kardaun und Blumau hatte zur Folge, daß der (früh- ? und) hochmittelalterliche Verkehr nicht mehr durch die Schlucht, sondern in beschwerlichem Umweg von Bozen 860 m steil auf den Ritten ansteigen und von dort wieder 670 m tief nach Kollmann herabsteigen mußte oder umgekehrt. In dieser Phase des wegen der Romzüge später so benannten „Kaiserweges" entstand um 1210 das Hospiz in Lengmoos, welches — nun als Pfarrhaus — ebenso wie die dortige Pfarrei spätestens seit 1227 vom Deutschen Orden betreut wird.[16] Eine erste, bescheidene *Reaktivierung der Römerstraße* durch die Eisackschlucht, jedoch nur als schmaler Saumweg, bewirkte erst der private Unternehmer Heinrich Kunter auf Grund eines landesfürstlichen Privilegs von 1314.[17] Die Aussprengung desselben mittels Schießpulver zum Fahrweg erfolgte erst unter Erzherzog Sigmund dem Münzreichen um 1481/82, was sowohl der Straße über den Ritten als auch jener über den Reschen wirtschaftlich zum Nachteil gereichte. Übrigens liegt im sogenannten „Neuen Weg" in Innsbruck ein weiteres Beispiel für die am Ende des 15. Jh. in Übung kommende Anwendung von Schießpulver für Straßenbauten vor: Hier wurde ebenfalls kurz vor 1500 um eine beschwerliche Berg- und Talfahrt abzulösen, zwischen St. Nikolaus und Mühlau unmittelbar neben dem Innfluß dem felsigen linken Ufer eine neue Kunststraße abgerungen.[18]

Um die Straßenbaukosten wieder hereinzubringen, wurde sowohl in Kollmann als auch in Innsbruck/St. Nikolaus ein neuer Zoll eingeführt, wobei am oberen Ende des „Kuntersweges" das in den letzten Jahren restaurierte, stattliche Zollamtsgebäude errichtet wurde.[19] Diese beiden Beispiele weisen be-

---

16 Die erste Nennung des offenbar erst kurz zuvor errichteten Hospitals „in monte Riten apud Lingemos fundati et incepti" und zwar „ad refectionem pauperum per stratam de Riten transeuntium" datiert von 1211. Vgl. Franz *Huter*, Tiroler Urkundenbuch, Bd. I/2, Innsbruck 1949, n. 614. Die erste Nennung eines Deutschordens-Komturs zu Lengmoos hingegen datiert von 1227. Vgl. dazu Gaston Graf v. *Pettenegg*, Die Urkunden des Deutsch-Ordens-Centralarchives zu Wien. Prag 1887, S. 34.
17 Eine Abbildung und Edition dieser Urkunde bietet die Studie von Norbert *Mumelter*, Der Kuntersweg. Karneid 1984, S. 9ff.
18 F.H. *Hye*, Die Geschichte von Innsbrucks ältestem Stadtteil St. Nikolaus und Mariahilf. In: Die Stadtteile Innsbrucks, hg. v. Innsbrucker Stadtarchiv, Bd. 2, Innsbruck 1986, S. 24f.
19 Josef *Nössing*, Der Zoll am Kuntersweg; sowie Helmut *Stampfer*, Architektur und Farbigkeit des Zollhauses in Kollmann. In: Der Schlern Jg. 60, Bozen 1986, S. 88–114. Bei der dort S. 108 von H. *Stampfer* als Landsknecht interpretierten Freskodarstellung rechts neben dem Südportal des Zollhauses handelt es sich allerdings nicht

reits darauf hin, daß *Zollstätten* einerseits Indizien für Verkehrswege sind und sich andererseits aber keineswegs nur auf Grenzzölle beschränkten. Diesbezüglich muß man stets aufmerksam sondieren, um nicht in die Irre zu gehen. Als Beispiel dafür mag die alte landesfürstliche Zollstätte in der Inntalschlucht zu Finstermünz angeführt werden, welche aus heutiger Sicht leicht als Grenzstelle gegen die Schweiz erscheinen mag, in Wirklichkeit aber nur ein Brückenzoll war; – bis 1652 gehörte ja das Unterengadin noch zu Tirol bzw. zum Landgericht Naudersberg und zum Vinschgau.[20] Eine tatsächliche Grenzzollstätte bildete hingegen – woran man heute kaum mehr denkt – Klausen an der Talenge oder Klause des Eisacktales am Fuße des Burgfelsens von Säben, welcher Zoll von 1028 bis 1803 die wichtigste Einnahmequelle des geistlichen Fürstentums Brixen und dessen Grenze gegen das Fürstbistum Trient bzw. später gegen die Grafschaft Tirol bildete.[21] Von 1271 bis 1500 bildete auch die Mühlbacher Klause am westlichen Ende des Pustertales eine Grenzzollstätte, was dem wirtschaftlichen Aufschwung des Marktortes Mühlbach sehr zugute kam.[22] In ihrer baulichen Erscheinung reicht der Bogen der Zollhäuser vom einfachen Wohnhaus, an dessen Wand die Zolltafel hing (wie noch heute bei einem ehemaligen städtischen Wegzoll in Sterzing), bis zum stattlichen Zollamtsgebäude mit beiderseits absperrbarem Verzollungs-Innenraum für die Fuhrwerke. Als Beispiele für letzteres seien hier der Zoll in Kollmann (vgl. oben) und im nördlichen Landesteil die Feste Fernstein am Aufstieg zum Fernpaß angeführt.[23]

Neben diesen ihrem Wesen nach verkehrsspezifischen Einrichtungen hat die Altstraßenforschung aber auch scheinbar ganz andersartige, nämlich religiöse Denkmale zu beachten. Bekannte Beispiele hierfür sind die St. Christophorus-Darstellungen, die sich fast immer an der der Hauptstraße zugewandten Seite von Häusern oder Kirchen befinden.[24] Weniger beachtet wurden bisher Kreuzwegstationen, deren Anordnung gelegentlich an alte Straßenverläufe erinnern können, wie dies z.B. bei jenem Kreuzweg im Oberinntal der Fall ist, der von Haiming zu einer 1656 geweihten Pestkapelle in Silz führt. Dieser Kreuzweg bzw. die betreffende aufgelassene Fahrstraße, an der die Stationen stehen, repräsentiert die alte Landstraße von Silz zur Innbrücke von Haiming-Magerbach, über welche bis 1939 die Bundesstraße von Telfs nach Imst verlief. Diese Innbrücke und die sich daran schließende ehemalige Stra-

---

um einen solchen, sondern um ein Ganzfigur-Portrait Kaiser Ferdinands I., der hier als Landesfürst Tirols auf sein in der Mitte abgebildetes Wappen zeigt.
20 O. *Stolz*, Politisch-historische Landesbeschreibung von Tirol. Teil I: Nordtirol = Archiv f. österr. Geschichte Bd. 107, Wien 1926, S. 728–772.
21 Karl *Wolfsgruber*, Der Zoll in Klausen. In: Der Schlern Jg. 46, Bozen 1972, S. 335–341.
22 F.H. *Hye*, Der alte Markt Mühlbach. Mühlbach 1979, S. 14ff. u. 46–51.
23 Patrick *Werkner*, Fernstein. In: Oswald *Trapp*, Tiroler Burgenbuch Bd. VII, Bozen 1986, S. 231–246, besonders über das „Klausengebäude" S. 239ff.
24 Vgl. dazu Johanna *Gritsch*, Christophorus-Bilder aus Tirol. Ein Kapitel der mittelalterlichen Verkehrs- und Kunstgeschichte. In: Schlern-Schriften Bd. 77, Innsbruck 1951, S. 77–91.

ße durch den steilen Südabfall des Tschirgant wurde spätestens um 1300 als neuer Straßenbau angelegt.[25]

Zu den religiösen Verkehrsdenkmalen gehören auch besonders die Wegkapellen und Wegkreuze, wobei selbstverständlich von Fall zu Fall zu prüfen ist, ob es sich um einen lokalen Güterweg oder um eine alte Landstraße handelt (vgl. unten).

Sehr sichere, wenn auch oft recht traurig wirkende Zeugen einer ehemaligen Hauptverkehrsader sind Gasthöfe, deren einstige Blüte oft nur noch durch ihre bauliche Gestalt und ihren Freskenschmuck erahnt werden kann, die aber meist infolge von Verkehrsverlagerungen auf Umfahrungsstraßen, die Eisen- und neuerdings die Autobahn verödet sind. Bekannte Beispiele dafür sind der Domanig in Schönberg an der Römer- bzw. alten Brennerstraße, der Schupfenwirt an der Brennerstraße, wo einst die Fuhrwerke eine Rast einlegten, heute aber niemand mehr stehen bleibt. Auch der Gasthof an der oben genannten Magerbacher Innbrücke mit seiner dem Verfall preisgegebenen Hl. Kreuz-Kapelle von 1696, typisch am Beginn des Aufstieges zum Karrer Berg mit Gegenstück, einer Salvator-Kapelle von 1685 mit entsprechender Inschrift, am Westfuß desselben Höhenrückens in Imst/Brennbichl soll hier erwähnt werden. Die gegenwärtig hinter dem Magerbacher Gasthof in Bau befindliche Autobahn hat zwangsweise die Trasse dieses mittelalterlichen Straßenbaues zugleich weitgehend unkenntlich gemacht und erneuert.

Mit der Frage des mittelalterlichen Straßenbaues in Tirol sollte man sich noch eingehend beschäftigen. Die Zeit vom 16. bis zum 18. Jh. brachte dann eine ganze Reihe von Straßenverlegungen vom Hang in den Talboden, wie z.B. die Straßen durch die Höttinger oder Haller Inn-Au gegen Ende des 16. Jh. im Westen und Osten Innsbrucks oder die Anlage der Straße durch die Rietzer Au 1719/20. Diese Neutrassierungen brachten zwar lokale Verkehrsverbesserungen und die erste, von den Bewohnern nicht erwünschte Umfahrung von Ortskernen, sind aber nicht als Straßenbauten größeren Stils unter Aufwand der neuesten Technik zu bewerten. Letzteres gilt hingegen besonders von zwei Straßenbauten der zweiten Hälfte des 18. Jh. im Bezirk Landeck, die uns zugleich auf eine weitere Gattung von verkehrsgeschichtlichen Zeugen hinweist, nämlich auf die Bau-Inschriften.

Die erste dieser zwei Straßenbauten ist jene 1776 aus den rechtsufrigen Felswänden der Inntalschlucht ober Landeck herausgesprengte heutige Bundesstraße in Richtung Engadin und Reschen (Die alte Straße verlief ab der Gärberbrücke in Landeck am linken Innufer bis Niedergallmig und findet sich noch in der Tirol-Karte Peter Anichs von 1774 eingezeichnet). Die an den Bau der neuen Straße erinnernde Inschrift befindet sich am Felsen gleich nach dem südlichen Ortsende von Landeck und lautet: „... ERI VIA AQVARVM IRRVPTIONE / ANNO MDCCLXXII EVERSA / PONTIBVS VII DISJECTIS / HAEC NOVA ET BREVIOR ITINERANTIVM COMMODO / EXCISSIS

---

25 F.H. *Hye*, Zur Verkehrsgeschichte des Oberinntales zwischen Telfs, Haiming und Imst. In: Tiroler Wirtschaftsstudien Bd. 26/1 (= Festschrift Franz Huter), Innsbruck 1969, S. 195–215.

RVPIBVS APERTA / PEDVM MDCCCLXXII SPATIO / IMPENSIS FERRI CENTVPONDIIS CCCXXXVII / PVLVERIS PYRII PONDO CLII / OPERIS DIVRNIS CC PER ...... / PERFECTA / AVSPICIIS M. THERESIAE AVG. P. F. / CVRA IOS. A. LAICHARDING PATRIT. TYR. / SVPR. CVRIAE A CONSILIIS / OPERA EDMVNDI HIRN VIARVM PRAEF. / ANNO MDCCLXXVI / RES PRINCIPIS ET PROVINCIAE SIMVL MODERANTE / PRAESIDE IO. GOTOFR. COMITE AB HEISTER." Zu Deutsch wird hier mitgeteilt, daß, nachdem ein Hochwasser des Jahres 1772 die alte Straße und sieben Brücken weggerissen hatte, diese neue, kürzere und für die Reisenden bequemere Straße in einer Länge von 1.872 Fuß (1 Wiener Fuß = 0,31 m) aus den Felsen herausgesprengt und gebaut worden ist unter Aufwendung von 33.700 Pfund Eisen, 152 Pfund Schießpulver und 200 Arbeitstagen. All' dies geschah unter der Regierung der Kaiserin-Witwe Maria Theresia, unter der Leitung des Tiroler Straßenbaudirektors Joseph Andreas Laicharding und durch die Werksführung des Straßenbau-Präfekten Edmund Hirn als dem Lande Tirol Joseph Gotfried Graf Heister als Gubernator vorstand.

Der zweite hier anzuführende Straßenbau ist jener über den Arlbergpaß. Das schwierigste Stück dieser Paßstraße bildete der Steilabfall von der Alpe Rauz nach Stuben. Dieser Abschnitt liegt zwar bereits westlich der Tiroler Grenze auf Vorarlberger Gebiet, doch umfaßte der Verwaltungsbereich des Innsbrucker Guberniums damals nicht nur Tirol, sondern auch Vorarlberg etc. An diesem Straßenstück, das seinen Erbauern die größten Probleme bereitete, dort haben diese in eine glatte Felsplatte unterhalb der Alpe Rauz – abwärts rechts neben der Straße – zur Erinnerung an ihre Leistung folgenden Text einmeißeln lassen: „IM IAHR 1787 / AM ST. IACOBSTAG WARD DIESER / DURCH VIERIAEHRIGES FELSEN / SPRENGEN NEU ERÖFNETE KOMERZIAL / STRASSEN ZUG AM ARLBERG / ÜBER DEM RAUTSKOPF VON HERN / IOSEPH ANDRAE VON LAICHARDING / K.K. GUB. RATH UND STRASSENBAU / DIRECTOR ZUM ERSTEN MAL BEFAHREN / SAMT DENEN WEGBAUBEAMTEN / ROMAN HÜRN ANDRAE EBERL / GEORG PULT BAUMEISTER." – Bis zum Bau dieser „modernen", noch heute als Bundesstraße benützten Straße führte über den Arlberg nur ein Saumweg, der zur Not auch mit Karren befahren werden konnte.[26] Bis zur obersten Dorfsiedlung des Stanzertales, d.h. bis zu jener Stelle, wo in St. Anton der eigentliche Paßanstieg begann bzw. beginnt, führte allerdings schon seit Jahrhunderten ein einfacher, für lokale Zwecke noch heute genutzter Fahrweg, welcher in malerischer Weise durch die in erhöhter Lage am nordseitigen Sonnenhang gelegenen Dorfkerne und Fluren von Pians, Strengen, Flirsch, Pettneu und St. Jakob führt. Ein besonders schwieriger Abschnitt war die Strecke zwischen Pians und Strengen, wo nach steilem Abstieg von Pians zur Sannabrücke und einer weiteren Brücke zurück auf das nördliche

---

26 Herm. Ign. *Biedermann,* Verkehrsgeschichte des Arlbergs und seiner Umgebung bis zum Ausbau der Kunststraße über denselben. In: Zeitschrift des Deutschen u. Österreichischen Alpenvereins Bd. 15, Salzburg 1884, S. 407–438. Die hier mitgeteilte Inschrift mit dem Eröffnungsdatum war Biedermann noch unbekannt.

Ufer (diese alte Brücke ist noch erhalten) — unmittelbar neben der Einmündung der Trisanna und der heutigen Einfahrt in das Paznauntal — der Fahrweg wieder steil und streng hinauf nach Strengen ansteigt. Für die Erhaltung des Arlbergweges wurde an seinem östlichen Beginn in Landeck/Perfuchs bereits seit 1312 ein Weggeld eingehoben.[27]

Besondere Bekanntheit erlangte der Weg über den Arlberg auch durch das dort 1385/86 durch Heinrich Findelkind nahe der Paßhöhe errichtete Hospiz zum hl. Christophorus, dem Schutzpatron der Reisenden (vgl. oben die Freskodarstellungen dieses Heiligen), welches Hospiz in unserem Jahrhundert namengebend für den Wintersportort St. Christoph a.A. wurde. Damit wurde die für unsere Betrachtung von Zeugen des alten Verkehrs letzte Gruppe angesprochen, nämlich jene der Hospize. Sie wurden meist von Bruderschaften oder kirchlichen Institutionen bzw. Ritterorden (Deutscher Orden, Malteser) geführt und befanden sich vornehmlich im Bereich von Paßhöhen wie z.B. St. Christoph, St. Valentin auf der Haide am Reschen, St. Johann in Taufers an der Straße zum Ofenpaß, Lengmoos am Ritten (vgl. oben), Ospitale bei Cortina d'Ampezzo, sowie auch am Talboden, wofür sowohl die Deutschordens-Kommenden in Bozen (1202), Lana, Schlanders und Sterzing als auch die hochstift-brixnerischen Hospize zum hl. Kreuz in Brixen (1157) und zu den hl. zwölf Aposteln in Klausen (um 1210), aber auch St. Florian zwischen Neumarkt und Salurn und Ospedaletto in der Val Sugana als Beispiele angeführt seien. Den Hospizen dem Wesen nach verwandt sind die gewerbsmäßigen Gaststätten, auf die wir schon oben zu sprechen kamen. Die Fresken an ihren Hausfassaden sind es übrigens, die uns durch aufschlußreiche Darstellungen oft detaillierte Kenntnisse über die alten Verkehrsmittel sowohl für den Güter- als auch für den Personentransport vermitteln. Ein hervorragendes Beispiel hierfür ist der ehemalige Gasthof Baldauf — jetzt Bankfiliale — in Pettnau im Oberinntal. An dieser Stelle sei auch auf die m.W. älteste Darstellung eines Personenreisewagens hingewiesen: Sie befindet sich als Fresko von ca. 1390 in der Burg Runkelstein bei Bozen und zeigt zwei mit Bögen überspannte vierrädrige Fuhrwerke, von denen aus Damen einem Turnier beiwohnten. Ein derartiger Wagenaufbau mit Bögen hat sich übrigens aus der Mitte des 15. Jh. erhalten, er befindet sich im Joanneum in Graz und stammt vom Hochzeits-Prunkwagen Kaiser Friedrichs III.[28]

Abschließend sei noch aus dem Archivbereich die m.W. älteste Nennung von Wägen als Verkehrsmittel in Tirol angeführt. Sie findet sich in der Innsbrucker Stadtrechts-Bestätigungsurkunde von 1239 — die Erstverleihung erfolgte um 1187/1204 — und lautet: „Viam et pontem habeant, ut sic pateat introitus hominibus, equis et c u r r i b u s universis."[29]

27 F.H. *Hye*, Die Städte Tirols, Teil I: Bundesland Tirol. = Österr. Städtebuch Bd. 5/1, Wien 1980, S. 171.
28 Vgl. den Katalog d. Ausstellung „Friedrich III. Kaiserresidenz Wiener Neustadt". Wiener Neustadt 1966, Kat. Nr. 153, Abb. 3.
29 Vgl. die Edition von Ernst Frhr. v. *Schwind* u. Alphons *Dopsch*, Ausgewählte Urkunden zur Verfassungsgeschichte der deutsch-österr. Erblande im Mittelalter. Innsbruck 1895, S. 80. Zur Beurteilung der Urkunde vgl. F.H. *Hye*, Innsbruck — Geschichte und Stadtbild. = Sonderband der Tiroler Heimatblätter „800 Jahre Stadt Innsbruck", Innsbruck 1980, S. 12—16.

Wilhelm Störmer

DIE BRENNERROUTE UND DEREN SICHERUNG IM KALKÜL DER MITTELALTERLICHEN KAISERPOLITIK

Der wichtigste Verbindungsweg zwischen Deutschland und Italien war schon im Mittelalter die Brenner-Route, die nicht nur für fast alle Italienzüge deutscher Herrscher von der Mitte des 10. bis zur Mitte des 12. Jahrhunderts, sondern vor allem auch — mehr oder weniger kontinuierlich — von den deutschen und nordischen Rom-Pilgerscharen benützt wurde.[1] Allgemein darf darauf verwiesen werden, daß die Alpenpässe für die fränkischen und deutschen Herrscher seit 800 wichtig waren, weil diese möglichst rasch und ohne Komplikationen die Kaiserkrone in Rom erlangen mußten. Die Franken hatten schon im 6. Jahrhundert Oberitalien zu kontrollieren und zu besetzen versucht[2] und waren auch in der Folgezeit relativ häufig ins langobardische Italien vorgedrungen, so daß der Langobardenkönig Ratchis (745—749) durch strenge Paßvorschriften der fränkischen Infiltration zu begegnen suchte.[3] Seit der Okkupation des Langobardenreiches durch Karl den Großen 774 war dieses Gebiet — das spätere „Reichsitalien" — ein fester Bestandteil des römisch-deutschen Reiches bis zum Ende der Stauferzeit, der politisch und militärisch, aber auch durch schnelle Verkehrsmöglichkeiten gesichert werden mußte.[4]

Seit 774 wurde demgemäß die Sicherung der wichtigen Alpenpässe zu einem Zentralproblem. Karl selbst zog fünfmal nach Italien und verbrachte dort insgesamt fast vier Jahre. Vor der Ottonenzeit standen allerdings die Westalpenpässe als Reiseroute für die Könige bzw. Kaiser an erster Stelle. Lediglich die Könige Ludwig der Deutsche, Karlmann und Arnulf haben den Brenner mit Sicherheit benützt. Bei den Staufern war zwar noch der Brenner, wie in den Jahrhunderten vorher, einer der wichtigsten Paßwege von und nach Italien, doch spielten daneben Mont Cenis, Großer St. Bernhard und die Bündner Pässe eine große Rolle.[5] Man brauchte jetzt offensichtlich zunehmend Alternativrouten.

---

1 K. Schrod, Reichsstraßen und Reichsverwaltung im Königreich Italien (754—1197), Stuttgart 1931; C. Brühl, Fodrum, Gistum, Servitium Regis (Kölner hist. Abhandlungen 14) Köln-Graz 1968; O. Springer, Medieval Pilgrim Routes from Scandinavia to Rome, in: Medieval Studies 12 (1950), S. 92—122.
2 G. Löhlein, Die Alpen- und Italienpolitik der Merowinger im VI. Jahrhundert (Erlanger Abhandlungen 17) 1932.
3 G. Tangl, Die Paßvorschrift des Königs Ratchis und ihre Beziehung zu dem Verhältnis zwischen Franken und Langobarden vom 6. bis 8. Jahrhundert, in: Quellen und Forschungen aus italienischen Archiven und Bibliotheken 38 (1958), S. 1—66.
4 Schrod (wie Anm. 1): A. Haverkamp, Herrschaftsformen der Frühstaufer in Reichsitalien (Monographien z. Gesch. d. Mittelalters 1) 2 Bde, Stuttgart 1970/71.
5 Brühl (wie Anm. 1) I, S. 578ff., 586f.

Die Vorteile des Brenners für einen Heereszug – die Könige kamen ja mit großem Gefolge – liegen auf der Hand: Hier sind die Alpen zwar am breitesten, aber die Paßübergänge Brenner und Reschen sind gleichzeitig am niedrigsten. Dazu kommen die günstigen Anmarschwege im Norden und Süden. Der Zugang zu diesem Alpen- und Paßraum wird zwar durch gefährliche Talengen, sogenannte Klausen, behindert, doch trifft dieses Phänomen ebenso für die westlichen Pässe zu.

Werner Goez[6] hat im Hinblick auf die mittelalterliche Kaiserstraße Italiens 1972 formuliert: „Geschichte geht dem Lauf der großen Straßen nach." Der Satz ist einleuchtend, aber wenn wir die Quellen zu den Alpenüberquerungen befragen, dann sind wir in einer peinlichen Situation, denn zwischen Augsburg, Regensburg und Verona erfährt man kaum etwas über Routen, Schwierigkeiten und Aktionen des königlichen Heeres.

Die Itinerare und Itinerarkarten der Könige und Kaiser auf ihrem Weg nach Italien verdeutlichen das Quellendilemma.[7] Karl der Große wird in Regensburg sechsmal greifbar, auf dem Lechfeld bei Augsburg einmal. Blicken wir aber in Richtung Alpen und Italien, dann sehen wir auf der Itinerar-Karte erst Verona und Vicenza wieder verzeichnet, wo Karl je einmal erscheint. Ludwig der Deutsche, der weitgehend in Regensburg residierte, ist in Aibling einmal bezeugt, dann erst wieder in Trient und Verona, wo er wiederum je einmal als Urkundenaussteller bezeugt ist.

Otto der Große ist in Augsburg dreimal anwesend, dann finden wir ihn wieder in Trient und in Verona je einmal. Zwischen Augsburg und Trient ist also auch für Otto I. eine völlige Quellenlücke. Sein Sohn Otto II. (973–983) wird in Augsburg zweimal bezeugt, dann in Verona einmal. Auch die Intinerar-Karte Heinrichs II., der ja ursprünglich bayerischer Herzog war, verdeutlicht dasselbe Symptom. Heinrichs Italienzüge gingen von Augsburg aus. Noch in Inning am Ammersee ist er bezeugt, dann wird er erst wieder in Trient greifbar. Während er hier sowie etwas weiter südlich in Lizzana und Dolze an der Etsch je zweimal begegnet, kann man ihn in Verona dreimal fassen. Heinrich IV., der in der Zeit des Investiturstreits ebenfalls lange das bayerische Herzogtum innehatte, wird am Alpeneingang in Nussdorf (nördlich von Kufstein) einmal greifbar, dann ausnahmsweise in der Nähe des Brenners (der Ort ist unbekannt), einmal in Brixen, in Verona zwölfmal, in Garda einmal. Friedrich Barbarossa, der eine außerordentlich intensive Italienpolitik trieb, ist quellenmäßig in Augsburg zwölfmal, dann in Peiting unweit des Lechs, südlich von Augsburg einmal, in Brixen einmal, in Trient dreimal und auf der Danielswiese bei Garda zweimal greifbar.

Besser informiert sind wir im Detail über den ersten Romzug Otto III.[8] Mit 15 Jahren trat Otto 994 die Regierung an. Obgleich er in Deutschland zunächst eine Fülle von Problemen zu bewältigen hatte, traf er 995 – nach dem

---

6 W. Goez, Von Pavia nach Rom. Köln 1976, S. 9.
7 Zum Folgenden s. Brühl I, S. 396ff., 460f., II: Itinerarkarten I, II, III, IV, V, VI.
8 Zum Folgenden s. M. Uhlirz, Otto III. 983–1002 (= K. u. M. Uhlirz, Jahrbücher des Deutschen Reiches unter Otto II und Otto III., Bd. 2) Berlin 1954, S. 194ff.

Tode des unruhigen Bayernherzogs Heinrich des Zänkers — bereits Vorbereitungen zu einer Romfahrt, und zwar in den letzten Monaten des Jahres. Die innerrömischen Probleme zwangen den jugendlichen König zu raschem Handeln. Am 11. November schenkte Otto dem Kloster S. Zeno in Verona größere Besitzungen. Bei dieser Gelegenheit wurden offenbar wichtige Absprachen über die Alpenüberquerung und Sammlung des Heeres in Verona getroffen. In den folgenden Monaten stets unterwegs, hielt er noch am 5. Februar eine Reichssynode in Ingelheim am Rhein ab, Mitte Februar traf er bereits in Regensburg ein, um sich mit den Großen zum vermutlich ersten winterlichen Alpenübergang in Richtung Italien zu rüsten. Nach den Regensburger Beratungen setzte sich das offensichtlich beachtliche Heer in Richtung Brenner in Bewegung; vor dem Zuge wurde das Legitimationssymbol für die Herrschaft über Italien, die hl. Lanze, getragen.

Während das Heer in Richtung Verona nach Süden zog, kamen bereits venezianische Gesandte, um wichtige Streitfragen, die in Verona behandelt werden sollten, mit dem jungen König vorzubesprechen. Darüber erfahren wir nur aus einer venezianischen Quelle. Wo diese Vorbesprechungen waren, möglicherweise in Trient oder wegen der dringenden Situation gar schon in Brixen, wissen wir nicht. Jedenfalls wird klar, daß Venedig bereits genau über den Alpenreiseplan des Königs unterrichtet war. Die nötigen Informationen dürfte der Doge wohl aus Regensburg oder gar aus Ingelheim erhalten haben. In Verona erwarteten bereits Herzog Otto von Kärnten, der italienische Erzkanzler und die Kirchenfürsten der Mark und Friauls den König. Auch dieser Sachverhalt weist auf eine ausgezeichnete Kommunikation mit Hilfe von Boten. Spätestens Mitte März war das königliche Heer in Verona; vom 25. März sind uns jedenfalls wichtige Gerichtsurkunden aus Verona erhalten.

Eine ähnliche Rolle wie Verona unter Otto III. spielte unter Heinrich II., teilweise auch unter seinen Nachfolgern die Bischofsstadt Trient.[9] Hier legte das Heer eine Ruhepause ein, hier stießen aber auch oberitalienische Bischöfe und weltliche Große zum königlichen Heer. In Trient mußte spätestens sondiert werden, ob die Veroneser Klause frei war.

Da im Mittelalter die Kommunikation viel schwieriger war, wird man mehr Improvisation voraussetzen müssen, wobei freilich die Vorstellung einer Planlosigkeit falsch wäre. Unser Informationsmaterial über Alpen-, d.h. Italienzüge der deutschen Könige und Kaiser ist leider viel zu bruchstückhaft und gering, so daß wir nur höchst bescheidene Aussagen über Heeresgröße, Ausrüstung, Art des Transports sowie den Troß machen können. Es gibt jedoch eine Reihe von Hinweisen, daß Italienzüge erst nach sehr sorgfältigen Vorbereitungen durch königliche Sonderbeauftragte in Deutschland sowohl als auch in Italien durchgeführt wurden. Ein solcher Sonderbeauftragter unter Kaiser Friedrich Barbarossa war beispielsweise Pfalzgraf Otto von Wittelsbach, der spätere Herzog Otto I. von Bayern.[10] Was die Heeresstärke betrifft, so rechnet man unter

---

9 Dazu s. G. Althoff, Gebetsgedenken für Teilnehmer an Italienzügen. Ein bisher unbeachtetes Trienter Diptychon, in: Frühmittelalterliche Studien 15 (1981), S. 36–67, bes. S. 45ff.

10 Haverkamp (wie Anm. 4), S. 95, 166, 175ff.; H. Glaser, Auftakt. Der Dynastiegründer, in: ders. (Hrsg.), Wittelsbach und Bayern I/1, München-Zürich 1980, S. 5ff.

Kaiser Friedrich Barbarossa mit etwa 6.000 Mann.[11] Dafür gibt es eine Reihe von Indizien.

Daß dies enorme Versorgungsprobleme mit sich brachte, versteht sich von selbst; die Quellen sprechen in der Regel überhaupt nicht darüber. Wir müssen annehmen, daß die Reichskirchen[12] ebenso wie die Reichsgüter an der Brennerroute wie an anderen Paßsystemen ihren entsprechenden Beitrag zu leisten hatten, eine zweifellos nicht geringe Aufgabe. Wie sehr der König bzw. Kaiser seine Reichsbistümer zur wichtigen Kontrolle des Alpenübergangs und zur Paßhut am Brenner heranzog, zeigt am besten die königliche Verleihung von Grafschaften und Grafschaftsrechten auf dieser Strecke an verschiedene Bistümer.

Freising erhielt schon um 965 die ans Pustertal — und damit an den Freisinger Eigenklosterkomplex Innichen — angrenzende Grafschaft Cadore[13], d.h. das Tal der Piave bis zum Gebirgsausgang in Richtung Veneto. 1027 schenkte Konrad II., der sonst gegenüber der Reichskirche so sparsame Haushalter, nicht weniger als drei Grafschaften im Brenner-Reschen-Paßgebiet an die Kirche. Der bischöflichen Kirche Brixen verlieh er die — bisher dem aufsässigen Grafen Welf gehördende — Grafschaft im Inn- und Eisacktal bis zur Bistumsgrenze zwischen Brixen und Trient, also die Grafschaft an der Brenner-Route.[14] Ein paar Tage vorher hatte er bereits der bischöflichen Kirche Trient zwei Grafschaften verliehen[15], zum einen die an die Brennergrafschaft anschließende Grafschaft um Bozen, zum anderen die Grafschaft im Vintschgau, die den Reschen vom Süden her sicherte. Dies läßt den Schluß zu, daß auch der Reschen als Alternative in das Brenner-System miteinbezogen wurde. Wann das Bistum Regensburg in den Besitz zweier Grafschaften am Inn kam (offensichtlich für Heereszüge, die in Regensburg starteten), wissen wir nicht genau; vermutlich ebenfalls im frühen 11. Jahrhundert.[16]

Natürlich hatte auch der Adel viele Reichsaufgaben an dieser Route zu erfüllen. Es waren vornehmlich königsnahe Familien, wie die Aribonen, die Welfen, später die Andechser.[17] Den adeligen Freiheitstendenzen entsprach aber

---

11 M. Weikmann, Königsdienst und Königsgastung in der Stauferzeit, in: ZBLG 30 (1967), S. 314–332, hier bes. S. 320.
12 A. Sandberger, Das Hochstift Augsburg an der Brennerstraße, in: ZBLG 36 (1973), S. 586–599; G. Sandberger, Das Bistum Chur in Südtirol, in: ZBLG 40 (1977), S. 705–828; W. Störmer, Zur Frage der Funktionen des kirchlichen Fernbesitzes im Gebiet der Ostalpen vom 8. bis 10. Jahrhundert, demnächst in: Nationes 6. Vgl. ferner O. Hageneder, Die kirchliche Organisation im Zentralalpenraum vom 6. bis 10. Jahrhundert, in: H. Beumann, W. Schröder (Hrsg.), Frühmittelalterliche Ethnogenese im Alpenraum (Nationes 5) Sigmaringen 1985, S. 201–235; H. Zielinski, Der Reichsepiskopat in spätottonischer und salischer Zeit (1002–1125). Stuttgart 1984. Zu Einzelfakten s. F. Huter (Ed.), Tiroler Urkundenbuch I, Innsbruck 1937.
13 MGH D O II nr. 80 (verfälscht).
14 MGH D K II nr. 103.
15 MGH D K II nr. 102 (verunechtet).
16 Vgl. Störmer (wie Anm. 12).
17 W. Störmer, Engen und Pässe in den mittleren Ostalpen und ihre Sicherung im frühen Mittelalter, in: Mitteilungen der Geograph. Ges. in München 53 (1968), S. 91–108, bes. 101ff.; ders., Früher Adel (Monographien zur Gesch. d. Mittelalters 6) Bd. II, Stuttgart 1973, S. 284ff.

immer eine ambivalente Verhaltensweise, die dem König gefährlich werden konnte. Der Einbau der Reichskirche diente gewissermaßen der Rückkoppelung an das Reich.

Über die Ausrüstung der ritterlichen Dienstmannen, der Ministerialen, berichten uns zwei Dienstrechte des 12. Jahrhunderts, daß sowohl der König als auch der Bischof bei einem sog. Römerzug verpflichtet war, seinen Dienstmannen nicht nur Sold zu zahlen, sondern auch Saumtiere mit Lebensmitteln zu stellen.[18] Die sog. Constitutio de expeditione Romana, eine Satzung über den Römerzug[19], eine Fälschung aus der Mitte des 12. Jahrhunderts auf Karl den Großen, legt fest, daß die zur Italienheerfahrt aufgebotenen Ministerialen von ihrem Dienst- und Lehensherrn einen Sold von 5 Pfund, ferner zwei Pferde, sowie jeweils zwei Dienstmannen gemeinsam ein mit Lebensmitteln voll ausgelastetes Saumtier erhalten sollen. Aus diesen Angaben wird auch ersichtlich, daß nicht nur der König für seine Reichsministerialen, sondern auch die geistlichen und weltlichen Vasallen des Reiches für ihre Dienstmannen im Fallen eines Italienzugs beträchtliche Unkosten auf sich zu nehmen hatten.

Voraussetzung für eine solche groß angelegte Alpenüberquerung – insbesondere bei einer winterlichen, wie sie Otto III. unternahm – war m.E. eine Paßverkehrsorganisation, die wir in der Schweiz deutlich fassen können. Für Tirol allerdings fehlen die Quellen. Es ergeben sich dabei eine Reihe von Fragen. Vor allem den Paßfußorten muß eine besondere Bedeutung zugekommen sein.

a) Haben diese Paßfußorte bereits eine römische Grundlage und hat sich die Paßverkehrsorganisation, wenn auch rudimentär, noch aus römischer Zeit ins Mittelalter hinüber gerettet? Für das Bündner Gebiet konnte dies Otto P. Clavadetscher[20] an Hand des Churrätischen Reichsgutsurbars sehr wahrscheinlich machen.

b) War die mittelalterliche Paßorganisation genossenschaftlich oder herrschaftlich (d.h. wohl grundherrschaftlich) organisiert[21]?

c) Wie sicher war diese Paßorganisation in den Wechselfällen der Politik? Diesen Fragen sollte die Forschung in Zukunft mehr Aufmerksamkeit widmen.

Ein anschauliches Beispiel für die Tücken, denen ein Heer bei der Alpenüberquerung ausgesetzt war, schildert Otto von Freising in den Gesta Friderici.[22] Es handelt sich um den berühmten und gefährlichen Zwischenfall an der Veroneser Klause, wo das Heer Friedrich Barbarossas 1155 nur durch das

---

18 P. Sander, H. Spangenberg, Urkunden zur Geschichte der Territorialverfassung, Bd. II, H. 2, S. 9ff. nr. 96. Ähnlich das Weißenburger Dienstrecht: MGH D K II nr. 140.
19 MGH Const. I, S. 661, nr. 447 c.8.
20 O.P. Clavadetscher, Verkehrsorganisation in Rätien zur Karolingerzeit, in: Schweiz. Zs. f. Geschichte 5 (1955), S. 1–30; ders., Das Schicksal von Reichsgut und Reichsrechten in Rätien, in: VSWG 54 (1968), S. 46–74.
21 A. Borst, Alpine Mentalität und europäischer Horizont im Mittelalter, in: Schrr. d. Vereins f. Gesch. d. Bodensees u. seiner Umgebung 92 (1974), S. 1–46.
22 Ottonis et Rahevini Gesta Friderici I. imperatoris, ed. G. Waitz - D. de Simson. MGH SS rer. Germ. (1912^3), II, S. 42–43.

tollkühne Eingreifen Pfalzgraf Ottos, des nachmaligen bayerischen Herzogs, gerettet wurde.

Das deutsche Heer hatte freilich seit dem 10. Jahrhundert eine Art Alternativroute zur Veroneser Klause, wenn dieser Engpaß zu gefährlich oder das Heer zu groß war. Es ist der Weg über den Gardasee zu Schiff. Sammelplatz war dann die Reichsburg Garda (Rocca di Garda) bzw. die Danielswiese bei Garda.[23]

Die Alpenüberquerung eines mittelalterlichen Heeres war immer ein wagemutiges Unternehmen. Da die Geschichtsschreiber so wenig darüber aussagen, können wir annehmen, daß dank einer letztlich ausgezeichneten Paß- und Verkehrsorganisation[24] relativ selten eine Katastrophe eintrat.

---

23 Schrod (wie Anm. 1); M. Weikmann, Von Barbarossa bis Konradin. Ein Jahrhundert Kaufbeurer Stadtgeschichte, in: Kaufbeurer Stadtgeschichtsblätter 5 nr. 9 (1968), S. 129–135; E. Hlawitschka, Franken, Alemannen, Bayern und Burgunder in Oberitalien (774–962). Freiburg i.Br. 1960, S. 43, 107, 133, 149, 280; A. Haverkamp, Herrschaftsformen der Frühstaufer in Reichsitalien (Monographien z. Gesch. des Mittelalters 1) 2 Bde, Stuttgart 1970/71, S. 150, 171, 273f., 276, 296, 507, 551, 610, 627, 634, 664ff.

24 Vgl. jetzt allgemein Th. Szabo, Antikes Erbe und karolingisch-ottonische Verkehrspolitik, in: L. Fenske, W. Rösener, Th. Zotz (Hrsg.), Institutionen, Kultur und Gesellschaft im Mittelalter. Festschr. für Josef Fleckenstein. Sigmaringen 1984, S. 125–145.

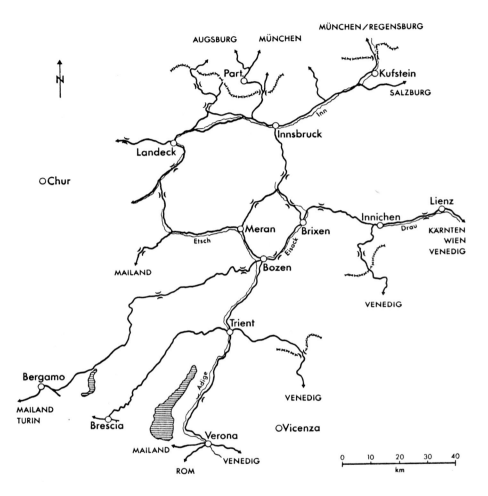

Das Doppeldelta der Brennerstraße

Erwin Riedenauer

DIE BRENNER-REGION IM TERRITORIALPOLITISCHEN SPANNUNGSFELD DER FRÜHEN NEUZEIT

I.

Die Alpen stellen einen durch weitgehend einheitliche geophysikalische Voraussetzungen in wirtschaftlicher, kultur- und sozialgeschichtlicher Hinsicht stark vorgeprägten geographischen und historischen Raum dar, dessen sehr abwechslungsreiche und dennoch — von gleichen Bedingungen her — auch wesentlich gemeinsame Grundzüge aufweisende politische Entwicklung freilich durch die Staatenbildungen und Grenzziehungen der letzten zwei Jahrhunderte der unmittelbaren Veranschaulichung und dem persönlichen Erleben weitgehend entzogen ist[1].

Es liegt nahe, anzunehmen, daß die Möglichkeiten und Gefahren, die sich viele Jahrhunderte hindurch für eine Alpenüberquerung boten bzw. eine solche erschwerten, nicht nur Händler, Pilger und Studienreisende betrafen[2], sondern daß die Alpenpässe — als Weg und Hindernis zugleich — auch in politisch-militärischer Hinsicht eine bedeutende Rolle spielten und daß die Alpenstraßen ein Faktor territorialpolitischer Bestrebungen und Entwicklungen waren.

Die entlang einer die Alpen querenden Route etablierte politische Macht sichert und ggf. pflegt Straßen und Pässe, nicht ohne sie wirtschaftlich zu nutzen und ihrem staatlichen Willen dienstbar zu machen. In kriegerischen Situationen sind sie dem Angreifer Einfallspforte in das Land des Gegners, dem Verteidiger logistische Achse bzw. der Riegel im Tor, wenn er rechtzeitig feste Plätze angelegt und hinreichend ausgestattet hat. Wer immer hier in friedlicher oder unfriedlicher Absicht unterwegs ist, wird sich auf die natürlichen *und* politischen Gelegenheiten und Ungelegenheiten einrichten.

---

1 Zitiert aus einem eigenen Bericht über „Die Geschichte des Alpenraums als Feld überregionaler Forschung (Zeitschrift für bayerische Landesgeschichte 46/3) 1983, 593–606.
2 Vgl. dazu etwa Georg Hanke (hrg.), Die großen Alpenpässe. Reiseberichte aus 9 Jahrhunderten, München (1967); Ernst Oehlmann, Die Alpenpässe im Mittelalter (Jahrbuch für Schweizer Geschichte 3/4) 1878/79; Friedrich Rauers - Joachim Vosberg, Vom Wilden zum Weltraumfahrer. Die Geschichte des Verkehrs von den Anfängen bis zur Gegenwart, Bad Godesberg (1962); Otto Stolz, Geschichte des Zollwesens, Verkehrs und Handels in Tirol und Vorarlberg von den Anfängen bis ins XX. Jahrhundert (Schlern-Schriften 108) Innsbruck 1953; Ludwig Schudt, Italienreisen im 17. und 18. Jahrhundert (Römische Forschungen der Bibliotheca Hertziana 15) 1959; Auszüge aus Reiseberichten bei Uta Lindgren, Alpenübergänge von Bayern nach Italien 1500–1850, München 1986, 118ff. sowie einige der im vorliegenden Band vereinigten Vorträge.

Ich möchte versuchen, diesen Gesichtspunkt für die frühe Neuzeit am Beispiel der Brennerregion zu skizzieren. Das Zentralalpengebiet war im Laufe des späten Mittelalters zu einem wesentlichen Teil unter die unmittelbare oder mittelbare Herrschaft des Hauses Habsburg gelangt, Brenner und Reschen-Scheideck sowie die nördlichen und südlichen Zufahrtswege wurden von der Grafschaft Tirol kontrolliert und geschützt.

Nach Innsbruck hatte 1420 Herzog Friedrich „mit der leeren Tasche", der vierte habsburgische Landesherr der gefürsteten Grafschaft Tirol, die Residenz verlegt, um besser als von Schloß Tirol aus die Verbindung nach den Landesteilen vor dem Arlberg und im Osten halten zu können. Kaiser Friedrich III. flüchtete sich 1485 hierher; sein Sohn Maximilian betrachtete Tirol als das Herz Deutschlands und hätte in Innsbruck am liebsten die Hauptstadt nicht nur seiner Erblande, sondern des deutschen Reiches aufgeschlagen. Tirol erschien ihm als der gegebene Mittelpunkt seiner politischen Pläne und militärischen Unternehmungen, als die natürliche Brücke von Innerösterreich nach den Vorlanden und nach Burgund, vor allem aber auch als die Brücke nach Italien[3].

Welche idealen geographischen Voraussetzungen das „Doppeldelta des Brenner" für die Verbindung der nördlich und südlich vor den Alpen liegenden städtischen Zentren und territorialen Räume seit der Römerzeit bietet, bedarf keiner näheren Begründung[4]. Wichtig ist jedoch, sich auch daran zu er-

---

3 Auf einige wenige grundlegende Darstellungen sei verwiesen: Franz Huter (hsg.), Alpenländer mit Südtirol (Handbuch der Historischen Stätten, Österreich II: Alpenländer und Südtirol) Stuttgart ²1978 (mit Einführung in die „Historisch-politische Entwicklung Tirols" 473ff. und weiterführender Literatur 683ff.); Josef Riedmann, Geschichte Tirols (Geschichte der österreichischen Bundesländer) Wien 1982 / München 1983; Otto Stolz, Geschichte des Landes Tirol, Innsbruck 1955; ders., Politisch-historische Landesbeschreibung von Tirol, Erster Teil: Nordtirol (Archiv für Österreichische Geschichtsschreibung 107, I–II = Abhandlungen zum Historischen Atlas der Österreichischen Alpenländer 15) Wien-Leipzig 1923; ders., Politisch-historische Landesbeschreibung von Südtirol, Innsbruck 1937; Josef Egger, Geschichte Tirols von den ältesten Zeiten bis in die Neuzeit, 3 Bände Innsbruck 1872–1880 (bes. Band II); Harold Steinacker, Staatsbildung und politische Willensbildung im Alpenraum und die Mittlerstellung Tirols (Schlern-Schriften 52) Innsbruck 1947, 271–316; Fridolin Dörrer, Tirols außenpolitische Beziehungen zu seinen Nachbarn im Norden und Süden (Tiroler Heimat 31/32 = Festschrift Hanns Bachmann) Innsbruck-Wien 1967/68, 19–44; Ernest Troger - Adolf Leidlmair (hsg.), Tirol-Atlas, Innsbruck 1969ff., dazu „Beiträge" und „Begleittexte" in „Tiroler Heimat" 1974ff., darin bes. auch Franz Huter, Die räumliche Entwicklung des Landes Tirol vom 12. bis zum 19. Jahrhundert (Begleittexte IV) Innsbruck 1977, 41–45.

4 Dies wird in allen o.g. Arbeiten zur Geschichte Tirols berücksichtigt. Vgl. außerdem etwa die Bände I und V/VI/VII des Jahrbuchs des Südtiroler Kulturinstitutes „Die Brennerstraße" und „Der Obere Weg", sodann Piero Ugolini, Il sistema alpino (Le Alpi e l'Europa I) Bari 1974, 22–133, neben wirtschafts- und verkehrsgeschichtlichen Arbeiten besonders von Otto Stolz (s. Anm. 2, auch weitere) und Herbert Hassinger: Der Verkehr über Brenner und Reschen vom Ende des 13. bis in die zweite Hälfte des 18. Jahrhunderts (Tiroler Wirtschaftsstudien 26/1 = Festschrift Franz Huter) Innsbruck 1969, 137–194, und: Zur Verkehrsgeschichte der Alpenpässe in der vorindustriellen Zeit (Vierteljahrschrift für Sozial- und Wirtschaftsgeschichte 66)

innern, daß nach den Grundlagen und Bauprinzipien mittelalterlicher Herrschaftsbildung im Alpenraum die Entwicklung dahin tendierte, *beide* Rampen einer Paßlinie in *eine* Hand zu geben. Nicht zuletzt auf dieser Grundlage entstand das Land Tirol als territorial definierter politischer Raum im zentralen Alpengebiet; entscheidende Wegbereiter waren die Grafen von Görz, ernsthafte Konkurrenten die Pfalzgrafen aus dem Hause Wittelsbach. Gegen die Ansprüche und Pläne seines Schwagers Albrecht IV. von Bayern gelang es schließlich König Maximilian, Erzherzog Sigmund von Tirol zu bewegen, noch bei Lebzeiten das Land ihm selbst zu übertragen (1487/90). Wir wissen, daß er für Tirol, das mit der Ehrenberger Klause bei Reutte, dem Fernpaß, der Scharnitz und Leutasch und dem Achenpaß von Norden her fast vollständig den Zugang zur Brennerstraße in der Hand hatte, 1505 auch den Eingang ins untere Inntal dem bayerischen Herzogtum entwand[5].

Das Land vor dem Arlberg gehörte seinem Hause, die übrigen nördlichen Nachbarn waren friedfertige geistliche Herrschaften: die Hochstifter Augsburg am Lech, Freising an der obersten Isar, Salzburg an Ziller, Salzach und Saalach. Für die Verbindung nach der Freigrafschaft Burgund war Maximilian nicht auf die Lande der Eidgenossen angewiesen, da die oberdeutschen kleinen Reichsherrschaften, Konstanz, Breisgau und Sundgau ohnehin eine bequemere Landbrücke bildeten[6]. Im Osten entstand noch zu Lebzeiten Maximilians eine inneralpine Verbindung zu den Herzogtümern Kärnten, Krain und Steiermark durch den Anfall der Grafschaft Görz mit u.a. dem Pustertal und Oberkärnten durch den Tod des letzten Grafen Leonhard im Jahre 1500. Die Herrschaftssplitter der Bistümer Brixen und Freising (Innichen) hatten niemals ein Hindernis bedeutet[7].

1979, 441–465. Vgl. auch Werner Rutz, Die Alpenquerungen, ihre Verkehrseignung, Verkehrsbedeutung und Ausnutzung durch Verkehrswege (Nürnberger Wirtschafts- und Sozialgeographische Arbeiten 10) Nürnberg 1969, sowie die Festschrift für H. Hassinger „Erzeugung, Verkehr und Handel in der Geschichte der Alpenländer" (Tiroler Wirtschaftsstudien 33) Innsbruck 1977.

5 Vgl. Hermann Wiesflecker, Maximilian I. Das Reich, Österreich und Europa an der Wende zur Neuzeit, 5 Bände München 1971–1986; ders., Meinhard der Zweite. Tirol, Kärnten und ihre Nachbarländer am Ende des 13. Jahrhunderts (Schlern-Schriften 124) Innsbruck 1955; ders., Die Bedeutung des Landes Tirol für Kaiser Maximilian I. (Tiroler Heimat 46/47) 1982/83, 65–75; Ausstellungskatalog „Maximilian I.", Innsbruck 1969, mit einem Beitrag Wiesfleckers; Michael Forcher, Bayern - Tirol. Die Geschichte einer freud-leidvollen Nachbarschaft, Wien-Freiburg-Basel 1981. Selbstverständlich bieten auch die Handbücher, etwa Erich Zöllners „Geschichte Österreichs" (Wien 1966) oder das von Max Spindler hsg. „Handbuch der bayerischen Geschichte", Band I, München 1966 (§§ 25, 43, 44 von Theodor Straub bzw. Andreas Kraus), grundlegende Informationen und weiterführende Literatur.

6 Anschaulich auf der Karte 30–32 „Die süddeutschen Territorien 1789" im Bayerischen Geschichtsatlas, hsg. von Max Spindler, Redaktion Gertrud Diepolder, München 1969.

7 Vgl. bes. die Anm. 3 genannten Arbeiten von Dörrer, Huter und Stolz, aus dem ebda zit. Tirol-Atlas Blatt F 5–6, die Kartenskizze bei Wilhelm Baum, Nikolaus Cusanus in Tirol. Das Wirken des Philosophen und Reformators als Füstbischof von Brixen (Schriftenreihe des Südtiroler Kulturinstitutes 10) Bozen 1983 (mit Berücksichtigung auch der politischen Geschichte des Raumes) sowie Martin Wutte, Die Erwerbung der Görzer Besitzungen durch das Haus Habsburg (MIÖG 38) 1920, 282–311.

Die Schwierigkeiten lagen vielmehr im Süden: Die unter Tiroler Schutzherrschaft stehenden Brixner und Tridenter Dolomitentäler, Osttirol, Kärnten und Krain grenzten praktisch auf ganzer Länge an das 1421 venezianisch gewordene Patriarchat Aquileia, das südliche und westliche Bistum Trient an die im Laufe des 15. Jahrhunderts von Venedig seiner Terra ferma einverleibten Städte, Stadtstaaten und Landschaften[8]: Belluno und Feltre am Ausgang von Ampezzo und Cadore, Bassano am Ausgang des seit 1379 tirolischen Primör (Primiero) und der seit 1412 zu Tirol gehörigen Val Sugana, sodann Vicenza als Zielpunkt zweier weiterer Alpenausgänge von Trient bzw. Rovereto aus, und vor allem Verona an der Brennerstraße selbst. Verona konnte nicht für Tirol gewonnen werden, „Rofreit", erstmals 1487 umkämpft, wurde 1509 bzw. 1516 zusammen mit den „Vier Vikariaten" Mori, Ala, Avio und Brentonico an Tirol angeschlossen.

Wechselvoll, aber für die Machtverteilung südlich der Alpen schließlich entscheidend war das Verhältnis zwischen der Republik Venedig und dem Herzogtum Mailand[9]. 1441 hatte Venedig sein Territorium bis an die Adda vorgeschoben, 1454 Cremona gewonnen. Sooft sich zwischen Tirol und Venedig Spannungen ergaben, war Mailand der gegebene Bündnispartner und die Verbindung Oberinntal - Finstermünz - oberer Vintschgau - Wormser Joch (Umbrail) - Veltlin neben der Brennerstrecke von besonderer Bedeutung[10].

Unter den Sforza, die seit 1450 die Signorie in Mailand innehatten, ergab sich eine Heiratsverbindung zu dem das Königreich Neapel beherrschenden Haus Aragon und damit, als sich die Vereinigung von Aragon und Kastilien abzeichnete, fast notwendig die Verwicklung in die dynastischen und politi-

---

8 Für das Hochstift Trient ist, zusätzlich zu den auf die Tiroler Geschichte bezüglichen Arbeiten, auf Antonio Zieger, Storia della regione Tridentina, Trento 1968, zu verweisen; Gino Cucchetti, Storia di Trento dalle origini al fascismo, Palermo (1939), ist zeitgebunden tendenziös. Für Venedig bietet einen Überblick Manfred Hellmann, Grundzüge der Geschichte Venedigs (Grundzüge 28) Darmstadt 1981, bes. 117ff. Ausführlich Heinrich Kretschmayr, Geschichte von Vendig, 3 Bände Gotha 1905/20, Stuttgart 1934, und Roberto Cessi, Storia della repubblica di Venezia, 2 Bände Milano/Messina 1944/46. Siehe auch die Karte 88a im Großen Historischen Weltatlas, Zweiter Teil: Mittelalter, München 1970.
9 Franco Fara, Storia di Milano II: Dalla Repubblica Ambrosiana (1447) alla morte dell' imperatore Giuseppe II d'Austria (1790), Milano 1981; Alessandro Visconti, Storia di Milano, 2.A. Milano 1979; Francesco Cazzamini Mussi, Milano durante la dominazione spagnola (1525-1706), Milano 1947; Federico Chabod, L'epoca di Carlo V (Storia di Milano 9) (Milano 1961), 1-278; Ada Annoni, Dallo Stato di Milano alla Lombardia austriaca (Studi lombardi 1) Milano 1980, 105-129 (und weitere Beiträge in diesem Sammelband).
10 Für diesen politischen Raum gibt es m.W. keine moderne kartographische Darstellung. Die Karte 118 im Großen Historischen Weltatlas, Dritter Teil: Neuzeit, München 1957, ist nicht detailliert genug. Einen Hinweis verdienen ersatzweise die zeitgenössischen Karten von Jaillot 1706, Valck um 1740 und Giovanni Antonio Magini, Italia, Bologna 1620 (Neudruck: Theatrum Orbis Terrarum. A Series of Atlasses in Facsimile VI/5, Amsterdam 1974). Erstere sind verkleinert reproduziert im Katalog „Alpenübergänge" (s. Anm. 2) Nr. 25 und 26. Eine nach wie vor nützliche Zusammenstellung bietet Ant. Federico Büsching, La Italia geografico-storico-politica, 5+1 Bände Venezia 1780.

schen Forderungen des französischen Königshauses, die im Zeichen der habsburgischen Erbfolge in Spanien zu einer direkten und anhaltenden Konfrontation mit dem Landesherren Tirols wurden.

Die realen Möglichkeiten Frankreichs zum Eingreifen in Mailand hingen weitgehend davon ab, daß ihm über die Pässe der Westalpen die Eidgenossenschaft und die drei Bünde, vor allem aber die vereinigten Fürstentümer Savoyen und Piemont, den Weg freigaben, und daß möglichst auch Genua den Nachschub über See erlaubte oder mit seiner Flotte ermöglichte.

Piemont und Savoyen waren 1418 unter der 1416 in den Herzogsstand erhobenen Savoyer Linie vereinigt worden. Ihr Territorium – wie Mailand ein Lehen des Reichs – lag zwischen Mailand, dem Dauphiné und der seit 1481 ebenfalls französischen Grafschaft Provence. Die Pässe im Norden des Landes öffneten die Verbindung ins Wallis, zur übrigen Eidgenossenschaft und zur habsburgischen Freigrafschaft Burgund. Teilweise bedingt durch seine innere Verfassungsstruktur war das Herzogtum in dieser Zeit nicht in der Lage, eine eigene energische Politik zu betreiben. Es war weitgehend von Frankreich abhängig, dessen Truppen offenbar unbehindert das Land als Aufmarsch- und Durchzugsgebiet gegen Venedig, Neapel, den Kirchenstaat oder die oberitalienischen Interessen des deutschen Kaisers und Tiroler Landesfürsten benützten[11].

Diese oberitalienisch-westalpinen Verhältnisse scheinen wenig mit den Geschicken der Brennerregion zu tun zu haben; indirekt sind sie jedoch für die Rolle vor allem des südlichen Brennerwegs im Rahmen territorialpolitischer Entwicklungen sehr wohl von Bedeutung, weil von hier aus die expansive Politik Frankreichs und auch eidgenössischer und bündnerischer Kantone bis in den oberitalienischen Raum wirkte. Vor den Toren und manchmal auch an den Klausen der Brennerstraße wurde Jahrhunderte hindurch zu einem wesentlichen Teil über den Einfluß Frankreichs, Venedigs, Habsburgs und des Papsttums im oberitalienischen Raum und zum Schluß bis in den zentralen Alpenraum herein entschieden[12].

---

11 Ich verweise auf H. Lemonnier, Les guerres d'Italie. La France sous Charles VIII, Louis XII et François I (1492–1547) (Lavisse, Histoire de France illustrée ... V,1) o. O. 1911, und Michele Ruggiero, Storia del Piemonte, Torino (1979). (Paul Guichonnet, Histoire de la Savoie, Toulouse 1973, betrifft nur das heute französische Savoyen.)

12 Hierzu sind Werke zur gesamtitalienischen Geschichte heranzuziehen, wie etwa Michael Seidlmayer, Geschichte Italiens (KTA 341) Stuttgart 1962; Hans Kramer, Geschichte Italiens, 2 Bände (Urban-Bücher 108–109) Stuttgart etc. 1968; Werner Goez, Grundzüge der Geschichte Italiens in Mittelalter und Renaissance (Grundzüge 27) Darmstadt 1975 (Kap. 13 und 15); Heinrich Lutz, Italien vom Frieden von Lodi bis zum Spanischen Erbfolgekrieg (1454–1700) (Hdb. d. Europ. Gesch. 3) Stuttgart 1971, 851–901; Rudolf Lill, Geschichte Italiens vom 16. Jahrhundert bis zu den Anfängen des Faschismus, 2.A. Darmstadt 1982; Nino Valeri, L'Italia nell' età dei principati (1343–1516) (Storia d'Italia illustrata 5) Milano 1949; Alessandro Visconti, L'Italia nell'epoca della controriforma (1516–1713) (ebda 6) Milano 1958; Romolo Quazza, Preponderanza Spagnuola (1559–1700) (Storia politica d'Italia dalle origini ai giorni nostri 13) 2.A. Milano 1950; S. Furlani - A. Wandruszka, Austria e Italia. Storia a due voci, Bologna 1974.

Daß die Herzöge von Mailand in dieser Situation meist nur lavieren und paktieren konnten und die Republik Venedig, die immerhin auf drei Seiten den südlichen Ausgang des Brennerwegs umschloß, ihre Terra ferma zu behaupten suchte[13], ergab eine territorialpolitische Konstellation, die gleich zu Beginn der Neuzeit, unter Maximilian und Karl V., Tirol und die Brennerroute zu politisch-strategischen Faktoren erster Ordnung werden ließ.

Dies soll Gegenstand einer ersten von sechs Fallstudien sein, die sowohl kriegerische wie friedliche Bewegungen im System der Brennerstraße unter dem genannten Gesichtspunkt ansprechen[14].

II.

1. Die Zeit Maximilians I.

Die Jahre 1494–99 sind geprägt von den Zusammenstößen der Tiroler im Vintschgau mit den benachbarten Gotteshausleuten und von dem Versuch Maximilians, Herzog Ludovico il Moro Sforza in Mailand gegen die Franzosen beizustehen. Der Reschenpaß mit seinen Verzweigungen ins Oberinntal und ins Unterengadin, das Münstertal mit seiner Engstelle an der Calven im einen Fall, das Wormser Joch und die Verbindung ins Veltlin spielen dabei eine zentrale Rolle.[15]

1508 schließt sich dem Engadinerkrieg im Westen der Venedigerkrieg im Süden und Osten Tirols an, als Maximilian durch die Val Sugana, durch das „Lagertal" (Val Lagarina), über die Berge in Richtung Vicenza und schließlich durch Pustertal und Ampezzo bzw. Cadore mit Heeresmacht ins venezianische Oberitalien durchzubrechen versucht. Der Kampf um Straße und Paß entbrennt an den Burgen und Klausen: Castelpietra (Stein am Kallian), Peutelstein (Bottenstan), Buchenstein, Ossana im Sulzthal (Val die Sole), Kofl „an der Laiter" südlich von Primolano, Pleif (Pieve di Cadore), Serravalle, Chizzo-

---

13 Daß das mediterrane Reich Venedigs in dieser Zeit durch die Türken in der Ägäis, auf der Peloponnes anhaltend bedroht war, könnte insofern ein politischer Faktor gewesen sein, als Venedig nun versuchte, die dortigen Verluste durch einen Ausbau seiner festländischen Macht auszugleichen.
14 Für die folgende extrem knapp formulierte Darstellung, welcher Aspekte und Zusammenhänge wichtiger sind als einzelne Fakten, können bibliographische Angaben nur Hinweis-, nicht Nachweisfunktion haben und schon gar nicht vollständig sein. Eine wesentlich ausführlichere Fassung ist zur Veröffentlichung in Heft 50/2 der Zeitschrift für bayerische Landesgeschichte vorgesehen.
15 Ich verweise auf die in Anm. 3–5, 8 und 12 genannten Arbeiten, auf die Ausführungen von Michael Maurer im Erläuterungsband zum Großen Historischen Weltatlas, Teil III, München 1984, 155ff., dazu speziell: Hans Kramer, Kriegsgeschichte des Vintschgaus vom späteren Mittelalter bis in die neueste Zeit (Der Obere Weg..., wie Anm. 4) 153–193, hier 15ff.; M. von Wolff, Die Beziehungen Kaiser Maximilians zu Italien 1495–1508, Wien 1909. (H. Wendt, Der italienische Kriegsschauplatz in europäischen Konflikten, Berlin 1936, konnte nicht eingesehen werden.) Einzelheiten z.B. bei Egger II, 10ff.

la und Chiusa bei Ceraino an der Etsch. Am Ende behauptet Maximilian für Tirol zwar nicht Verona, aber die „welschen Confinen": Rovereto und die „Vier Vikariate", die heute noch die Ausbuchtung der Provinz Trient gegen Verona hin bilden.[16] Sein Bemühen, das Vorland vor den südlichen Ausgängen der Brennerstraße und damit die entsprechenden Eng-„Pässe" im Norden und Süden zu beherrschen, scheint mir mehr auf den Willen zur politischen Gestaltung der Verkehrs-„Landschaft" zurückzugehen als auf Vorgaben der Naturlandschaft.

2. *Die Zeit Karls V:* Tirol im Rahmen der habsburgischen Staatlichkeit und Europapolitik.

Die Kämpfe zwischen Habsburg und Bourbon, in wechselnden Bündnissen fast ohne Unterbrechung geführt, berührten Tirol selbst nicht durch Krieg und Brand, führten jedoch z.B. zum großen Heereszug des Georg v. Frundsberg gegen Rom und zu Durchzügen italienischer Kontingente gegen die Türken, dazwischen zur hochgestimmten Rückreise Karls von der Kaiserkrönung 1530 zu Bologna.[17] Ganz anderer Art und von anderen politischen Konstellationen ausgelöst war die dramatische Flucht des Kaisers von Innsbruck über Brenner und Pustertal nach Kärnten, als 1552 das Heer der Schmalkaldener Fürsten die Ehrenberger Klause zu Fall gebracht und den Fernstein überstiegen hatte.[18] Das Modell für Moritz von Sachsen hatte offensichtlich Schertlin v. Burtenbach bereits 1546 geliefert, von dem Josef Egger annimmt, daß er als Herr der Brennerstraße nicht nur die Verbindung der habsburgischen Länder untereinander zerreißen und sich in Oberitalien mit Venedig und Ferrara verbünden, sondern auch das zu Trient versammelte Konzil sprengen wollte.[19]

3. *Henriette Adelaide,* die Braut aus Turin:

Territoriale Machtkämpfe und dynastische Solidarität in Oberitalien bzw. entlang der Brennerstraße 1652 — ein anderes Bild: Ein festlicher Brautzug von 350 Personen, fast ebenso vielen Pferden, dazu Kutschen und Wagen, in allen Einzelheiten geplant und vorbereitet, doch auch nicht ohne Probleme.[20]

16 Egger II, 34—44. Vgl. Karten F 10, 12 und 14 im Tirol-Atlas oder auch moderne topographische Karten.
17 Vgl. z.B. Otto Habsburg, Karl V., 3.A. Wien-München 1979 (mit genealogischer Ableitung der französischen Ansprüche auf das Herzogtum Mailand S. 414), oder die Erläuterungen zum Großen Historischen Weltatlas von M. Maurer und Rudolf Lill (wie Anm. 12, S. 17ff. bzw. 84ff.). Speziell: Giuseppe de Leva, Storia documentata di Carlo V in correlazione all'Italia, 5 Bände Venezia/Padova/Bologna 1863—94. Auch zu den hier nur knapp angesprochenen Ereignissen Näheres bei Egger II, 120ff.
18 Egger II, 165ff.
19 Egger II, 154ff.
20 Nach Roswitha v. Bary, Henriette Adelaide, Kurfürstin von Bayern, München 1980, Michael Strich, Kurfürstin Adelheid von Bayern (Historisches Jahrbuch 47) 1927, 63—96, Lill (s. Anm. 12) und Karl Theodor Heigel, Die Beziehungen zwischen Bayern und Savoyen 1648—1653 (Bayer. Akademie der Wissenschaften, Sitzungsberichte

Nur eine Andeutung in der ausführlichen Instruktion der Kurfürstinwitwe Maria Anna ist die gegenüber dem Erzherzog zu Innsbruck vorgesehene Entschuldigung, daß „kein anderer Paß vorhanden" wäre. „Vor Handen", d.h. unter den gegebenen Umständen vernünftigerweise brauchbar, war angesichts der Kämpfe zwischen Spaniern, Franzosen und Savoyarden im Mailändischen tatsächlich wohl nur die Brennerstraße.

4. Pfalzgraf *Maximilian Philipp* auf dem Weg nach Rom:

Eine incognito-Kavaliersreise 1665/66 — als weiteres Beispiel einer unter friedlichen Absichten durchgeführten Reise über die Brennerstraße, im Unterschied zur Einholung der Braut des Bruders mit kleinem Gefolge und wenig Aufwand, unter Ausnützung einer kurzen Friedensphase zwischen der erfolgreichen Abwehr der Türken an der Raab und dem Ausbruch des französisch-spanischen Krieges. Diplomatische Verwicklungen bei der Reise durch so viele fürstliche Territorien und kriegerische Gefahren waren nicht zu befürchten; das Reisetagebuch enthält Notizen über Weg und Rast, Quarantäne und Karneval, Feste, Empfänge und Gespräche, am Schluß eines Gewaltrittes nach Hause die stolze Statistik: Von Turin nach München „96 starke deutsche Meilen" (ca. 600 km) „in weniger als 9 Tagen mit guter Gesundheit verrichtet".[21]

5. Die Kavaliersreise des Kurprinzen *Karl Albrecht*

nach dem Süden 1715/16 — eine formellere, repräsentativere Reise als die Max Philipps, aber unter ähnlichen Umständen und mit ähnlichem Ziel unternommen. Die territoriale Vielfalt auf der Reisestrecke zeigt sich in Empfängen, Honneurs und Festlichkeiten — allerdings auch in der 40tägigen „Contumacie" in Chievo vor Verona, wo Prinz und Gefolge wegen der Pestgefahr Weihnachtsfest und Januar 1716 verbringen mußten.[22] Es fällt übrigens auf, daß Schwierigkeiten der winterlichen Überschreitung des Brenner bezüglich keiner dieser beiden Reisen notiert sind — jedenfalls nach Ausweis der Literatur.

6. *Tirol 1701/1703*: Kampf um die strategische Nord-Süd-Verbindung.

Zwischen den Kavaliersreisen Max Philipps und Karl Albrechts liegt der Spanische Erbfolgekrieg, der Tirol zum Schauplatz meisterhafter Taktik und

---

1887/II) 1888, 118–172. Die im folgenden angesprochene ostensible Instruktion soll demnächst veröffentlicht werden; die mit außenpolitischen Themen befaßte geheime Instruktion hat Heigel S. 161ff. ediert. Zur politischen Konstellation in dieser Zeit siehe die oben genannte Literatur und die Karten 21 und 22 im Großen Historischen Weltatlas III mit Erläuterungen durch Ernst Walter Zeeden bzw. Paul Münch (S. 138ff.).

21 Michael Strich, Das Kurhaus Bayern im Zeitalter Ludwigs XIV. und die großen Mächte (Schriftenreihe zur bayer. Landesgeschichte 13–14) München 1933, hier Band I: Herzog Maximilian Philipp von Bayern (1638–1705), bes. 94ff.

22 Wolfgang Joh. Bekh, Ein Wittelsbacher in Italien, München 1971.

Die Brenner-Region im Spannungsfeld der frühen Neuzeit

wehrhafter Landesverteidigung macht. Die Brennerstraße steht, wenngleich vorübergehend, im Zentrum europäischer Machtpolitik.[23]

Prinz Eugen durchbricht die von den Franzosen am Gardasee und Monte Baldo aufgebaute, unüberwindlich scheinende Sperre durch Schluchten und über Bergpfade östlich der Veroneser Klause, um mit Heeresmacht ins Veneto einzufallen und von hier aus die Franzosen im Mailändischen zu bedrängen und zu binden.

Im Dezember 1702 und Frühsommer 1703 versuchen dann Vendôme von Süden und Max Emanuel von Norden her entlang der Brennerstraße in Tirol einzudringen, sich zu vereinen und, wie Max Emanuel schreibt, „den Todesstreich gegen das Haus Österreich zu führen". Vendôme kann jedoch gegen den Widerstand vor allem des Tiroler Aufgebots die Sperren am Gardasee und an der Etsch nicht bezwingen; Max Emanuel gewinnt Kufstein, Innsbruck, Ehrenberg, Fernpaß, Scharnitz und den Brenner, scheitert jedoch bei Sterzing und an der Pontlatzer Brücke und wird, gleichzeitig vom Oberinntal, Unterinntal und über den Unterlauf des Inn bedrängt, zum Rückzug gezwungen.

Auch die zweite, in größerem Maßstab gebaute Falle funktioniert. Durch einen Angriff der Tiroler vom Brenner herunter (am 17. Juli) läßt sich der Kurfürst provozieren, mit Verstärkungen von Innsbruck gegen den Brenner zu ziehen. Der Tiroler Aufstand bemächtigt sich im Unterinntal Rattenbergs und Halls, rückt vom Oberinntal bis Zirl vor und sucht den Weg über die Scharnitz durch Verschanzungen abzuschneiden. Diese kann Max Emanuel zwar bezwingen (23.7.) und sich den Rückweg offen halten; doch dann treffen in Brixen – also offenbar über Salzburg und das Pustertal gekommen – reguläre Armee-Einheiten zur Verstärkung ein, österreichische Truppen überschreiten den Inn und Max Emanuel muß über Seefeld aus Tirol abziehen.

Die Gefahr war also entlang der Brennerstraße gekommen; sie konnte durch Gegenangriff aus den Verzweigungen dieser Straße gebannt werden; beinahe wäre durch Besetzung der Engstellen an ihren Eingängen eine Einkesselung möglich geworden. Die geopolitische Lage der Brennerstrecke zwischen Bayern im Norden und dem französisch besetzten Mailand/Venezien im Süden hatte das strategische Konzept veranlaßt, die Tatsache, daß die unmittelbare Umgebung des Passes inmitten eines geschlossenen, wehrhaften Territoriums lag, dieses vereitelt.

---

23 Stellvertretend für eine umfangreiche ältere und Speziallitteratur seien für das Folgende genannt: Oswald Redlich, Das Werden einer Großmacht. Österreich von 1700 bis 1740, 4.A. Wien 1962, bes. 3ff., 12ff., 52ff.; Max Braubach, Prinz Eugen von Savoyen, 5 Bände Wien 1963–65, bes. I,160ff. (Eugen in Piemont 1690–96), I,315ff. (1701 und 1702, mit Abb. nach S. 328 und Bibliographie), II,111ff. (mit Kartenskizze); Wilhelm Erben, Prinz Eugens italienischer Feldzug im Jahre 1701 (MIÖG 38) 1920, 611–622; Egger II,480ff.; Sigmund v. Riezler, Geschichte Bayerns, 8 Bände München 1878–1914, hier VII,569ff., Dörrer (wie Anm. 24).

III.

Was Max Emanuel und Vendôme mißlungen war, vielleicht schon Schertlin v. Burtenbach im Sinn hatte, nämlich die Brennerstraße zur militärischen Operationsachse zu machen, hat Napoleon 1795 dem Direktorium vorgeschlagen und wenig später verwirklicht, daneben — wie im Vorgriff auf eine nicht mehr dynastisch-territorial, sondern nationalistisch-ideologisch geprägte Geschichtsepoche — eine Querteilung des Landes in eine nördliche und eine südliche Machtsphäre vorgenommen.

Auf einen ausführlicheren Bericht über Rolle und Schicksal Tirols in dieser Zeit muß und kann jedoch an dieser Stelle verzichtet werden.[24] Fridolin Dörrer verweist in diesem Zusammenhang auf einen Gesichtspunkt, der in gewisser Weise für alle hier berücksichtigten Epochen der frühen Neuzeit gilt — die „innere Linie", die mit den Motiven und Möglichkeiten der Tiroler Landesverteidigung genau übereinstimmt: Für die österreichische Kriegsführung war es von untergeordneter Bedeutung, ob feindliche Armeen „bereits an der nördlichen Landesgrenze oder erst auf einer Brennerrampe bzw. dem Weg zum Reschen zum Stehen und zur Umkehr gebracht wurden — so 1703 bzw. 1809 bei Lueg, um Sterzing, in der sogenannten Sachsenklemme und zu Pontlatz — bzw. im Süden des Landes schon bei Ala, bei Rovereto, vor Trient (wie 1703) oder erst im Brixener Raum (wie 1797 zu Spinges)".

Im späten Mittelalter ging es um die Bildung und Festigung der Brennerregion als Land Tirol gegen rivalisierende Mächte, in der frühen Neuzeit zunächst um die Mobilisierung der Kräfte des Landes in territorialen und dynastischen Auseinandersetzungen, schließlich um seine strategische Rolle als „Paßstaat" in der Doppelfunktion als „Weg und Hindernis" — jeweils zugleich auch von größter Bedeutung für Handel und Wandel zwischen Nord und Süd.

---

24 Anstelle der bekannten und zum Teil oben schon genannten Literatur sei auf drei etwas entlegenere Titel hingewiesen: Meinrad Pizzinini, Tirol in den Franzosenkriegen 1796–1814 (Die Tirolische Nation 1790–1820. Landesausstellung Tiroler Landesmuseum Ferdinandeum 1984) 2.A. Innsbruck 1984; Maria Garbari, Fonti riguardanti il periodo napoleonico e bavarese nell'Archivio di Stato di Trento e negli Archivi presso la Biblioteca Communale di Trento (Arbeitsgemeinschaft Alpenländer, Kommission III, Bollettino 8) Bregenz 1983, 125–137; Fridolin Dörrer, Tiroler Landesverteidigung und europäische Kriege (ebenda 11) Innsbruck 1985, 9–16.

Heinrich Wanderwitz

SALZ AUF DEN PÄSSEN DER ALPEN

Es scheint heute weitgehend wissenschaftlich gesichert, daß Menschen, die sich nicht ausschließlich bzw. (weit) überwiegend von Fleisch ernähren, ihre pflanzlichen Speisen durch Zugabe von Speisesalz nicht nur wohlschmeckender, sondern auch „gesünder" machen. Historisch bedeutet dies, daß mit der Entstehung der ackerbautreibenden Kulturen das Speisesalz zu einem gewichtigen Wirtschaftsfaktor werden mußte. Manche Historiker messen dem Speisesalz so viel Bedeutung bei, daß sie etwa die politische Entwicklung des Vorderen Orients in den 3000 Jahren vor der Zeitenwende weitgehend als Kampf der einzelnen Reiche um die Beherrschung der Salzlagerstätten und der dorthin führenden Karawanenwege interpretieren.

Für Mittel- und Nordeuropa bot das Salz noch eine weitere, kaum zu überschätzende Eigenschaft: In hochkonzentrierte Salzsole eingelegtes Fleisch bzw. eingelegter Fisch werden relativ lang konserviert und bleiben gut eßbar. In Zeiten, als es noch keine intensive Stallviehhaltung gab, als also die meisten Tiere im Spätherbst geschlachtet werden mußten, war die Zufuhr von Salz so wichtig wie eine gute Ernte. Diese extensive Viehhaltung aber wurde in Mitteleuropa bis weit herauf ins Spätmittelalter bzw. die frühe Neuzeit betrieben.

So verwundert es nicht, daß die alpinen Salzlager bereits in vor- und frühgeschichtlicher Zeit aufgeschlossen wurden. Seit Anfang des 7. Jh. v.Chr. gewann man in Hallstatt/Oberösterreich bergmännisch Salz, seit Ende desselben Jahrhunderts dann auch in Hallein südlich von Salzburg. Spätestens im zweiten nachchristlichen Jahrhundert, also in römischer Zeit, kam der Salzbergbau in beiden Salinen zum Erliegen. Sicherlich wurden auch die Reichenhaller Solequellen in jenen frühen Zeiten genutzt, allerdings fehlen hier genauere Hinweise. Lediglich der Name „Hal", der uns bereits in den Quellen des 8. Jahrhunderts entgegentritt, läßt erkennen, daß das Wissen um die Reichenhaller Solequellen aus keltischer in die bayerische Zeit herübergerettet worden ist, denn das Wort „Hal" hat wohl keltische Wurzeln. Als funktionierende Großbetriebe überstanden diese vorgeschichtlichen Salinen die Römerzeit nicht, nicht zuletzt deshalb, weil die Römer versuchten, im Raum nördlich der Alpen ihr Meersalz zu monopolisieren.

In nachrömischer Zeit war es zuerst Reichenhall, dessen Salz, das aus fast gesättigter Natursole gewonnen wurde, überregionale Bedeutung gewann. Erst Ende des 12. Jahrhunderts bekam diese älteste noch bestehende Saline des nördlichen Alpenraumes wirkliche Konkurrenz: Hallein wurde aufgeschlossen, und das Stift Berchtesgaden eröffnete im selben Gebiet ebenfalls eine Saline. Im 13. Jahrhundert kamen Aussee, Hall in Tirol und Hallstatt als weitere Konkurrenten hinzu. Dieses Salinengebiet im ostalpinen Raum versorgte die heutige Schweiz, Schwaben, Bayern, Böhmen, Österreich und Teile Ungarns mit Salz. Hat man aber den gesamten Alpenraum im Auge, so sind auch die venezianischen, die süditalienischen und sizilianischen Meersalzsalinen, die Meersalzsalinen an der französischen Mittelmeerküste, die burgundischen und lothringischen Salinen mit einzubeziehen. Venedig und Genua versorgten fast den gesamten Südsaum der Alpen mit Salz, während die beiden anderen salzproduzierenden Regionen vor allem den Westen des Alpenmassives mit dem begehrten Mineral belieferten.

Über die Salzversorgung des Alpenraumes im frühen und hohen Mittelalter wissen wir kaum etwas. Vage Hinweise lassen erkennen, daß die Nordwestschweiz, aber auch Nordtirol und Vorarlberg von Reichenhall aus mit Salz versorgt wurden. Nordtirol dürfte von Reichenhall über Lofer, Paß Strub, Waidring, Kössen und das Inntal beliefert worden sein. Wahrscheinlich wurde auch vom Pinzgau aus über den Gerlos Salz ins Tirolische gesäumt, während das Salz für die Schweiz mit hoher Wahrscheinlichkeit nicht auf inneralpinen Wegen an die Bestimmungsorte gebracht, sondern im Alpenvorland nach Westen transportiert wurde, wobei Lindau wohl den Umschlagplatz für das Reichenhaller Salz bildete.

Nach Osten dürfte das Reichenhaller Salz über die Radstätter Tauern und den Katschberg die Drau erreicht haben. Vermutlich bildeten die Karnischen Alpen die Scheide zwischen den Versorgungszonen des Reichenhaller und des venezianischen Salzes. Im 12. Jahrhundert gehörte Friaul zum Absatzgebiet Venedigs, das seit der Auflassung der eigenen Salinen vor allem das Meersalz von Chioggia, am Südende der Lagune gelegen, vertrieb.

Alles in allem bleibt unser Wissen über die hochmittelalterlichen Salzhandelsverhältnisse im Alpenraum bruchstückhaft. Die Ursache hierfür mag nicht nur in einer unglücklichen Quellenüberlieferung zu suchen sein. Die Alpen bildeten auch im Hochmittelalter, trotz der allgemein zu beobachtenden starken Bevölkerungszunahme, immer eine relativ dünn besiedelte Region. Der Salzverbrauch aber dürfte in jener Zeit weitgehend direkt proportional zu den Bevölkerungszahlen gewesen sein, im wesentlichen unabhängig von den Wirtschafts- und Sozialstrukturen, ein Zustand, der sich erst zu Beginn des vorigen Jahrhunderts grundlegend geändert hat, denn bis zu diesem Zeitpunkt wurden etwa 90 % der Salzproduktion für die menschliche Ernährung verwandt. Daraus ergibt sich zwangsläufig, daß der Salzhandel im Alpenraum relativ gering war. Daran änderte auch die zunehmende Almwirtschaft wenig. Sie mag den Pro-Kopf-Verbrauch leicht erhöht haben, ein gravierend höherer Verbrauch kann aber daraus nicht abgeleitet werden. So verwundert es nicht, daß selbst in Tirol, das ja mit Hall, heute Bad Hall, eine relativ große Saline besaß, Salz als Zollgut offensichtlich nur eine durchschnittliche Bedeutung hatte. Nirgends im Alpenraum erlangte Salz im Mittelalter als Handelsgut jene Bedeutung, die ihm an den großen Fernhandelsrouten nördlich der Alpen oder im Mittelmeerraum zukam.

Diese eben skizzierten Verhältnisse galten auch im Spätmittelalter und in der frühen Neuzeit. Allerdings fließen für diese Zeitabschnitte die historischen Quellen wesentlich reicher als für die früheren Zeiten: Die Warenströme können relativ sicher einzelnen Straßenzügen zugeordnet werden. So gelangte etwa im 16. und 17. Jahrhundert das Salz aus Reichenhall über Rosenheim-München-Landsberg-Kaufbeuren-Kempten-Isny oder Kaufbeuren-Memmingen-Wangen oder Ravensburg an den Bodensee, wo sich diese Straßen mit derjenigen des Haller Salzes trafen, welches Lindau und andere Häfen am oberen See-Ende über Innsbruck-Fernpaß-Reutte-Füssen-Kempten oder über Reutte-Immenstadt erreichte. Darauf wurde es auf dem Wasserweg bis nach Schaffhausen geführt. Seltener importierten die innerschweizerischen Orte Tiroler Salz über Arlberg-Feldkirch-Sargans-Walensee-Zürichsee. Von Schaffhausen gelangte das Salz über Land nach Zürich, dann über Wasser nach Horgen und wieder über Land an den Vierwaldstättersee. Von Brunnen beförderten es Schiffsleute nach Flüelen, anschließend über Altdorf-Andermatt-Furka nach Goms.

Doch das Reichenhaller und tirolisch Haller Salz wurde auch noch auf anderen Straßen in die Schweiz gebracht. So wäre jene von Schaffhausen über Zürich oder Baden nach Luzern und von dort über Sarnen-Brünig-Grimsel nach Goms zu nennen; allenfalls auch diejenige über den Brünig an den Thunersee, von dort ins Kander- oder ins Simmental und dann über den Lötschpaß, die Gemmi, den Rawyl und den Sanetsch in die nächstgelegenen Walliser Gemeinden. Derjenigen über die Furka standen sie aber an Bedeutung entschieden nach.

Das bayerische und Tiroler Salz drang nur noch in geringer Menge und in besonderen Ausnahmesituationen vom Wallis in die italienischen Alpentäler vor. Es ist vereinzelt im Eschental, im Val Formazza und im Val D'Antigorio anzutreffen.

Das Engadin wurde von Hall in Tirol über eine Route den Inn entlang mit Salz versorgt. Diese Salzroute führte von Imst nach Landeck, über Prutz nach Nauders, wo die eine Linie weiter nach Glums, die andere aber ins Engadin verlief. Mailänder Kaufleute kamen über den Malojapaß durch das Engadin nach Nauders und weiter nach Hall, wo sie ihre Waren auf Innschiffe verluden, die sie zu den Linzer Märkten brachten. Als Gegenfracht nahmen sie Haller Salz mit nach Graubünden. Die andere Salzroute führt von Nauders nach Glurns, wo sich die Wege wiederum zweigten. Der eine führte nach Meran, wo sich ein Salzkasten befand, der andere über das Wormser Joch nach Bormio und von dort in die Lombardei. Bereits am 13. April 1329 gestattete der Tiroler Landesfürst dem Salzmair von Hall, von dem vorrätigen Salz um 1200 Mark an die Leute von Como zu verkaufen. Der Salzhändler Sigmung Vegler von Hall in Tirol hatte um 1400 einen Geschäftsfreund in Bormio, der von dort das Salz in die lombardischen Städte lieferte. Der Salzhandel mit Südtirol, der sich im wesentlichen auf dem Kuntersweg abspielte, wurde von Südtiroler Händlern betrieben, sie kamen mit Wein und Schmalz nach Hall in Tirol und transportierten von dort Salz nach dem Süden.

Die Schweiz wurde aber nicht nur mit Salz aus Bayern und Tirol beliefert. So produzierten die Salinen um Aigues Mortes beträchtliche Mengen für die Süd- und die Westschweiz. Von den Meersalzsalinen gelangte das Salz rhoneaufwärts bis nach Valence. Oberhalb Valence sind zwei Hauptrouten zu unterscheiden. Die eine, längere, folgte der Rhone bis nach Lyon und St.-Genixd'Aoste (St.-Genix-sur-Guiers), die andere führte Isère aufwärts bis in die Gegend von Tullins-Moirans und dann über Land in nördlicher Richtung ebenfalls zum Rhoneknie bei St.-Genix. Von dort aus erreichte das Salz wieder auf dem Wasser den Endpunkt der Rhoneschiffahrt beim Städtchen Seyssel, dann über Land den Genfer See, und zwar meist in Genf selbst, ausnahmsweise in Bellerive, Hermance und vielleicht auch in anderen savoyischen Häfen, wenn die Kaufleute wegen Zollstreitigkeiten oder aus sonstigen Gründen die Stadt umfuhren. In Genf wurde das Salz wieder auf Schiffe verladen, und es erreichte so die Häfen von Villeneuve und Le Bouveret am oberen See-Ende.

Der südliche Saum der Alpen ebenso wie die Schweiz wurden in erheblichem Umfang mit italienischem Meersalz versorgt, wobei als Hauptlieferant neben Genua vor allem Venedig auftrat. Das Salz stammte zum großen Teil nicht aus den Salinen der Lagune, sondern aus Apulien, Sizilien und bis ins 16. Jahrhundert aus Zypern. Offensichtlich waren die Produktionskosten in den Meersalzsalinen von Margherita di Savoia, früher Barletta, am Golf von Manfredonia, und von Trapani im Nordwesten Siziliens so niedrig, daß trotz der gewaltigen Entfernungen, die zu überwinden waren, die Transportkosten immer noch niedrig genug erschienen, um dieses Salz gewinnbringend im Alpenraum zu verkaufen. Von den Julischen Alpen bis zu den Walliser Alpen reichte der Absatzmarkt dieses von Venedig vertriebenen Salzes. Der Po bildete die Basis für den Transport in die Alpen. Die wichtigsten Umschlagplätze waren Pavia, Mailand und Verona. Auch die Genueser Kaufleute brachten aus denselben süditalienischen Salinen Salz in den Alpenraum.

Den Alpenhauptkamm allerdings überschritten die venezianischen und genuesischen Salztransporte kaum. Lediglich von Pavia aus, das Tessin aufwärts, über den Simplon und das obere Rhonetal gelangte das Meersalz bis an den Genfer See.

Der Südosten der Alpen schließlich wurde bis in die frühe Neuzeit hauptsächlich von der Saline Hallein versorgt. Über alle Tauernübergänge wurde das Salz aus dem Pinzgau ins Mölltal gesäumt und ging weiter ins Oberdrautal bis nach Tirol. Über die Radstätter Tauern, weiter über den Katschenberg brachte man das Salz ins Liesertal nach Gmünd, es kam von hier aus ins Maltatal und ebenfalls zur Drau hinab, es kam von Mauterndorf ins liechtensteinische Gebiet, von Predlitz über die Turrachhöhe ins Gurktal, weiter von Stadl über die Plattnitzerhöhe ins Glödnitztal und von Murau über den Priewald nach Friesach. Das bischöfliche Gurksche Gebiet, die Orte Straßburg, Grades, Menitz, Gurk, Weitensfeld, die salzburgischen Orte Althofen und Friesach wurden mit Halleiner Salz versorgt, das Glan-, Gurk- und Jauntal wurden von ihm beherrscht, und wie in St. Veit an der Glan hatte es im Drautal seine Stützpunkte in Villach, Völkermarkt und Klagenfurt. Das Halleiner Salz wurde ins Oberennstal eingeführt und drang über die Kärtner Ostgrenze nach der Steiermark.

Neben Hallein lieferte auch die Saline Aussee in den ost- und südostalpinen Raum. Die ältesten und bedeutendsten Niederlagen waren Rottenmann und Bruck an der Mur. Die Bürger von Bruck beförderten das Salz auf Schiffen oder Flößen nach Graz, verkauften einen Teil hier, den anderen Teil führten sie weiter nach Wildon, Leibnitz, Mureck, Radkersburg und Luttenberg. Aussee versorgte aber nicht nur die Steiermark, sein Salz ging nicht nur nach Kärnten, es griff auch nach Norden weit über die Grenzen hinaus. Die Ordnung des Salzausganges, die Herzog Friedrich IV. 1430 erließ, legte drei Ausbruchspforten für die nördlichen Absatzgebiete des Ausseer Salzes fest: über den Paß Pyhrn bis Klaus, über Admont und die Buchau nach Weyr und Amstetten, Scheibbs und St. Pölten und schließlich über den Semmering nach Wiener Neustadt. Auch im Süden gab es eine obrigkeitliche Festlegung des Absatzgebietes des Ausseer Salzes. Schon 1390 bestimmte Herzog Albrecht III., daß das Ausseer Salz bis Hollenburg an der Drau südlich von Klagenfurt und weiter bis zum Loiblpaß, bis Eisen-Kappel und bis Windisch-Feistritz zu gehen habe, während Krain und die Grafschaft Cilli der Versorgung durch Meeressalz überlassen blieben.

Die geschilderten Verhältnisse galten weitgehend bis zum Ende des 16. Jahrhunderts. Bezüglich der Benutzung der Alpenstraßen änderte sich auch in den folgenden Jahrhunderten nur wenig. Dagegen veränderte sich die Marktstellung der einzelnen Salinen grundsätzlich. Herbeigeführt wurde diese Änderung vor allem durch die Errichtung staatlicher Produktions- und Handelsmonopole im Laufe des 16. Jahrhunderts. Dadurch wurden die lokalen Interessen an den Salzhandelsrouten weitgehend zurückgedrängt durch das merkantilistische Interesse der jeweiligen landesherrlichen Verwaltungen. Es war die Zeit der Salzkartelle und der Monopolverträge. Damit verbunden waren gewaltige „Umsalzungsprozesse", wie Schremmer dies in Anlehnung an den alten Sprachgebrauch nannte. Die Produkte der salzburgischen Saline Hallein wurden völlig vom ostalpinen Markt verdrängt, den die habsburgischen Herrscher ihren Salinen Aussee, Gmunden und Hallstatt vorbehielten. Die Halleiner Produktion wurde nun weitgehend von Bayern abgenommen, das damit zum bedeutendsten Salzproduzenten im süddeutschen Raum wurde. Dies hatte Auswirkungen vor allem auf das Absatzgebiet der Saline Hall in Tirol. Das „Röhrl-Salz" aus dieser Saline hatte im 15. und 16. Jahrhundert das Reichenhaller Salz auf dem Schweizer Markt stark zurückgedrängt, dies änderte sich nun grundsätzlich. Teilte man sich über Kartellabsprachen im 17. Jahrhundert diesen Markt noch, so eroberte ihn Bayern mit umfassenden Lieferverträgen im 18. Jahrhundert in großem Umfang. Möglich war dies nur, weil Bayern das Halleiner Salz in die alten Absatzgebiete des Reichenhaller Salzes schieben und die Produktion dieser alten bayerischen Saline voll auf den Schweizer Markt werfen konnte.

Alles in allem gesehen, kann man wohl für den gesamten betrachteten Zeitraum feststellen, daß Salz ein Konsumgut im Alpenraum war, es gehörte nicht zur Gruppe der Transitgüter, die zwischen dem nördlichen und dem südlichen Wirtschaftsraum ausgetauscht wurden.

LITERATURHINWEISE

Clemens Bauer, Venezianische Salzhandelspolitik bis zum Ende des 14. Jahrhunderts, in: Clemens Bauer, Gesammelte Aufsätze zur Wirtschafts- und Sozialgeschichte (Freiburg i.Br. 1965) S. 52–87.

M.R. Bloch, Zur Entwicklung der vom Salz abhängigen Technologien. Auswirkungen von postglazialen Veränderungen der Ozeanküsten, in: Saeculum, 21 (1970) S. 1–33.

Alain Dubois, Die Salzversorgung des Wallis 1500–1610. Wirtschaft und Politik (Winterthur 1965).

Franz Xaver Eberle, Die Organisation des Reichenhaller Salzwesens unter dem herzoglichen und kurfürstlichen Produktions- und Handels-Monopol (München 1910).

Hans-Heinz Emons und Hans-Henning Walter, Mit dem Salz durch die Jahrtausende. Geschichte des weißen Goldes von der Urzeit bis zur Gegenwart (Leipzig o. J.).

Ingrid Heidrich, Die merowingische Münzprägung im Gebiet von oberer Maas, Mosel und Seille, in: Rheinische Vierteljahresblätter 38 (1974), S. 78–91.

Jean-Claude Hocquet, Le sel et la fortune de Venise, 1: Production et monopole (Lille ²1982); 2. Voiliers et commerce en Mediterranee 1200–1650 (Lille 1979).

Werner Jorns, Bad Nauheimer Salzwesen um Christi Geburt und im Frühmittelalter, in: Wetterauer Geschichtsblätter 23 (1974) S. 7–21.

Herbert Knittler, Salz- und Eisenniederlagen. Rechtliche Grundlagen und wirtschaftliche Funktion, in: Österreichisches Montanwesen. Produktion, Verteilung, Sozialformen, hrsg. v. Michael Mitterauer und Peter Feldbauer (Wien 1974) S. 199–233.

Paul Kölner, Das Basler Salzwesen seit dem dreizehnten Jahrhundert bis zur Neuzeit (Basel 1920).

Fritz Koller, Hallein im frühen und hohen Mittelalter, in: Mitteilungen der Gesellschaft für Salzburger Landeskunde 116 (1977) S. 1–116.

Fritz Koller, Die Ausfergenurkunde des Jahres 1531. Ein Beitrag zum Ausfergenjubiläum, in: Mitteilungen der Gesellschaft für Salzburger Landeskunde 118 (1978) S. 69–87.

Fritz Koller, Die Salinen in der Umgebung der Stadt Salzburg um das Jahr 1200, in: Österreich in Geschichte und Literatur mit Geographie 22 (1979) S. 257–267.

Fritz Koller, Salzhandel im Alpenraum, in: Geschichte des alpinen Salzwesens (Leobener Grüne Hefte NF 3 1982) S. 119–132.

Rudolf Palme, Rechts-, Wirtschafts- und Sozialgeschichte der inneralpinen Salzwerke bis zu der Monopolisierung (Rechtshistorische Reihe 25, 1983).

M.J. Schleiden, Das Salz. Seine Geschichte, seine Symbolik und seine Bedeutung im Menschenleben. (Leipzig 1875).

Eckart Schremmer, Handelsstrategie und betriebswirtschaftliche Kalkulation im ausgehenden 18. Jh. Der süddeutsche Salzmarkt. Zeitgenössische quantitative Untersuchungen u.a. von Mathias Flurl und Joseph Ludwig Wolf (Deutsche Handelsakten des Mittelalters und der Neuzeit 14, Regensburg 1971).

Heinrich Ritter von Srbik, Studien zur Geschichte des österreichischen Salzwesens (Forschungen zur inneren Geschichte Österreichs 12, 1917).

Heinrich Ritter von Srbik, Rodordnungen des Ausferngebietes in den neueren Jahrhunderten, in: Beiträge zur Geschichte und Heimatkunde Tirols. Festschrift zu Ehren Hermann Wopfners 1. Teil (Schlern-Schriften 1947) S. 247–269.

Heinrich Wanderwitz, Studien zum mittelalterlichen Salzwesen in Bayern (Schriftenreihe zur bayerischen Landesgeschichte 73, München 1984).

Bernd Roeck

REISENDE UND REISEWEGE VON AUGSBURG NACH VENEDIG IN DER ZWEITEN HÄLFTE DES 16. UND DER ERSTEN DES 17. JAHRHUNDERTS

Nachdem er, von der Schönheit und den Besonderheiten der Reichsstadt einigermaßen enthusiasmiert, Augsburg kennengelernt hatte, wandte sich der französische Edelmann Michel de Montaigne nach Süden, dem Ziel seiner humanistischen Interessen entgegen. Den Brenner erreichte er an einem strahlenden Oktobertag des Jahres 1580[1]. Zu unserem Glück war Montaigne nicht nur ein Kenner guten Essens und des weiblichen Geschlechts, sondern auch ein sehr genauer Beobachter, interessiert an allen Besonderheiten der Landschaften und Kulturen, mit welchen er auf seiner Reise in Berührung kam. So verdanken wir seiner Feder eine der lebendigsten Schilderungen der Brennerroute, sicher die eindrucksvollste des 16. Jahrhunderts. Er lobte die wechselnden Veduten, die sich bei der Auffahrt zum Paß boten, beklagte sich nur über den unangenehmen, dichten Staub, der ihn und seine Begleiter fortwährend belästigte. Zehn Stunden nach dem Aufbruch in Innsbruck hatten die Reisenden Sterzing erreicht, „immer noch mit leerem Magen" — man war durchgeritten, hatte es so immerhin auf ein Reisetempo von 5 Stundenkilometern gebracht. Auf allen Straßen herrsche äußerste Sicherheit, meinte der Berichterstatter, und sie würden außerordentlich stark von Kaufleuten, Fuhrleuten und Karrenführern benutzt.

Die Brennerstrecke um 1580: Ihre Geschichte ist vor allem auch die Geschichte enger Verbindungen zwischen zwei Metropolen der frühen Neuzeit, Augsburg und Venedig. Unter den Kaufleuten und Fuhrmännern, die Montaigne wahrnahm, müssen zahlreiche Bürger der Reichsstadt gewesen sein, die Waren an den Rialto brachten oder von dort nach Augsburg holten. Wohl scheint es, daß sowohl die oberdeutsche Stadt als auch Venedig gegen Ende des 16. Jahrhunderts den Zenit ihrer Bedeutung bereits überschritten hatten[2], auf die Intensität der Beziehungen zwischen beiden Städten hatte dies jedoch zunächst keinen Einfluß.

---

1 Ausgabe Dedeyan 1946, S. 153. — Zu Montaignes Augsburger Aufenthalt: Eduard Gebele, Augsburg im Urteil der Vergangenheit, in: Zeitschrift des Historischen Vereins für Schwaben und Neuburg 48 (1928/29), S. 49—55. Vgl. auch Georg Hanke (Hrsg.), Die großen Alpenpässe. Reiseberichte aus neun Jahrhunderten, München 1967.
2 Zur Augsburger Wirtschaftsgeschichte um 1600 vgl. (m. weit. Lit.): Hermann Kellenbenz, Wirtschaftsleben der Blütezeit, in: G. Gottlieb (Hrsg.), Geschichte der Stadt Augsburg von der Römerzeit bis zur Gegenwart, Stuttgart 1984, S. 258—301. Vgl. auch den Beitrag von Winfried Schulze: Augsburg 1555—1648: Eine Stadt im Heiligen Römischen Reich, ebd., S. 433—447. Zu Venedig: L. Beutin, Der wirtschaftli-

Venedig war schon immer der für Augsburgs Wirtschaft wichtigste Handelsplatz gewesen, man muß nicht nur seine Bedeutung als Zentrum des fuggerschen Metallexports und Umschlagplatz für Gewürze und andere Waren hervorheben[3]. Entscheidend war die Lagunenstadt für die Versorgung des Augsburger Textilhandwerks mit dem Rohstoff Baumwolle als Grundlage der Barchentherstellung[4]. Auf einem Fresko des Augsburger Weberhauses waren zwei Szenen zu sehen, welche gerade an diese für Tausende von Augsburger Webern und anderen Textilhandwerkern lebenswichtige Beziehung erinnerten[5]. Eine Beschreibung formuliert:

„Die ain Histori anzaigt klar / Wie die Venediger ihr Wahr
In der Türckey einkauffen da / In Cypern vnd Soria.
Die ander, wie sie solche Wahr / Zu Venedig verkauffen dar,
Denen von Augsburg vmb par Geld, / Welches die best Losung in der Welt".

Dieses venezianische Exportgut war um 1600, als die Weber der Reichsstadt den säkularen Gipfel ihrer Tuchproduktion erreichten, so bedeutend, daß man einer fünfmal größeren Lieferkapazität von Venedig nach Norden bedurfte, als in der Gegenrichtung[6]. Auch im Vergleich zu anderen Handelsstädten war die Augsburger Position in Venedig hervorgehoben. Ein quantitativ aussagefähiges Indiz dafür ist, daß unter den Konsuln der deutschen Kaufmannschaft am Fondaco dei Tedeschi die Augsburger den ersten Platz einnahmen. Mindestens 47 waren es im 17. Jahrhundert[7]. Nicht weniger deutlich tritt Venedig unter den Zielorten der im Augsburger Archiv erhaltenen *fedi di sanità* hervor; „Italien" wird als Zielort 26 mal, außerdem allein Venedig 29 mal genannt und liegt damit mit weitem Abstand an der Spitze[8]. Unter den

che Niedergang Venedigs im 16. und 17. Jahrhundert, in: Hansische Geschichtsblätter LXXXVI (1958); Fernand Braudel, P. Jeannin, J. Meuvret u. R. Romano, Le déclin de Venise, in: Aspetti e causa della decadenza economica veneziana nel XVII, Venezia 1961; H. Kellenbenz, Le déclin de Venise et les relations économiques de Venise avec le marches au Nord des Alpes, ebd.; T.R. Rapp, Industry and Economic Decline in 17th Century Venice, Cambridge/Mass. 1976; D. Sella, Crisis and transformation in Venetian trade, in: B. Pullan (Hrsg.), Crisis and change in the Venetian Economy, London 1968.

3 Vgl. Kellenbenz, Wirtschaftsleben (wie Anm. 2), S. 270f.
4 Grundlegend Claus-Peter Clasen, Die Augsburger Weber. Leistungen und Krisen des Textilgewerbes um 1600 (= Abh. z. Geschichte der Stadt Augsburg 27), Augsburg 1981, S. 210–223, 253f.
5 Vgl. Bernhardt Heupoldt, Kurtze, doch aigentliche Beschreibungen, Erklärung und Auslegung der Gemähl am Weberhauss in Augsburg, Augsburg 1607; auch Susanne Netzer, Johann Matthias Kager, Stadtmaler von Augsburg (1575–1634), (= Miscellanea Bavarica Monacensia 92), München 1980, S. 64ff. Abb. bei Bernd Roeck, Matthias Kager und die süddeutsche Architektur des frühen 17. Jahrhunderts. Beiträge zur Wirkungsgeschichte der Münchner Baukunst der Zeit Wilhelms V., in: Oberbayer. Archiv 111 (1986), S. 47–63.
6 Kellenbenz, Wirtschaftsleben (wie Anm. 2), S. 271.
7 Nach den bei H. Simonsfeld nachzulesenden Listen: Henri Simonsfeld, Der ‚fondaco dei Tedeschi', 2 Bde., Stuttgart 1887, hier Bd. 2, S. 207–210.
8 Nach den Angaben bei Friedrich Blendinger, Reisende, Durchreisende und Handelsleute aus und in der ehemaligen Reichsstadt Augsburg, 1577–1802, in: Blätter des Bayer. Landesvereins für Familienkunde Jg. 44, Bd. XIV,4 (1981), S. 121–151.

Herkunftsorten von Nachrichten, welche der Augsburger Chronist Georg Kölderer in seiner sechsbändigen Chronik notiert, zählt die Lagunenstadt mit Prag, Antwerpen und Wien ebenfalls zu den am häufigsten genannten Plätzen[9].

Neben den wirtschaftlichen Verbindungen müssen kulturelle Beziehungen im weitesten Sinne hervorgehoben werden. So erwarb die Reichsstadt in Venedig griechische Handschriften für ihre Bibliothek; namentlich die Fugger deckten sich am Rialto mit Gemälden, ebenfalls Büchern und anderen Kunstwerken ein[10]. Die Offizin des Aldo Manuzio druckte für den Verlag *ad insigne pinus* des Humanisten und Stadtpflegers Marcus Welser, der selbst längere Zeit in Venedig verbracht hatte und am Fondaco auch Konsul der deutschen Kaufmannschaft gewesen war[11].

Die architektonische Konzeption des berühmten Augsburger Rathauses ist ebenso wie die Art seiner Innenausstattung ohne die Kenntnis venezianischer Vorbilder undenkbar[12]. Das Glas für die Fenster des Bauwerks hat der Rat aus der Lagunenstadt importiert.

Mit eigentlich kunsthistorischen Problemen eng verbunden ist die Frage nach den Reisewegen, welche man von Augsburg nach Venedig nehmen konnte. Finden wir doch eine der wenigen, wenngleich sehr lapidaren Beschreibungen einer solchen Reise aus dem 17. Jahrhundert in der sogenannten „Hauschronik" des Architekten Elias Holl, der kurz vor seiner Berufung ins Amt des Stadtwerkmeisters die Gelegenheit wahrgenommen hatte, mit einem seiner Auftraggeber – dem Kaufmann Anton Garb – nach Venedig zu fahren, um dort einen Eindruck von zeitgenössischer Baukunst zu gewinnen. Holl schreibt: „1600 mit disem Hrn. Garben 18 Nouember Auf den Andrejmarckht nacher Botzen vnd nach 5 tagen von dar, mit Herrn Garben selbs Zwölfft nacher Venedig geritten; geschach mir durch Hrn. Helwig daselbsten große ehr, vnd besache zue Venedig alles wol, vnd wunderliche sachen, so mir zue meinem bauwerckh ferner wol ersprießlich waren, machte mich Also wider nach disem Auf, auf mein Zuhaußraise, vnd kam durch Gottes gnadt, den lesten Jenner 1601, mit guter gesundtheit wider nach Hauß."[13]

Die Frage nach der Route, die Holl mit der Kaufmannsgruppe gewählt haben könnte, ist deshalb so wichtig, weil sie zur Beantwortung der Frage nach

---

9 Die bisher unbearbeitete Chronik: Augsburg, Staats- und Stadtbibliothek, 2 Cod. S. 39–44.
10 Vgl. u.a. Norbert Lieb, Die Fugger und die Kunst im Zeitalter der hohen Renaissance, München 1955; Ders., Octavian Secundus Fugger und die Kunst, Tübingen 1980, jeweils passim; Eliska Fučíková / Lubomír Konečný, Einige Bemerkungen zur Gesichts-Allegorie von Paolo Fiammingo und zu seinen Aufträgen für die Fugger, in: Katalog Welt im Umbruch Bd. III, Augsburg 1980, S. 151–156.
11 Zu Welser m. weit. Lit.: Bernd Roeck, Humanistische Geschichtsschreibung im konfessionellen Zeitalter: Marcus Welser und seine Augsburger Chronik. Kommentar zur Faksimile-Ausgabe, Augsburg 1984.
12 Vgl. Wolfgang Baer/Hanno-Walter Kruft/Bernd Roeck (Hrsg.), Elias Holl und das Augsburger Rathaus, Ausstellungskatalog, Regensburg 1985, S. 252–254.
13 Zit. nach Bernd Roeck, Elias Holl. Architekt einer europäischen Stadt, Regensburg 1984, S. 66.

den Einflüssen der oberitalienischen Architektur Sanmichelis und Andrea Palladios auf das Werk dieses bedeutendsten deutschen Architekten des frühen 17. Jahrhunderts beitragen könnte. Ist der Augsburger über Verona und Vicenza — wo er Arbeiten dieser Baumeister hätte sehen können — oder auf einer anderen Route nach Venedig geritten? Aus der Frage nach einem Reiseweg kann auf diese Weise Kunstgeschichte werden ...

Da Holl mit Kaufleuten reiste, die sicher den kürzesten Weg über die Alpen vorzogen, dürfte er nicht über Verona gefahren sein (und damit die Baukunst Sanmichelis auch nicht kennengelernt haben). Entweder ist er von Trient aus durch das Val Sugana oder über den Pian di Fugazze und Vicenza nach Venedig gereist. In beiden Fällen läßt sich annehmen, daß ihm ein Studium der Baukunst der großen Vicentiner Architekten Andrea Palladio kaum möglich war: Kam er vom Val Sugana und über Bassano, berührte sein Weg Vicenza nicht; aus den Aufzeichnungen eines Augsburger Kaufmannes, die uns noch beschäftigen werden, läßt sich schließen, daß Holl mit seinen Begleitern allenfalls am Spätnachmittag oder Abend in Vicenza eingetroffen wäre, wenn wir die letztgenannte Route als wahrscheinlich annehmen[14]. Angesichts der fortgeschrittenen Jahreszeit dürfte er am Abend dieses Tages kaum noch Architekturstudien betrieben haben können. Solche freilich recht hypothetischen Erwägungen vermögen die aus stilkritischen Erwägungen begründete Ansicht der Kunstgeschichte, Holl sei *kein* Palladianer gewesen, nur zu stützen[15].

Der Fall Holls ist ein gewiß interessantes Beispiel für die Möglichkeit der „Nutzanwendung" der gelegentlich etwas prosaisch anmutenden Problematik der Reiserouten. Unser Thema ist indes kein ausschließlich kunsthistorisches: In dieser knappen Übersicht soll es nur darum gehen, einige Wege zu zeigen, die Kaufleute und ihre Waren, Briefe und Nachrichten von der Reichsstadt Augsburg nach Venedig und zurück nehmen konnten.

Die am häufigsten benutzten Routen waren die sogenannte „Obere" und die „Untere" Straße[16]. Erstere — zugleich die kürzeste Verbindung vom schwäbischen Ulm nach Venedig — führte von Füssen über die Ehrenberger Klause und den Fernpaß nach Imst, ging dann über Landeck und Nauders zum Reschendreieck. Von dort zog sie sich weiter nach Bozen und Trient; hinter Trient folgte sie dem Val Sugana, erreichte bei Grigno venezianisches Gebiet und bei Bassano die oberitalienische Ebene. Über Castelfranco gelangte man nach Venedig.

---

14 Puppi weist darauf hin, daß im Winter der Übergang über den Paß delle Fugazze nicht ratsam erschienen wäre und die Route durch das Val Sugana die wahrscheinlich gewählte gewesen sein dürfte (vgl. Lionello Puppi, Elias Holl und Italien, in: Baer/Kruft/Roeck (wie Anm. 12), S. 36).
15 So u.a. Hanno-Walter Kruft, Vorbilder für die Architektur von Elias Holl, in: Baer/Kruft/Roeck (wie Anm. 12), S. 22.
16 Vgl. m. weit. Lit. Uta Lindgren, Alpenübergänge von Bayern und Italien, 1500–1850, Landkarten-Straßen-Verkehr, München 1986, S. 118ff., sowie Johannes Müller, Augsburgs Warenhandel mit Venedig und Augsburger Handelspolitik im Zeitalter des Dreißigjährigen Krieges, in: Archiv f. Kulturgeschichte 1 (1903), S. 333–335.

Die „Untere Straße" verlief von Augsburg aus über Schongau, Ettal, Oberammergau und Mittenwald nach Seefeld. Über Zirl ging sie nach Innsbruck und führte zum Brenner, von dort bis Unterau (beim heutigen Franzensfeste). Hier bog die Straße nach Osten ab, führte bis Toblach durch das Pustertal, wo sie sich nach Süden wandte. Bei Peutelstein wurde die Grenze zum Territorium Venedigs überschritten. Über Pieve di Cadore ging es in Richtung Piave; diesem Fluß folgte die Straße vom Zusammenfluß mit der Boita aus bis Ponte. Von dort zog sich die „Untere Straße" über Conegliano und Treviso zur Lagunenstadt.

Diese Straßen waren indessen nicht die einzigen Verbindungen zwischen Augsburg und Venedig, wenngleich Rott und Post an ihre Benutzung weitgehend gebunden waren. Der Augsburger Kaufmann Marcus Huber, dessen „Raiß Journal" eine kulturgeschichtlich außerordentlich interessante Quelle darstellt[17], nahm im Jahre 1642 zunächst die „Untere Straße", verließ jedoch erst bei Rovereto das Etschtal in Richtung Südosten.

„Lauß Deo semper", beginnt er seinen knappen Bericht, „A°: 1642 adj den 3 September bin ich Marx Hueber Jünger dz erstemahl von Hauß vnd auß Augspurg verreist denselben abend Von meinem lieben Vatter Mutter und Vetter biß landsperg begleitet worden."

Am 6. September mittags war Innsbruck erreicht, die Nacht verbrachte der Reisende in Steinach am Brenner. Am Abend des 8. September kam Hueber in Bozen an, wo er wohl, um während des Michaelimarktes Geschäfte zu tätigen oder mit Partnern der Firma Kontakte aufzunehmen, acht Tage blieb. Durch das Etschtal ging es dann weiter; am Mittag des 17. war Hueber in Trient, abends in Rovereto. Von dort bog er, wie gesagt, nach Vallarsa ab. Über Torrebelvicino, Vicenza und Padua erreichte Hueber am Mittag des 16. September Venedig:

„26 detto mittag Venetia und alldar alßbald bey Herrn Anth. Pepffenheußer a la madona de miracoli wohnend eingestanden, biß a(nno) 1644 den 16 october alldar verblieben und darnach Zu den Herrn Johan Johann bab Schorer Jerg Zoller Alleßio Egger in daß Teutsche Hauß komen."

---

17 Stadtarchiv Augsburg, Reichsstadt, Schätze 113. Marx Huber der Jüngere wurde zu Beginn des 17. Jahrhunderts – als Sohn des älteren Marx Huber ? – in Augsburg geboren. Seine Familie zählte zu den wohlhabendsten Kaufleutefamilien der Reichsstadt; Marx Huber d.Ä. bezahlte 1618 238 fl. Steuern, 1625 steigerte er seine Vermögenssteuer auf 333 fl. und brachte es 1632 trotz der Krisenzeit des 30jährigen Krieges auf 500 fl. 10 kr. Steuer, womit er zur absoluten Spitzengruppe der Censiten zählte, zu den „Superreichen" mit einem Vermögen in sechsstelligem Guldenbetrag. Vgl. Claus-Peter Clasen, Arm und Reich in Augsburg vor dem 30jährigen Krieg, in: Gottlieb (wie Anm. 2), S. 312–336. Marx Huber d.J. wuchs somit wahrscheinlich in glänzenden wirtschaftlichen Verhältnissen auf. Am 28. August 1628 heiratete er die Kaufmannstochter Sabina Mühlfeld, seither begegnet er als selbständiger Steuerzahler, zunächst im Bezirk „Schuesterhauß", dann in der Nähe des Domes, im Bezirk „Auf vnser lieben Frawen Graben". 1639 finden wir den offenbar umzugsfreudigen Mann im Bezirk „Von St. Anthonino", wo er auch zur Zeit seiner Italienreise eingeschrieben bleibt. Er bezahlte mit 44 fl. 40 einen für Kaufleute eher unterdurchschnittlichen Steuersatz. Nach dem Hochzeitsbuch der Kaufleutestube ist er am 30. August 1652 gestorben.

Hueber wohnte also zunächst bei einem Augsburger Kaufmann in Venedig und zog erst nach zweijährigem Aufenthalt in den Fondaco dei Tedeschi am Rialto um. 1646 erst reiste er nach Augsburg zurück: Nun über Treviso, Castelfranco und von dort über Solagna (nördlich von Bassano), Grigno und Borgo Valsugana nach Trient. Von hier aus nahm Hueber denselben Weg wie auf der Hinreise.

Einem Kaufmann wie Marcus Hueber stand es frei, welchen Weg er nach Venedig nehmen wollte, und auch Bildungsreisende wie Montaigne oder später Goethe mochten ihre Wege nach der zur Verfügung stehenden Zeit und ihren kulturellen Interessen einrichten. Rott und Post, weniger streng auch die Gutfertiger, waren an bestimmte Routen gebunden. Letztere sollten beispielsweise abwechselnd die obere und die untere Straße benutzen; diese Bestimmung – niedergelegt in der Augsburger Rottordnung vom November 1597[18] – zielte darauf, den auf den Straßen um 1600 anscheinend immer dichter werdenden Verkehr zu „entflechten". Wie stark frequentiert die Route Augsburg-Venedig am Ende des 16. Jahrhunderts war, läßt Artikel 3 der erwähnten Ordnung erkennen. Danach war es den Gutfertigern nicht gestattet, auf der unteren Straße mehr als 20–30, auf der (längeren) oberen mehr als 35 Wägen auf einmal zu führen – „also dadurch verhinderung und aufzug auf der strassen verhütet" würden.

Die Rottordnungen von 1597 und 1611 stellen Reaktionen auf eklatante Mängel des von Augsburg in Absprache mit den Städten Schongau und Füssen, dem Bayernherzog, der Grafschaft Tirol und Venedig organisierten Rottfuhrwesens dar. Da manche Gutfertiger bis zu 100 Wagen angenommen hätten, blieben die Güter, bis die „condotta" zustandegekommen sei, oft allzu lange liegen – so heißt es in einer Beschwerde vom Ende des 16. Jahrhunderts[19]. Konkret scheint es, daß der Gütertranpsort von Augsburg nach Venedig mit eigenen Dienern nur 6–7 Wochen dauerte, während man mit der Rott 10–12, im 17. Jahrhundert sogar bis 16 Wochen rechnen mußte. Organisatorische Probleme resultierten daraus, daß manche Kaufleute sich wechselweise der eigenen Achsfuhr und der Rott bedienten. Die Rottfuhrleute beschwerten sich über diese Praxis, während der Augsburger Rat schließlich eine ziemlich komplizierte (und vermutlich unpraktische) Lösung für das Problem fand[20]. Die wechselweise Benutzung von Rott und Achsfuhr blieb gestattet, mit einer Einschränkung: Ein Handelsmann, der sich der Rott bediente und dabei von einem Kaufmann, der auf eigener Achse fuhr, überholt wurde, erhielt das Recht, diesem Hintermann um drei Rottstätten vorauszufahren.

Der wirtschaftsgeschichtliche Hintergrund für die Schwierigkeiten im Rottwesen könnte in den um 1600 deutlich ins Blickfeld tretenden Krisenentwicklungen im Bereich des Textilhandwerks und -handels gesehen werden; es kann kaum zweifelhaft sein, daß das Augsburger Weberhandwerk zu Beginn des 17. Jahrhunderts *zuviel* produzierte: Die gewaltigen Tuchmengen, die damals von

---
18 Abgedruckt bei Müller (wie Anm. 16), S. 326–332.
19 Ebd., S. 337. Außerdem wurde geltend gemacht, daß die Gutfertiger bei der Abreise von Venedig keine Ordnung einhielten.
20 Ebd., S. 342f.

den Webstühlen kamen – über 2 000 000 Tuche gefärbter und roher Barchent, 500 000 Tuche Weißbarchent Jahr für Jahr etwa zwischen 1599 und 1609 – waren nur mit Schwierigkeiten abzusetzen[21]. Der italienische Markt scheint zudem verstärkt Textilimporte aus den Niederlanden und Frankreich aufgenommen zu haben. Konsequenz dieser Strukturveränderungen im Transportbereich, im Laufe des 17. Jahrhunderts immer genauer zu erkennen, war eine zu geringe Auslastung der Rott. Zugleich sieht man die Gründe, aus denen einzelne Gutfertiger Mühe hatten und Zeit brauchten, größere Konvoys zusammenzustellen. Zu Beginn des 17. Jahrhunderts griffen 23 Augsburger Wollhändler die Beschwerden der Gutfertiger über den Routenzwang, der sie zur Benutzung der längeren oberen Straße nötigte, auf und ersuchten den Rat, einer Gruppe von reichen Wollhändlern das Verführen der Waren durch eigene Diener zu verbieten oder aber den „Kleinen" zu erlauben, sich zusammenzuschließen und eigene Diener zu unterhalten[22]. Als Gründe führten diese Wollkaufleute an, die Gutfertiger müßten oft Wochen in Venedig auf das Zusammenkommen der vollständigen „condotta" warten, es entstünden daher Wettbewerbsnachteile für die weniger Wohlhabenden, weil die „Großen" flexibler auf die Konjunkturen des Wollhandels reagieren könnten. In der Tat hat der Rat aufgrund dieser Beschwerden den Unterhalt eines direkt von einzelnen Firmen organisierten, privaten Transportwesens untersagt. Erst 1627 wurde dieses Verbot wieder aufgehoben[23]. Vermutlich haben die Gutfertiger, um die Ratsbestimmungen umgehen zu können, den Umweg über Salzburg in Kauf genommen.

Die „dirigistischen" Maßnahmen des Rates im Transportbereich lassen eine beschäftigungspolitische und eine sozialpolitische Komponente erkennen. Zum einen ging es darum, den Fuhrleuten, und zwar der Rottfuhr ebenso wie den selbständigen Gutfertigern, in Zeiten zurückgehenden Handels ihr Auskommen zu sichern. Zum anderen war der Rat bestrebt, den „Mittelstand" der Kaufmannschaft zu schützen, Wettbewerbsvorteile der ohnedies stärkeren „Großen" möglichst zu reduzieren. Ganz ähnliche wirtschafts- und sozialpolitische Tendenzen lassen sich auch im Verhalten der Augsburger Oligarchie gegenüber anderen Handwerken erkennen, so den Bäckern und Metzgern[24].

Die Konkurrenz zwischen privat betriebenen und „staatlich" organisiertem Transportwesen finden wir auch im Bereich von Post- und Botenwesen. Ebenfalls am Ende des 16. Jahrhunderts kam es zu Auseinandersetzungen zwischen Augsburger Kaufleuten und der taxisschen Post[25].

21 Vgl. Clasen (wie Anm. 4); auch Kellenbenz, Wirtschaftsleben (wie Anm. 2), S. 281.
22 Müller (wie Anm. 16), S. 343.
23 Ebd., S. 347.
24 Ausführlich hierzu Bernd Roeck, Bäcker, Brot und Getreide in Augsburg. Zur Geschichte des Bäckerhandwerks und zur Versorgungspolitik der Reichsstadt im Zeitalter des Dreißigjährigen Krieges (= Abh. z. Gesch. d. Stadt Augsburg 31), Sigmaringen 1987.
25 Zum Folgenden grundlegend Otto Lankes, Zur Postgeschichte der Reichsstadt Augsburg, in: Archiv für Postgeschichte in Bayern 3 (1926), S. 39–49, 68–81; 4 (1927), S. 45–56, S. 122–125, hier 3, S. 80.

Der Augsburger Botenverkehr mit Venedig wird historisch im 16. Jahrhundert faßbar, ist aber gewiß älter[26]. Nach der „Venediger Potenn Ordnung" von 1555 gab es um die Mitte des 16. Jahrhunderts in der Reichsstadt neun Boten, die sich gegenseitig im Dienst abwechselten, wobei das Los über die Reihenfolge entschied. Die Gruppe der Boten war als Korporation organisiert, führte beispielsweise eine eigene Kranken- und Invalidenbüchse. Für die Reise nach Venedig veranschlagte man gewöhnlich acht Tage; eine weitere Woche blieben die Boten in der Lagunenstadt und traten dann die Rückreise an. Ein Bericht von 1600 läßt den Alltag wiederum der Zeit um 1540 erkennen: Danach ritt der Briefbote jeweils Samstags eine Stunde vor Mitternacht dem Ordinariboten mit den Kaufmannsgütern nach, der gewöhnlich donnerstags oder freitags aufgebrochen war[27]. Der Ordinaribote übernahm die Felleisen mit den Briefen und verteilte in Innsbruck und Bozen Waren und Post an ihre Empfänger. Darauf wurden die Felleisen einem anderen Knecht übergeben, der nach Venedig vorausritt, während die Ordinariboten mit den Waren folgten.

Im Gegensatz zu den Postreitern fungierten die Boten auch als „Agenten" der Kaufleute, denn sie konnten mündliche Auskünfte geben, Antworten abwarten. Schon deshalb waren sie eine unangenehme Konkurrenz für die wohl billigere, aber weniger effektive und weniger flexible taxissche Post. Immer wieder gab es Auseinandersetzungen um gestiegene Portogebühren, Verspätungen und andere Mängel. 1616 beschwerte sich die Reichsstadt Nürnberg in Augsburg, weil die über die Lechstadt gesandten Briefe aus Italien hier anstatt freitagmorgens erst am Sonntagmittag einträfen[28]. Als Ursachen für diese Verzögerung führten die Nürnberger an, „ . . . das man das brief felleisen Zue Jnnsprugg vnd Triendt, vilmalß gar zue lang, vnd ohne sonder erhäbliche vrsachen vfgehallten; Jtem daß man vnder wegen auf daß Mantuaner Felleisen Zue warten Pfleget, vnd da selbiges ankombt, ain roß mit beeden felleisen beschwert würdet, weilches alßdann nit fort vnd Zue gebürender Zeit ankomen kan."

Octavian von Taxis versprach Abhilfe, doch hielt er die Kaufleute an, ihre Briefe wie vordem üblich mittags bis 12 Uhr, spätestens drei Stunden nach Ankunft der „Niderländischen Ordinari Post" einzuliefern – „vnnd nit erst nachmittag Jnn der driten vnnd vierten Stundt". Der Streit gewährt Einblick in die Praxis des Postverkehrs im frühneuzeitlichen Europa – Augsburg, an der Hauptstrecke Brüssel-Venedig gelegen, war ja einer der Hauptorte des Systems[29]. Die Post nahm einen etwas anderen Weg als die Rottfuhren nach Venedig: Von Trient aus, wo Felleisen mit Briefen aus Mantua entgegengenom-

---

26 Ebd., S. 41; die Ordnung: Augsburg, Staats- und Stadtbibliothek, 2 Cod. H. 32a.
27 Ebd., S. 41f. Der Bericht konnte an der vom Verf. angegebenen Stelle nicht aufgefunden werden.
28 Vgl. StadtA Augsburg, Reichsstadt-Postakten 1548–1700, Fasc. 1 (ohne Foliierung).
29 Vgl. Lankes, passim; neben Gails bekanntem Routenhandbuch könnte zur Erläuterung der Augsburger Situation herangezogen werden Giovanni da L'Herba, Itenerario delle poste per diverse parti del mondo, [1]Rom 1563, [2]Venedig 1564, [3]Venedig 1674. Exemplare nachgewiesen z.B. Bayerische Staatsbibliothek München, 8 Rar. 1073, 8 Rar. 1074 und 8 Rar. 1076.

men wurden, ging es durch das Val Sugana weiter. Bis Bozen benutzte die Post die untere Rottstraße, reiste also über Füssen und den Fernpaß nach Innsbruck.

Das Tarifsystem der Post unterschied vier Zonen[30]: Es nennt zugleich die wichtigsten Orte, mit welchen Augsburg Verbindungen unterhielt, wo sich zugleich Außenposten der Handelshäuser befanden. Venedig gehörte zur zweiten Gruppe, zusammen mit Trient, Mantua, Nancy und den Messestädten Frankfurt und Leipzig. Der dritte Tarifbereich reichte im Süden bis Innsbruck und Bozen, während der geringste Tarif in dieser Richtung für Briefe nach Füssen zu entrichten war. 18—36 kr. mußten pro Unze Transportgewicht bezahlt werden, 12—24 kr. für die Beförderung einfacher Schreiben. Dabei muß allerdings berücksichtigt werden, daß diese Tarife in einer Zeit extremer Teuerung festgesetzt worden waren. Aus den Portoeinnahmen hat man errechnet, daß die taxissche Post jährlich 12 000 Briefe von Augsburger Kaufleuten befördert hat[31] — nicht gerechnet die Schreiben, welche von Kurieren der Firmen oder über das von der Reichsstadt organisierte Botenwesen expediert wurden. Ein großer Teil dieser Post ist ohne Zweifel über die Alpen, vor allem aber nach Venedig gesandt worden. Man mag an einer solchen Zahl ermessen, wie rudimentär der historisch faßbare Niederschlag der Realität des Reiseverkehrs zwischen der oberdeutschen Reichsstadt und der italienischen Handelsmetropole ist.

---

30 StadtA Augsburg (wie Anm. 28). Abgedruckt bei Lankes, a.a.O.
31 Die Zahl nach Lankes 1926 (wie Anm. 25), S. 76f.

ANSCHRIFTEN DER AUTOREN

1. Prof. Dr. Jean-François Bergier, Am Fischmarkt 11, CH-6300 Zug
2. Dr. Martin Dallmeier, Zentralarchiv Fürst von Thurn und Taxis, Emmeranplatz 5, 8400 Regensburg
3. Hofrat Dipl.-Ing. Leo Feist, Roßbachstr. 2, A-6020 Innsbruck
4. Lic.phil. Chantal Fournier, Archives de l'ancien Evêché de Bâle Annonciades 10, CH-2900 Porrentruy
5. Dr. Helmut Gritsch, Hechenbergweg 10, A-6170 Zirl
6. Dr. F. Hieronymus, Reichensteinerstr. 20, CH-4053 Basel
7. Dr. Heinz Hye, Stadtarchiv Innsbruck, Badgasse, A-6020 Innsbruck
8. Prof. Dr. Hermann Kellenbenz, 8151 Warngau-Thannried
9. Dr. Ivan Kupčík, Kiliansplatz 2, 8000 München 2
10. Univ.-Doz. Dr. Meinrad Pizzinini, Tiroler Landesmuseum, Museumsstr. 15, A-6020 Innsbruck
11. Dr. Erwin Riedenauer, Karl Birkmaierstr. 5, 8011 Kirchseeon
12. Dr. Bernd Roeck, Maximilianstr. 51, 8900 Augsburg
13. Dr. Marie-Louise Schaller, Schweizerische Landesbibliothek, Hallenmeyerstr. 15, CH-3005 Bern
14. Prof. Dr. J. Seibert, Sudetenstr. 3, 8031 Maisach
15. Hofrat Univ.-Prof. Fritz Steinegger, Amvaserstr. 88, A-6020 Innsbruck
16. Prof. Dr. Wilhelm Störmer, Institut für Bayerische Geschichte der Universität München, Geschwister Scholl Platz 1, 8000 München 22
17. Prof. Dr. Otto Stochdorph, Untertaxetweg 79, 8035 Gauting
18. Dr. Heinrich Wanderwitz, Stadtarchiv Regensburg, Baumhackergasse 6, 8400 Regensburg 11
19. Dr. Hans Wolff, Leiter der Kartensammlung der Bayer. Staatsbibliothek, Ludwigstr. 16, 8000 München 34